# 東国の群集墳

広瀬和雄
太田博之
田中　裕
日高　慎
編

# はじめに

古墳時代の墓制は多彩である。前方後円墳や前方後方墳、大型円墳や大型方墳などのいわゆる首長墓、直径一〇㍍前後の小さな円墳や方墳が多数あつまった群集墳、弥生時代の伝統をひいた方形周溝墓や方形墳墓、横穴系だが一部を除くと墳丘をもたない横穴墓や地下式横穴墓、立地的にきわめて限定される洞穴墓などが、多元的に重層している。ちなみに、大多数を占めたはずの民衆墓の多くは、いまだ不可視域の彼方に沈み込む。

厖大な労働力が投入された最高首長の巨大前方後円墳を頂点に、少ないといってもそれなりに「経費」がかかった中間層墓。翻って階層化の著しい農民層や、そのあたりがいまだ不分明な海民層や手工業民層。死に媒介される人びとの関係性が、これほどまで豊かな造形物に表象された時代はほかには見あたらない。いったい、死をめぐって大勢の人格が、個性を顕現させた古墳時代とはどのような時代だったのか。刮目すべき動態への探求の渇望がとまらない。

その問いにたいする解は、多岐におよぶ墓制を統合的かつ一体的に論究しないと、獲得できそうもない。そのように想われる。しかしながら実際のところは、古墳時代研究に占める学的関心は、首長墓が称揚される度合いにたいして、群集墳などのウエートは低調と言わざるを得ない。

本書のテーマは、その群集墳である。物量的にはひときわ光彩を放ちながらも、それを構成する個々の古墳は墳丘や埋葬施設や副葬品などが斉一的で、いささか個性に乏しい。十数万基と推定される圧倒的な基数ともあいまって、地域史や古代史のなかでの歴史的価値づけがなかなか難しいとされがちだ。各地の自治体史などをみても史料の多さの割には、因果律などに言及される機会はさほど高くはない。

首長でも民衆でもない、いわば複数の中間層―かつては家父長家族層と喧伝された―の人びとが、丘陵や台地などの非生産地帯のかぎられた空間に、数代にわたって累代的に築造したのが群集墳である。十数基や数十基が集合したもの、あるいは百基を超える大型群集墳など、多数の造営主体が墓域を統合した、あたかも旧郡を超えるような事象の背景はなにか。

群集墳の大きな特性は、時期的かつ空間的な偏在性にあるのだが、いくつかの疑問が次から次へと湧いてくる。結構な労働量を費やした墳墓を、生活基盤から離れた共同墓域になぜ築いたのか。共通性や等質性の高い墳墓形式を採用した人びとをつなぎとめる紐帯は何なのか。墓域に選定された山野の領有権はどうなっていたのか。そもそも、日本列島の永い墓制史で、おおむね六・七世紀（一部は五世紀にも）の短期間にだけ、各地で造墓活動が一気に高まった原因をどうみるのか。それは個々の中間層の任意で、自律的な動向をあらわすのか。そうとみなせば各群集墳を通底した、いわば法則的にみえる事態はどのように説明できるのか。政治的墳墓ならば、首長墓とおなじように政治秩序をあらわす、とみていいのかどうか。いったい、首長墓と群集墳の営造の論理は、同質なのか異質なのか等々。

これらに応答するために、そして古代史解明への俯瞰的な視座をもつためにも、論点の整理がまずは要請される。本書では、群集墳研究史、「多数高密度型」をふくむ群集墳の群構成や画期や被葬者像、各地の群集墳の動向―開始・盛期・終焉―や、埴輪樹立や横穴式石室の採用、初期・中期群集墳などについて事例研究をおこなう。そこからは、先の応答への道筋や、省察のための地平が開かれるとの見通しをもって。はたして、合理的な共通了解が得られたかどうか。

対象とした地域は東国である。なにかと畿内や西日本との間に社会的かつ文化的な懸隔があると、暗黙裡に夢想されがちな東国だが、群集墳においてはどうなのか。安易に符節を合わせることなく、しかしそれらを架橋しようと目論みながら、先行業績を尊重しつつ予断を排して、項目立てて検証して多角的な研究を志向した。歴史学的な沃野ともいうべき群集墳という考古史料を用いた、ひとつの歴史的な理路が得られたようにも想われるが、どうであろうか。

広瀬和雄

# 第1章

# 群集墳研究の現在と課題

# 群集墳の形成と展開
## —古墳時代における中間層の政治的創出—

広瀬和雄

前方後円墳や大型円墳などはおおむね首長墓で、政治的墳墓とみなされてきた。いっぽう、六世紀後半頃に激増する群集墳はたやすく築けそうにみえたり、各地に点在したりで、任意でつくられたとのニュアンスが滲む。はたしてそうだろうか。

## 一　群集墳研究の現状と課題

「後期において、急速に＝爆発的にとでもいってよい位、古墳の数が、増えてくるのは、一体どうしたことであろうか?」。美作の山間部で二〇〇基にも達しようかという佐良山古墳群で発せられた問いが、群集墳を日本古代史研究の舞台に立たせる契機となった。「端的にいえば、社会構成の基礎的な単位＝共同体の形態の上に、大きな変化が、起こった」。群集墳は「家父長的家族の墓」である（近藤一九五二）。

### （一）群集墳とはなにか

六世紀後半頃、直径一〇～一五メートル、高さ二～四メートルほどの円墳（一部、方墳も）が、各地で一気に姿をあらわす。山塊や丘陵の尾根や斜面、台地や扇状地など、非生産地帯のかぎられた空間に十数基や数十基、あるいは一〇〇基以上が群集することから、前方後円墳などの古墳群とは一線を画して群集墳とよばれる。古墳を造営した階層が一気に拡大したのだが、六・七世紀の短期間に日本列島で一〇数万基も築造された群集墳が、首長だけのものでないのは、ことさら言を俟たない。

複数の造営主体が一定期間、共同墓域で各自が二〜四代にわたって造墓活動をつづけた、その累積が群集墳である（広瀬一九七八）。大型群集墳だと数十の造営主体が、一定の空間に結集する／させられたのだが、広域に分散居住していた人びとが、どうして生活・生産域から遠く離れた空間に墓域を設定したのか、いかにそれを分割占有したのか。

円筒埴輪や葺石などは一部を除くとないので、可視的な訴求力は前方後円墳にはとうていおよばない。各古墳はさほど個性的ではなく、共同墓域での集団的一体性をみせるにすぎない。おもな埋葬施設は横穴式石室で、首長墓に類した形式を採用することが多いものの、平面プラン、石材の種類や大小、架構法、閉塞の仕方、前庭部の広狭など、いくつかの局面での個性がみられ、豊かな地域色をあらわす。斉一的な墳丘にくらべての大きな差異である。さらに畿内やその周辺では数人を埋葬するが、美濃の花岡山古墳群では八〜一二四体埋葬されたり（中井一九九二）、東日本では十数人もの埋葬は珍しくはない。

副葬品の基本的な組合わせは、耳（金）環と勾玉・管玉・小玉・空玉・棗玉・切子玉などの装身具、直刀・鉄鏃などの武器、須恵器・土師器の容器類、多くはないが農工具や漁撈具といった生産具、やや上層だと馬具や装飾大刀などが付加される。須恵器の提瓶や精選された胎土の土師器高杯・長頸壺などを除く土器類は、集落などで日常的に使用されたものと同一の器種なので、他界での飲食も現世の延長とみなされていた節がある。

副葬品で注意をひくのは武器の副葬である。農民・海民・手工業民は武装していたようだ。いまひとつ、農具・漁具・製塩土器・鍛冶道具など、職掌をあらわす生産用具は少ないので、職掌関連の道具や鉄滓や融着した須恵器や海岸礫や海砂などがあれば、被葬者の職掌や出自をあらわす証左として積極的に評価してもよさそうだ。

さて、墳丘・埋葬施設・副葬品のどれをとっても、前方後円墳などに準じていて、群集墳独自の形式はないという事実が重要である。副葬品ならば威信財、権力財、生産財、生活財といったカテゴリーから、威信財をはずした組合わせというふうに。そして、墳丘・横穴式石室・副葬品は比較的均質で、前方後円墳ほどの個性や較差は認めがたい。

等質性を特性としながら、地域的かつ時期的な偏在性が目立つ。西日本各地では六世紀後半から七世紀前半、東国では七世紀前半から中頃に集中し、ともに半世紀ほどつづいてほぼ一斉に終息する（追葬は除く）。あらゆる時期に場所を選ばず「自由に」造墓されたのではない。やや遅速はあるが開始期と終焉期が相似的という、なかば法則的な事態をみせていて、首長墓を中心に構成された各期の古墳群との違いが目をひく。

五世紀代や六世紀前半代にも木棺直葬などの群集墳があって、古式・初期群集墳とよんだりする。前方後円墳終焉後の終末期群集墳もみられるが、墳丘や横穴式石室はいっそう小型で副葬品も稀になる。さらには、前期や中期の方形周溝墓群や、一部は八世紀にまでつづく東北南部の群集墳、古墳とよぶかどうか疑問もだされる（藤沢二〇一五）東北北部の末期古墳は九世紀までつづく。

## （二）既往の学説と課題

冒頭に引用した一九五二年の『佐良山古墳群の研究』で、問題の所在をあきらかにした近藤義郎は、古墳時代研究の白眉をなす一九八三年の『前方後円墳の時代』で、群集墳の成立・展開についての論理的帰結をしめす。

「生産労働に従う人々の側における余剰の相対的増加による私有、それに基づく家父長権の伸張を示すと同時に、各地支配層を通して大和王権が打ち出した収奪確保の政策を意味する（中略）後期古墳秩序は、大王権の卓越と各地部族首長の弱体化にもかかわらず、部族諸集団の武装状態の強化の中に進行した（中略）。大和政権は、広範な古墳造営の承認、擬制的同族関係設定の集団成員への拡張という新しい方策を打ち出す」。いいかえれば、農業生産における「個別経営の進展で経済力を蓄えた家父長家族、台頭してきた有力農民層を政治的に掌握することで、伝統的な首長の地域的支配を崩していく（中略）大和政権は、広範な古墳造営の承認、擬制的同族関係設定の集団成員への拡張という新しい方策を打ち出すことになった」（近藤一九八三）。

共同体に埋没していた農民層が、六世紀にいたって経済的成長をとげた有力農民層とそうでない農民層に階層分化し、そうした事態に応じて大和政権が有力家族層の直接的支配という新しい支配方式、律令的「個別人身的支配」につながっていくきめ細かな支配体制を確立する、それを群集墳があらわす、とみるわけだ。そこには社会経済構成史的観点を基軸にしながら、政治的契機が群集墳を成立させた、が含意されている。

これ以降、数多の群集墳研究がなされてきたが、おおむねこの卓越した学説がベースになっている。ところが、その後とみに進展した古墳時代集落の調査・研究などの知見や思考の進展にともない、それとの論理的整合性についての疑義も出てきた。

第一、社会の階層化が各地で進展していたならば、それを契機とした群集墳の造営時期にはもっと遅速があってもいいはずだが、どうしてその始まりがおおむね六世紀後半なのか。終焉についておなじである。第二、群集墳を造営した「有力家族層」と首長層との間に対立軸があるのかどうか。第三、群集墳といえば農民層とみなされがちだが、海民層や手工業民など非農耕民の群集墳をどうみるのか。第四、いっそう大切なのは、個別経営の進展といった経済的営為は、群集墳という墳墓形式からは直接的には描けないことだ。

いっぽう、古式・初期群集墳についてはつぎのように述べる。大和では六世紀中頃以前の「古式小墳」が三千数百基、それ以降の「横穴式石室小墳」が一、〇〇〇基強で、「古式小墳」は他地域を圧して大和に多い。この事実に立脚して、「古式小墳」は「部族あるいは部族連合における職務執行機関の地位の表示である」とみなし、その八割強が大和南部だから「大和連合勢力の中枢首長は大和盆地南部を基盤として大和全体に君臨し」、石光山古墳群や新沢千塚古墳群などの造営主体は、「大王権の職務執行に当たった人々」であると言う（近藤一九八三）。

古墳時代の支配機構とそれを執行した、いわば原初的な官僚層に言及した卓見で、古墳を媒介にした政治構造の解明に、はじめて群小古墳を俎上に登らせたといっても過言ではない。ただ「古式小墳」や「職務執行機関」という用語もあいまってか、この言説はその後の群集墳研究にはほぼ継承されなかった。

群集墳研究では社会経済的史的観点が強調されてきたが、「古式小墳」ではそれはさほど重視されない。政治史的観点が前面に出され、いわば異なる次元の解釈がほどこされる。そもそも数の多寡はともかく、「古式小墳」は大和だけでなく各地でつくられる。いったい、六世紀中頃以前の「古式小墳」と六世紀後半以降の群集墳が異なる要因で登場したのかどうか。古墳時代をつうじて営まれた群小円・方墳を、統一的な視座で論究するという方向性が要請される[1]。

## 二　古墳時代の中間層

共同墓域、かぎられた造営期間、墳丘・埋葬施設・副葬品の等質的な様相からは、個々の古代家族がみずからの意志で、多大な労働力を投下して古墳を築いたという、群集墳の任意性・在地性にはおおいなる疑問符がつく。

### (一) 選別された中間層

群集墳・群小古墳の数からみても、あらゆる家族や人びとがつくっていないのは明らかだ。どれほどの割合なのか、第一の論点である。

大阪府北部の山間部で一個の地理的小宇宙をなす能勢地域では、六世紀後半から七世紀前葉の小型古墳が九〇基ほど確認される。これらが世代ごとにつくられたとみなせば、大ざっぱには三〇〜四〇ほどの古墳造営主体が、それぞれ二〜三基ほどをつくった計算になる（広瀬一九八一）。

この地域にほぼ重なる律令期の摂津国能勢郡は三郷なので、一郷五〇戸であれば一五〇程度の郷戸数になる。ひとつの郷戸を、複数の世帯からなる古代家族とみなせば、古墳時代後期はその八〜九割程度であろうから、およそ一二〇〜一三〇古代家族がいたと推測しうる。そのなかの三〇〜四〇ほどが小型古墳を築いたとみれば、能勢地域全体の一／三〜一／四ほどの古代家族が古墳造営主体になるようだ。

西日本では一基の小型円墳にはおおむね三〜五人程度が埋葬される。三〜四棟の掘立柱建物や竪穴建物に分散居住した十数人から二、三〇人前後を一古代家族とみれば、群集墳に埋葬されたのは、その一〇％にも満たない。これはひとつの目安にすぎないが、群集墳といえども所詮は少数派の特殊な墓制なのである。もっとも、畿内北辺の一事例をどこまで敷衍できるかは検証が必要だが、選択された家族層が共同墓域を形づくったのが群集墳だ、というのはほぼ動かない。

さて有力家族とみなされてきた中間層―首長でもない、かといって民衆・人民でもない選択された階層を、農民層も非農民層もひとくくりにそうよんでおく―が任意で自在に、少なからぬ「経費」のかかる古墳を造営したのかどうかだが、群集墳は他律的意志で営造された政治的墳墓だ、とみたほうが無理はない。

墳丘や埋葬施設や副葬品の組合わせをみても、共通性や斉一性のつよい没個性的な墳墓形式という事実と、各地で個別経営に勤しんでいた中間層が自発的な意志で古墳をつくったとの認識は、いささか符節が合わない。自律的意志にしたがったのであれば、もっと古墳の規模や構造が多彩にならないか。六世紀後半、もしくは七世紀初め頃から一気に増加し、およそ五〇年ほど造営され、ほぼおなじように終息するという、造営期間の法則性も同様である。いつでも、どこでもの「自由」な造墓ではない。この時期的限定性と地域的偏在性は、群集墳が政治的墳墓であることを首肯させるが、そうした動向を広域にもたらせた要因は、個々の中間層からはけっして出てこない。

一〇〇基を超える大型群集墳だと、そこに墓域を統合させた中間層は数十にもなって、その生活拠点はすこぶる広範囲におよぶ。それだけの中間層が、いわば任意に生活域から遠く離れた樹木の生い茂る丘陵に、いくつかの支群からなる整然とした墓域を定めたとは考えにくい。石室石材の採取や運搬をみても、けっして無秩序な営為ではあり得ない。各々の在地から遊離させた外在的な力が働いた、とみたほうが理解しやすい。

前方後円墳などの首長墓を政治的墳墓とみるならば、おなじ古墳という墳墓形式の群集墳もそうみないと論理矛盾をきたす。それはともかく西日本全域、あるいはもっと広域にまたがって時・空的な偏在性をもたらす決定因となれば、列島的というよりも対外的な契機を考慮にふくめたほうが理にかなう。

### （二）首長層と中間層―大型群集墳―

一〇〇基を超える大型群集墳が、首長と中間層の関係性への架橋をなす。第二の論点である。おなじ墓域で相似した横穴式石室を採用する事実からは、首長と中間層の間に対立的な布置は看てとれない。地域社会では二元的な階層関係にあったとしても、イデオロギー的親縁性、集団的帰属意識をもたらす心性、〈われわれ意識〉が保持されたようだ。

**①石上・豊田古墳群**（奈良県天理市）二七〇基以上からなる大型群集墳で、四基の前方後円墳をふくむ（泉森編一九七五、泉森・河上編一九七六、石田編二〇二三など）。別所大塚古墳は墳長一二五メートル（以下、数字は墳長、単位はメートル）で円筒埴輪・葺石をもつ。石上大塚古墳（一〇七）の左片袖式横穴式石室の玄室幅二・八メートル、長さ六・三メートル。ウワナリ塚古墳（一一〇）の両袖式横穴式石室は玄室幅二・九メートル、長さ六・八五メートル、現高三・六メートル。後期では上位にランクされる

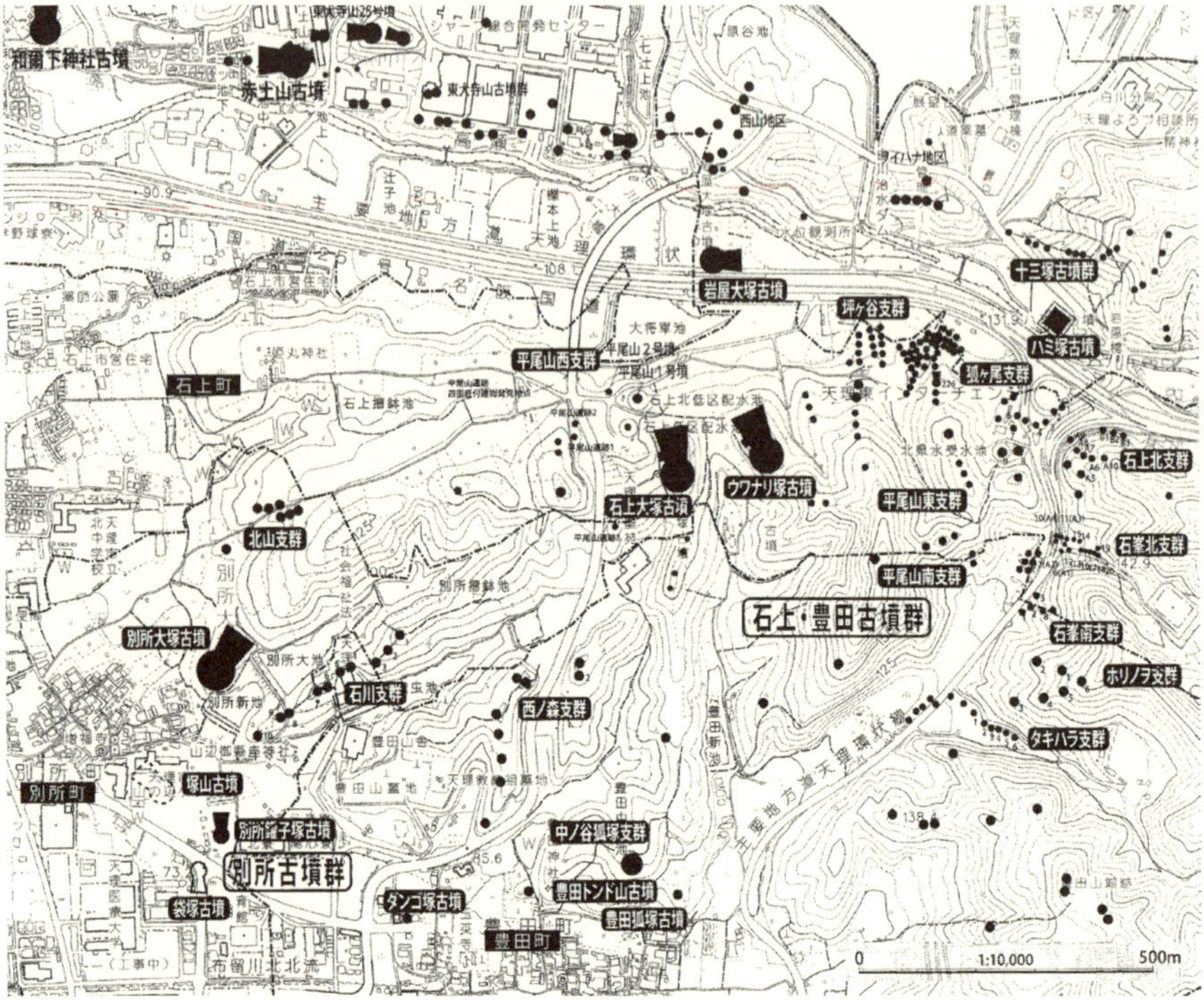


図1　豊田・石上古墳群分布図

一〇〇メートル級の前方後円墳が丘陵上に代々営まれる（図1）。

ついで、近接した谷底平野に二基が営まれる。前方後円墳の岩屋大塚古墳（約七六）の横穴式石室は全長約一六メートル。方墳のハミ塚古墳（約四七）は刳抜式家形石棺をもち、鉄滓や陶邑ＴＫ二〇九型式の須恵器などを副葬する。やや離れた円墳の豊田トンド山古墳（三〇）の両袖式横穴式石室は、一辺約三メートルの巨石（自然石）を積む。別所大塚古墳がやや不確実だが、石上大塚、ウワナリ塚、岩屋大塚、ハミ塚、豊田トンド山の順に、六世紀中頃から七世紀前葉にかけての首長墓が六代つづく。

円墳は四〇基ほどが発掘調査されたが、規模や構造などの較差は小さい。六世紀中頃から築造され、六世紀後半から七世紀初頭がピークをなす。ホリノヲ支群やアミダヒラ支群は直径が

一五、六メートル前後とやや大きい。最大のホリノヲ一号墳は東西二五メートルだが、石峯支群や石上北支群は六〜一〇メートル前後にすぎない。

七世紀代の竪穴石室以外は、畿内型横穴式石室が採用される。右片袖式が圧倒的だが、アミダヒラ支群は両袖式で羨道が下降する。おおむね玄室幅は一・四〜二メートル、長さ二・三〜四・七メートル、全長六〜八メートル、玄室面積は五・五〜八・五平方メートル、最大で九・二平方メートル。巨石を積んだ石上大塚古墳の玄室一七・三六平方メートル、ウワナリ塚古墳の一九・八七平方メートルとくらべようもない。

鉄刀・鉄鏃などの武器は少ないが、硬玉・メノウ製勾玉、碧玉製管玉、水晶製切子玉、銀製空玉、琥珀・埋木製棗玉、ガラス小玉など、多彩な玉類が目につく。これら各種製品を、中間層が自己調達できたとは考えにくい。首長が再分配を掌理したのであろうか。ホリノヲ四号墳、石峯四号墳、タキハラ四号墳には馬具がある。職掌を示唆する製品は僅少で、ホリノヲ一・六号墳の鉄鎌、ホリノヲ二号墳の鍛冶工具、石峯二号墳の鉄滓とフイゴ羽口、石上北B三号墳とタキハラ三号墳の鉄滓、石峯五号墳の砥石などにすぎない。

首長墓と多数の中間層墓の間には、投下された労働量に超えがたい懸隔があるが、同一形式の横穴式石室を構築する（図2）。

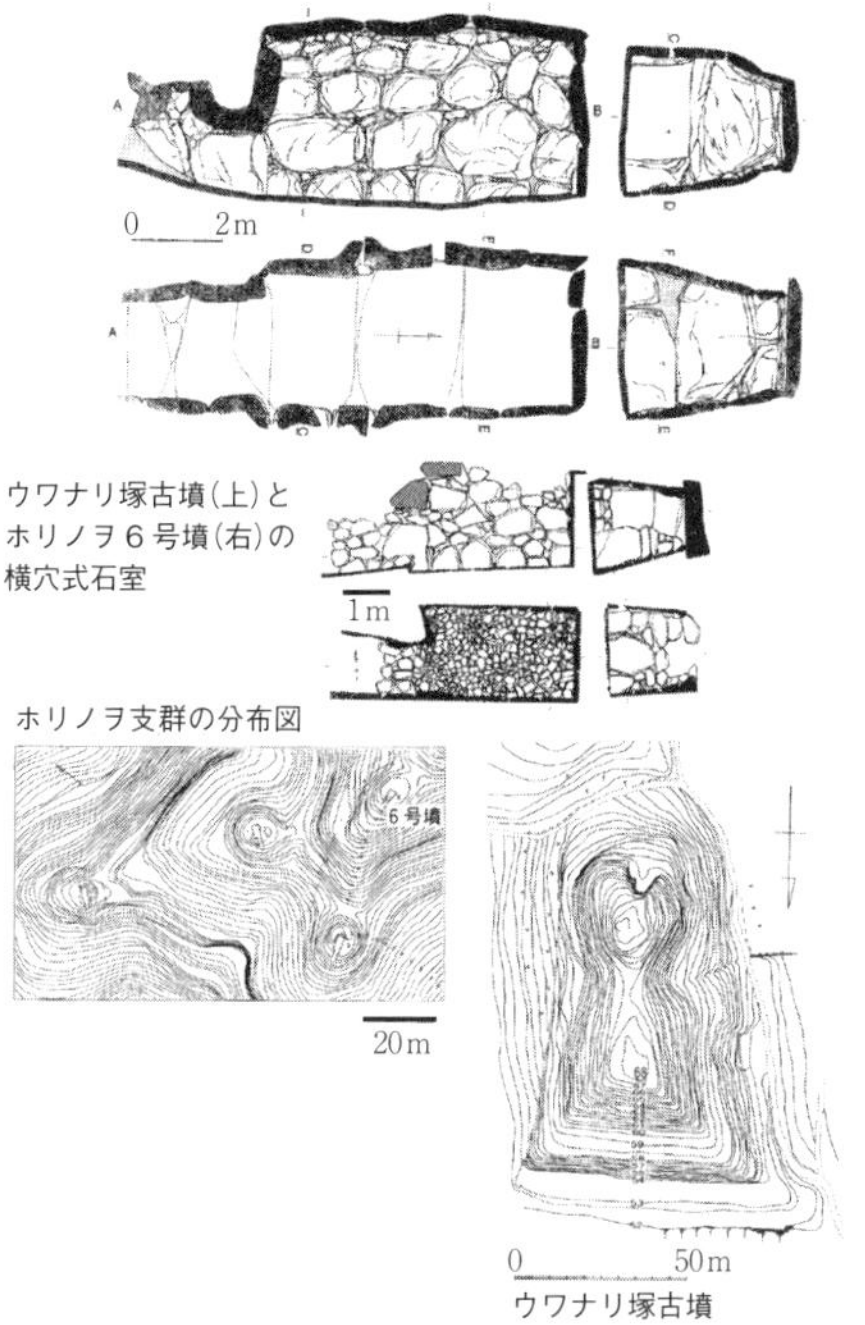


図２　石上・豊田古墳群の前方後円墳と円墳

中央政権の一翼を担う有力首長が、多数の中間層を率いて一大政治勢力を形成し、その勢威を共同墓域で累代的にしめす。数十の中間層には鍛冶工人などもふくまれるが、武器類の比率が低いこともあいまって、有力首長が分掌した政務、その実務を担当した「官僚層」の蓋然性が高いようにみえる。

**②新沢千塚古墳群**（奈良県橿原市）　約一・五キロ四方に、約六〇〇基もの古墳がつくられる。なかでも南北二つの丘陵、「千塚山」に約三五〇基が集中した高密度な群集墳である（奈良県立橿原考古学研究所編一九七七・一九八一、同附属博物館一九九二など）。前方後円墳一三基、前方後方墳二基、帆立貝式古墳一基、方墳一三基、長方墳二基以外の大多数は円墳である。各時期をつうじて葺石や周濠・周堤はない。

四世紀後半から七世紀前半までつづくが、四世紀代は前方後円墳の五〇〇号墳（六二）と二一三号墳（約二六）くらいで、五世紀中頃以降、木棺直葬の円・方墳が築かれだす。方墳の一三九号墳（二三）の三角板革綴短甲と横矧板鋲留眉庇付冑をはじめ、一〇九号墳、一一五号墳（一八）、一七三号墳（一四）、二八一号墳（二三）などには鋲留式甲冑が副葬され、武人的性格をそなえた中間層の相貌を漂わす。一二六号墳にはヒスイ製勾玉などの列島製品に加えて、金・銀製の装身具やガラス碗・皿や青銅製熨斗など、中国北東部、新羅、ササン朝ペルシャなどに由来した外来製品が副葬される。外交担当の中間層かもしれないが、軍事担当などといっしょに、複数の職掌を執行した中間層が、おなじ墓域に結集して（させられて）いたようだ。

五世紀後半頃から六世紀後半頃には円墳が多数造営され、群集墳としての装いをいっそうつよく押し出す。副葬品は少量の武器・玉類・須恵器などで、五世紀段階とは大幅な変質をきたすが、木棺直葬墳の卓越度に注目したい。六・七世紀代の畿内や周辺の群集墳では横穴式石室がごく普通である。ところが六〇数基、発掘調査された五世紀末頃から七世紀前半頃の古墳のなかで横穴式石室はわずか一八基にすぎない。六世紀後半頃にかぎればもっと少ない。大多数は五世紀代からつづく木棺直葬である。六世紀後半頃の前方後円墳の一六〇号墳（三〇）、二二一号墳（二六）、二七二号墳（三五）も木棺直葬である。

重い石材を積み上げる横穴式石室と、墳頂から墓壙を掘って木棺を直葬するのでは、投下された労働量はかなり違う。横穴式石室の構築にふさわしい経済力がなくて、この時期に一般的なそれを採用できなかったのか、中間層の下位レベルまで一定の政治的地位が付与されたのか。それに奈良盆地南部という有意的な立地をあわせると、在地性を帯びた有力農民層ではなく、中央政権の職務を掌理した「官僚層」のイメージが浮かびあがる。

**③岩橋千塚古墳群**（和歌山県和歌山市）　紀ノ川河口に近い東西約三キロ、南北約二・五キロの丘陵に、三五基の前方後円墳をふくむ八四八基の古墳が築造される（末永編一九六七、和歌山県立紀伊風土記の丘二〇一六など）。前方後円墳は墳長八六メートルをピークに、四〇〜七〇メートルが一一基、二〇〜四〇メートルが一九基で、石上・豊田古墳群との力量差は歴然だ。初期前方後円墳の井辺前山二四号墳（六〇）を除くと、四世紀末から七世紀前半頃に古墳が築造されるが、六世紀後半頃に前山地区などで一気に増加して密集度も高くなる。

五世紀代の埋葬施設は竪穴石槨・粘土槨・礫槨・箱式石棺など多彩だが、五世紀末以降は石梁・石棚で強化して、扁平な結晶片岩を高く積みあげた岩橋型横穴式石室（森一九六七）ほぼ一色になってしまう。出現当初は右片袖式で塊石の閉塞もあるなど畿内地域との共通性もみられるが、すぐに両袖化し、玄門も肥大化した玄室前道となって、玄門と羨門で板石閉塞する。畿内周辺なのに、畿内型横穴式石室とは一線を画した独自の石室形式を、前方後円墳も円・方墳も二〇〇年ほどにわたって採用して、首長層と多数の中間層の強固なイデオロギー的一体性を示威している（広瀬二〇〇四）。

首長墓に関しては、複数の前方後円墳が同時平行的にいとなまれた複数系譜型だが、墳丘や横穴式石室には階層性がみられる。巨石を用いない岩橋型横穴式石室は平面ではなく天井を高くするので、玄室体積に較差が生じる。六世紀後半頃だと天王塚古墳（八六）の横穴式石室は全長一〇・九五メートル、玄室幅二・八九メートル、長さ四・二一メートル、高さは五・九メートルで、玄室の体積は七二立方メートル。将軍塚古墳（四二・五）の玄室高は四・二メートルで、約三一立方メートル。郡長塚古墳（三〇）は約一八立方メートル。

七九二基の円墳（方墳は二一基）を営造した中間層は、各期をつうじて数十にもおよんだであろうが、どのような職掌に従事していたのか。大日山七〇号墳（一四）からは、鏨、鉄鋏、鉄槌などの鍛冶工具や陶質土器が、前山A四六号墳（二七）の墳丘上からは、印花文を刻んだ新羅土器・高杯が出ている。数少ない手がかりである。

### （三）首長層と中間層―中・小型群集墳―

前方後円墳をふくまない中・小型群集墳はどうか。第一、山城北西部の京都市御堂ヶ池古墳群。六世紀末から七世紀前半頃の二二基の円墳からなる（北田・丸川一九八二）。直径約三〇メートルの一号墳のほかは、直径一〇～一二メートルの小型円墳である。一号墳の横穴式石室は巨石を積み、玄室の幅二・七メートル、長さ七・四メートル、高さ三・七一メートル、面積一九・九八平方メートルと図抜けて大きく、家形石棺と鉄釘接合木棺を置く。ほかの横穴式石室は小さな石材の多段積みで、玄室の幅一・四～二・一メートル、長さ二・一五～三・五メートル、面積三～五平方メートルで、その差は一目瞭然である。

一号墳は円墳だが、墳丘と横穴式石室の規模から首長墓とみて大過はない。いち早く築造されたそれを契機として古墳群が形成されるが、つづく大型円墳や巨石墳はみあたらない。首長だけが没落したとみないかぎり、二代目以降の首長は墓域を変更したのか、古墳を媒介しない政治秩序に組み込まれたのか。

第二、おなじく山城北西部の京都市大枝山古墳群。六世紀後半から七世紀初めにかけて二〇数基の円墳がつくられる。墳丘は直径一二メートル前後、両袖式が多い横穴式石室は玄室幅一・四～二・二五メートル、長さ二・三～三・七メートル、高さ二・三～三・一五メートル、全長四・七～一一・二五メートル。鉄刀、鉄鏃、刀子、耳環、須恵器、土師器などが副葬される。一四号墳からの陶質土器杯、二五号墳からの柄頭に銀象嵌をほどこした鉄刀などが目につく（上村・丸川編一九八九）。ここには首長墓とおぼしき傑出した古墳はふくまれない。十未満の中間層が五〇年たらずの短い時期だけ、この地に等質的な墳墓を築くという、ごく一般的な群集墳である。有力農民層の造墓であろうか。

第三、伊賀南部の名張盆地では、五世紀末から七世紀後半の古墳が、名張川右岸域を中心に総数二〇〇基ほどつくられる（名張市史編さん委員会編二〇一〇）。六世紀後半から七世紀初め頃が多くて、複数の丘陵尾根や台地に数基から三〇基ぐらいで群をなす。直径八〜一五メートルの円墳（一部方墳）で、六世紀初め頃に木棺直葬から転換した横穴式石室は畿内型の範疇に属し、東方の伊勢地域に顕著な玄室縦断面がアーチ状の形式はみあたらない。

前方後円墳が三基。琴平山古墳（七〇）の横穴式石室は右片袖式で、玄室の幅二・四メートル、長さ四・五メートル。羨道から竪矧板鋲留衝角付冑、直刀（象嵌）、陶質土器、須恵器（MT一五型式）が出ている。春日宮山古墳（三四）の石室は、玄室幅二・三二メートル、長さ五・〇七メートル。鹿高神社古墳（約四二）は玄室幅約二メートル、長さ約四・七メートルで、TK四三型式の須恵器を出土する。これらを六世紀初めから六世紀後半の首長墓系譜とするにはいささか間があきすぎるが、三基とも同一墳丘に二基ずつの横穴式石室を構築することと関連するのであろうか。

名張地域に前・中期古墳は存在しない。五世紀末頃になって、南関東・東海方面から奈良盆地南部への交通要衝としての地域的重要性がいっそう高度化したようだ。ただ、六世紀後半頃に多数の中間層が揃って自発的に、この地に造墓したとはどうにも考えにくい。

第四、播磨地域の姫路市西脇古墳群。一般的な群集墳がほぼ終焉を迎えた七世紀前葉から七世紀中頃に、「山陽道」を見下ろす丘陵斜面に円墳三六基、楕円墳四二基、方墳三基など合計一二〇基以上が、東西約四〇〇メートル、南北約三〇〇メートルの狭い範囲に密集した終末期群集墳である（高橋編一九九五）。直径（一辺）四〜七メートルで、右片袖式・無袖式横穴式石室や小竪穴石室などに耳環や須恵器、一部に勾玉、紡錘車、刀子、鉄鏃、馬具などを副葬する。なにもないのも目につく。

いわゆる群集墳にくらべて墳丘も石室も小さく副葬品も稀少だが、京都市旭山古墳群、同醍醐古墳群、大阪府

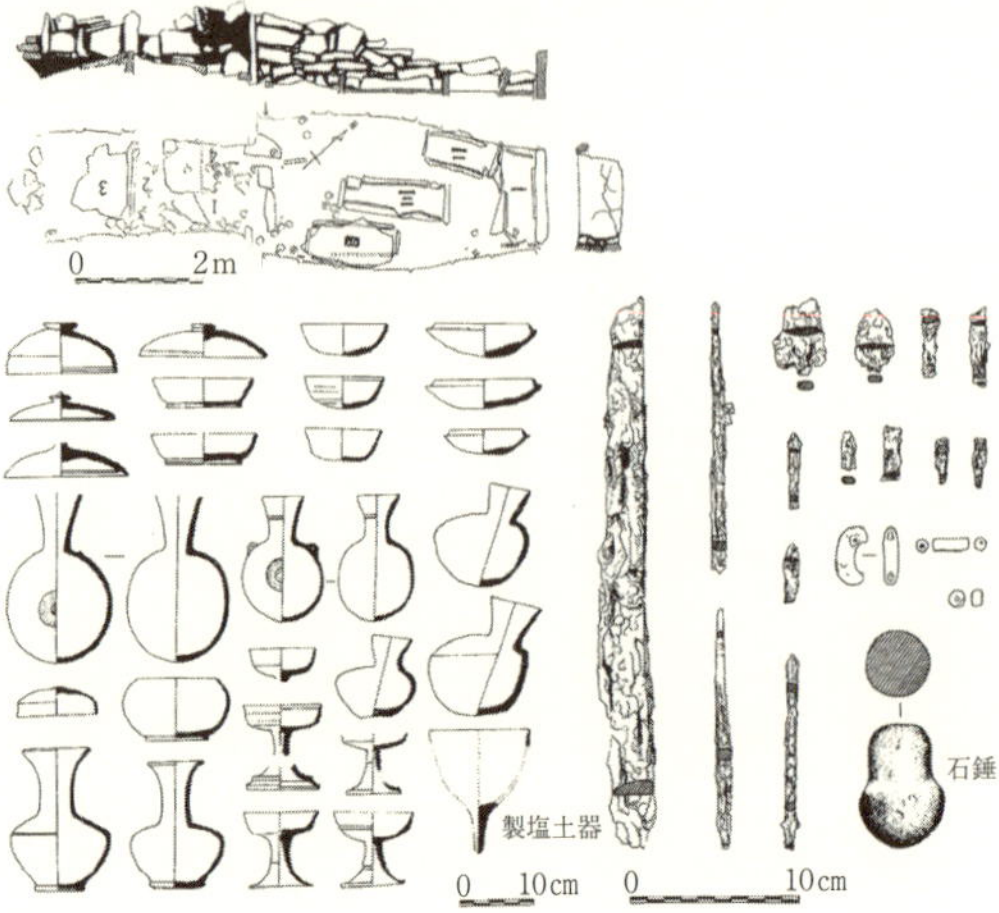


北地６号墳の横穴式石室と副葬品

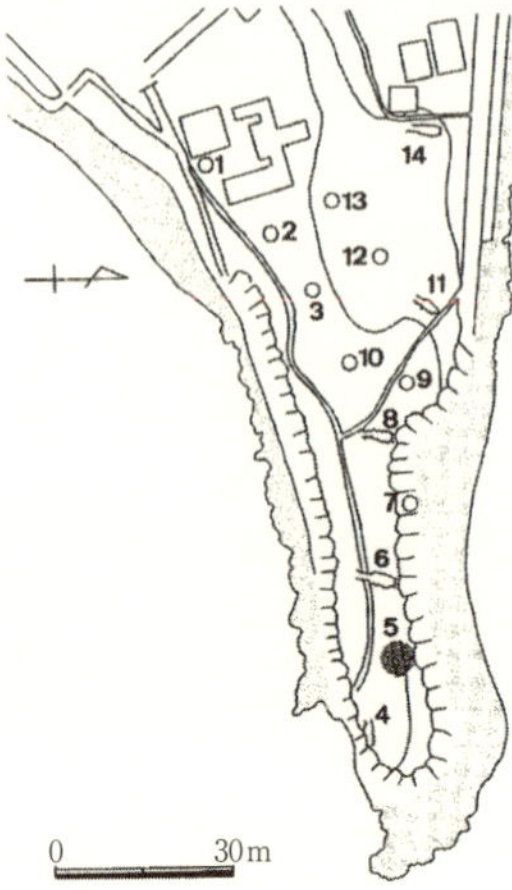


北地古墳群分布図

図３　日間賀島の北地古墳群

柏原市田辺古墳群など、同時期のものよりは基数が多い。二ないし三代ほどにおよぶと推測されるので、単純計算でも四〇～五〇ほどの中間層が想定できる。古墳造営が限定的な七世紀だけに、この地域の中間層だけが自発的に群集墳を営造したはずもない。一定の政治的な役割を担わされたとみるべきだろう。

### （四）海民層の統治―非農耕民の中間層―

群集墳の造営主体はほぼ農民層に等値されてきたが、海民層などの非農耕民もおなじ頃に中・小型の群集墳を築く。旧稿でも触れた（広瀬二〇〇八）が、いったいどのような評価がなされるのか。第三の論点である。

第一、三河湾に浮かぶ愛知県南知多町日間賀島。東西一・四キロ、南北〇・六キロの農耕適地がない小島に、三五基の古墳が築造される。六世紀中頃の北地四号墳は、竪穴系横口式石室に石錘と鉄製釣針各一点のほか直刀一、鉄鏃五、刀子九、須恵器などを副葬する。六世紀後半の六号墳は、胴張り両袖式横穴式石室に八ヶ所の埋葬痕跡があって、石棺下層の海岸砂から数個体の製塩土器がみつかっている。ほかに直刀、鉄鏃、刀子、玉類、須恵器、石錘が出土している（図3）（宮川・磯部・杉崎一九六六）。

第二、瀬戸内海の岡山県直島町喜兵衛島も同様の小島で、海浜では六～七世紀をつうじて大規模な塩づくりがなされる。六世紀初めから七世紀前半頃、ピークは六〇〇年前後に直径一〇メートル前後の円墳が築かれる。発掘調査された一六基のうち製塩土器は六基から、漁具は二基、鉄刀・鉄鏃などの武器は一一基から出土している（近藤編一九九九）。日間賀島とともに首長墓はみられない。

第三、若狭湾では各所の浜で土器製塩が実施され、海からしか到達できない場所に古墳が築造される。七世紀前半頃の福井県小浜市傾古墳では、無袖式横穴式石室から耳環、須恵器杯蓋が、七世紀中頃の円墳、吉見一号墳の無袖式横穴式石室からは、刀子二や須恵器九が出土している。『若狭大飯』（石部編一九六六）に報告された地域では、近接した場所に農民層と海民層の直径一〇メートル内外の円墳が併存する。ここでは農民層と海民層が見分けのつかない古墳をつくり、職掌をあらわす農具や漁具はみられない。

第四、茨城県ひたちなか古墳群。太平洋を見下ろす海岸台地の縁辺に、南北三キロに列をなすように五世紀初めから七世紀前半まで、一三〇基ほどの古墳が営造される（稲田二〇一九ほか）。頂点に位置するのは五世紀初めから六世紀前半の前方後円墳（帆立貝形もふくむ）三基で、川子塚古墳（約八一）が最大である。

第二位クラスは多数の円墳で、六世紀代は箱式石棺、七世紀に横穴式石室が採用される。海岸礫を使用したり、白色礫や海砂を敷いたり、という設えからは、漁撈具はないものの海民層の構築とみていいだろう。磯崎東二四号墳（一七）の石棺床は粘土の上に海岸の白色礫を敷き、大刀（鞘）一、骨鏃一四などを副葬する。七世紀前半の一号墳の横穴式石室も海岸石を積む。第三位クラスは、海岸段丘の崖面に二～三段に営まれた石棺墓である。海岸礫を組み合わせ、床に海砂を敷き、老年女性、男性、幼児が一体もしくは二体が葬られるが、墳丘や副葬品はいっさいない。古墳という概念にはなじまない墓制である。

墳丘や埋葬施設は農民層のそれと共通していて、海民層だからという個別性はみいだしがたい。副葬品も一般的な群集墳とおなじもののなかに、傍系あつかいの釣針や石錘や製塩土器などが僅少あるにすぎない。船がなければ訪れにくい島嶼部や孤立した海岸部に、海民層がみずからの勢威を内外にしめすため自発的につくった、との謂いは考えにくい。そもそも自然条件に左右されがちな漁撈に、生産力の発展や個別経営は馴染まないし、階層分化も同様である。海民層の自律的意志の埒外で外在的な意志が発動した、ほかの群集墳とおなじく政治的墳墓である、とみたほうが理解しやすい。

さらに海民層の武器保有が興味をひく。武力で自衛すべき利益が、漁撈活動から発する蓋然性は低い。海産物の収取だけで古墳をつうじた可視的な政治システムに、海民層を組み込む必然性は希薄である。航海技術を重視して中央政権や地方首長層が支配対象に組み込む、そこに海民層が武装するような局面があったとみたい。そうした事態が六世紀後半頃に広域に惹き起こされ、七世紀前半頃までつづく。

第五、海民層以外の非農民層も群集墳を営む。「環博多湾製鉄遺跡群周辺地域の後期古墳群」では、鉄滓を出土する古墳が三二例、確認される。博多湾周辺地域の「六世紀代以降の古墳数二六四基」のうち、「鉄滓供献古墳の含有率は一二・一％」（柳沢一九七七）と、かなりの確率で製鉄関連工人が後期古墳を築造する。

第六、六世紀後半頃の島根県松江市山巻古墳では、箱式石棺状施設の床面に須恵器蓋杯が敷き詰められる。同北小原横穴墓の玄門部からは大型の窯道具が出土したり、同東出雲町渋山池一号横穴墓の陶棺の底には須恵器の焼き台が一九個、脚部のように陶棺を支えたりしている（丹羽野・平石二〇一〇）。

農民、海民、手工業民といった職掌や階層性や出自を超えたイデオロギー的一体感や、同一政治体への帰属意識をもたらすのが群集墳の役割だった。そのような多様性を平準化して一律に統治する支配システムが、群集墳のあらわす統治方式なのである。

## 三　六世紀後半の政治動向と中間層―群集墳と政治秩序―

家父長家族の台頭や、既存の首長的支配を脅かす人民の成長が標榜され、古墳時代後期に各地を席捲した群集墳だが、そうした定説とは齟齬をきたす諸事実からは、群集墳も政治的な墳墓だ、中間層が政治的に創出された、という評価が導かれる。

### （一）創出された中間層

群集墳研究の最大の陥穽は、個別経営の進展で台頭したとされる中間層の存在をしめす考古史料が、意外かもしれないが群集墳以外にはないことである。「古墳時代後期に台頭してきた有力農民層や家父長家族」の存在は、経済的社会構成をあらわす水田や集落構造からは認識しがたい。第四の論点である。

古墳時代社会の基本構造はつぎのとおり。第一、首長と農民層・非農民層に二元化される。第二、首長層の階層分化はきわめて激しい。第三、農民層は等質的で、階層化はすこぶる緩やかである。ここに問題の所在がある。古墳時代の集落構造でみておこう。

二～四棟ほどの竪穴建物や掘立柱建物がひとつのグループをなす。そのような建物群が、単独もしくは二～四ほど近接して一箇の集落を構成する。竪穴建物や掘立柱建物の面積は一〇数平方《メートル》から三〇平方《メートル》にほぼおさまる。四〇平方《メートル》以上は稀少例で、建物面積の偏差はいたって小さい。

大阪府和泉市・泉大津市の大園遺跡では、五世紀後半から六世紀末頃の掘立柱建物が一八三棟、検出されているが、床面積は一〇～二〇平方《メートル》が七六%を占める（広瀬一九八二）。鉄滓、砥石、鞴口、鍛冶道具などが出土した、六世紀後半から七世紀後半の鉄鍛冶工人集落の京都府城陽市芝ヶ原遺跡でも、掘立柱建物は三〇平方《メートル》未満が八〇%、竪穴建物は二〇平方《メートル》未満が七〇%と高い比率を占める（山田編一九八〇）。

このような建物（寝食を共にする世帯）や建物群（世帯共同体とか古代家族）にくらべて、集落相互にはやや較差がみられる。大園遺跡ではほぼ一キロ四方の範囲に、六世紀後半には九ヶ所の集落が併立する。ひとつの優勢な集落では、四九平方メートルや三六平方メートルと大きめの掘立柱建物があって、倉庫をもつ建物群も顕著である。いっぽう、多くの劣勢な集落では検出された三九棟のなかで、二〇平方メートル以上の掘立柱建物は三棟で、最大でも二四平方メートルにすぎない（広瀬一九八二）。

そうした様相は各地に敷衍できる。景観的かつ構造的に傑出した建物群はみあたらないし、古墳時代の古代家族・世帯共同体相互には、きわだった階層分解は認めがたい。建物同士にいささかの広狭はあっても、群集墳の造営・非造営の契機をなすほどの大仰なものとはいいがたい。有力家族が劣勢家族を「収奪」していたとの確証も得がたい。水田・畠稲作での個別経営が進展していたとしても、それは農民層に階層化をもたらさない構造だ、とみたほうがよさそうだ。

集落構成をみるかぎり、古墳時代の農民層には有力家族が広汎に台頭した、という階層分化は認めがたい。それにもかかわらず、「有力農民層」の析出が解かれる群集墳は形成される。この事実的断裂というか、研究史的「論理矛盾」をどう解くか。それが群集墳研究の最大の論点といって、けっして過言ではない。

その解は〈中間層は政治的に創出された〉、この一点である。やや優勢な集落を営んでいた農民層を、中央政権や地方首長層が選別して、一定の政治的地位を付与する。いわば外在的な強力で政治勢力の一員に組み込み、可視的な政治システムのメンバーシップの証としての古墳造営を認可する。そのような事態が六世紀後半頃に進行していた。すなわち、古墳時代の中間層は農民層から自然的に成長したわけではなくて、支配組織の末端を担うという政治的意図で創出されたというのが、この論点の要諦だ。あらたな支配秩序が企図され、実行された。紛うことなき政治的な一大画期がここにある。

群集墳は政治的契機で出現した。個別経営で成長した農民層が、自在に築造したのではない。どうしてもそうみたければ、墳丘や横穴式石室の建造にともなう多大な労働力を費消して、首長墓に準じた可視的な墳墓をいかなる理由でつくったのか、それも六世紀後半頃に一斉に各地で、という事実の説明が必要である。さらに付言すれば、海民層には「個別経営」は適用しがたいので、経済的発展などの謂いで群集墳は解釈できない。

第一、群集墳造営と有力農民層の台頭を等値させるという先入観が揚棄されねばならない。第二、群集墳を造営したのは有力家族だから農民層は階層化していたという経済反映論的な論理では、群集墳は解釈できない。因果律が逆立ちなのだ。第三、中間層の創出という中央政権の政策にもとづき、広汎な地域で社会の階層化がいっそう加速した。古墳時代には〈政治が経済を動かす〉という事態が進行していた。これまで大きな知の潮流となって、人口に膾炙されてきた「経済が政治を規定する」という顛倒した理解では、問題の核心には到達しない[2]。

## (二) 中間層の政治的役割と職務

六世紀後半頃に支配機構を拡充し、新たな政治秩序を構築するため、やや優勢な農民層や海民層が、中間層として政治的に創出された。第一は、首長の統治を分掌する原初的な官僚層である。二官八省に役人が執務した律令国家以前にも、「群卿・群臣・百官等々」、上級から下級にいたる官人を『日本書紀』は記すが、こうした「官僚層」が七・八世紀になって突如、出現したはずがない。

弥生時代以降、首長のおもな職務は共同体内では食料増産と祭祀、共同体間では外交（戦争）と交易である。灌漑水田での利害調整や、種籾保管もふくめた食料備蓄、それを原資とした交易、武器や農工具の製作・維持や、各種財の保管・分配・貸与、戦争での兵士の派遣など、農耕共同体再生産のための職務は多岐におよぶ。さらには古墳時代の中央政権だと、三角縁神獣鏡や腕輪形石製品や甲冑などの集積と各地首長たちへの配布、その反対給付として「もの」や人の提供という再分配システムの構築や維持、渡来人もふくめた技術者の派遣や地方首長からの「上番」、巨大古墳造営の労働力など、多彩な実務があった。

中央・地方を問わず社会秩序の維持にとって必須の任務は、「職務執行機関」と原初的な官僚層がなければ立ちゆかない。当初は首長一族や類縁者でまかなえても、職務の肥大化や複雑化で行き詰まるのは、たやすく想定しうる。だからといって、「民衆」がそのまま自動的に「官僚層」に転身するはずもない。農民・海民・手工業民の一部にその職務を分掌させようという、首長層の政治意志と強力が発動されたに違いない。それが群集墳にあらわされた中間層の創出で、「官僚層」誕生のひとつのコースである。六世紀後半におおきなピークがあるものの、六世紀前半代や五世紀代の初期・古式群集墳や「古式小墳」もおなじ要因にもとづく。中間層は数次にわたって析出されたはずで、その実相は各期、各地での群集墳や小型円・方墳の分析によらねばならない。

第二、それだけでは群集墳の激増に説明がつかない。遺された文字史料との照合もあわせ、地域ごとの検証が要請されるが、部民制やミヤケ制といった新規の支配方式、地方支配制度の創案・実行とも、相即不離の関係にあったことだろう。既存農地の再編なのか、新規の耕地開発を付随したのか、という問いについても、灌漑水路や水田の新設や集落の急増などを視野におさめた、独自の方法での解明が待たれる。もっとも、そうした動きは農民層だけではなくて、「部民制による海民の再編、つまり海部の成立」（山中二〇〇三）もふくめ、非農民層にもおよんだことだろう。

第三、「海民の再編」については贄など海産物の収取はもちろんだが、六世紀後半から七世紀前半という時期をみれば、隋・唐の後ろ盾を得た新羅にたいする政策に基因した蓋然性が高い。崇峻四年紀（五九一）に「二万余の軍を領て、築紫に出で居る」、推古一〇年紀（六〇二）に「来目皇子をもて新羅を撃つ将軍とす。軍衆二万五千人を授く。嶋郡に屯みて、船舶を聚めて軍の粮を運ぶ」など、陸路と海路で大量の兵士と馬、武器や兵粮が筑紫地域に運ばれている。

外洋航海に用いられた準構造船は、船形埴輪などによれば片側五基程度のピポッドが装備されるので、一艘の漕ぎ手（兵士）は一〇人ほどである。仮に一〇、〇〇〇人が輸送される場合だと、一、〇〇〇人の船頭が必要になる。広域におよぶ海民層の群集墳をみれば、厖大な数の兵士の移動が、それも武装したような事態が、六世紀後半頃から七世紀前葉頃には惹起していた。兵士や兵粮や武器の補充・修理などにともなう国内外の海上交通での、海民層の卓抜した航海技術を求めて、中央政権や地方首長層が海民層を支配統治の対象に組み込む。海民層が急速に政治の舞台に登壇する。それが海民層の群集墳の直接的な機縁をなす。

第四、農民層や非農民層の武器副葬もあいまって、中央政権や首長層のもとでの兵士の育成、兵団への組織化があったようだ。六世紀後半頃から七世紀の広域的な動きだけに、内在的な要因よりは新羅などとの外交・軍事が、基底的要因をなしたことだろう。これら四つの要因が密接不分離の関係で、各地の群集墳を生みだす政治的な情況をもたらしたのではないか。

### （三）西暦六〇〇年前後の政治動向

六世紀後半から七世紀初めは、古墳時代政治史の一大画期である。群集墳の盛行、西日本各地の政治拠点の設置、東国首長層の新支配方式をあらわす前方後円墳の激増、というふうに。そのあたりの事情を北部九州の群集墳で探ってみよう。

第一、玄界灘に浮かぶ長崎県の壱岐島。農耕適地の沃野がない小島で、六世紀後半から七世紀前葉のごく短期間に、三〇〇基前後の小型古墳が営造されるという瞠目すべき事実がある（田中編二〇〇八ほか）。百田頭古墳群は直径一四〜一七メートルの円墳群で、横穴式石室は玄室幅二メートル前後、長さ二〜三メートルで、玉類・耳環、鉄刀・鉄鏃、馬具、工具、須恵器・土師器などを副葬する。釜蓋古墳群もほぼおなじ様相をしめすが、横穴式石室はやや小さい。ただ五号墳からは金銅装大刀金具、六号墳からは銅椀や製塩土器などが出ている。仮に各造営主体が一代一墳的に三～四基ほど築いたとすれば、一時期には七〇～八〇前後の中間層が、この狭い島で円墳を造営した計算になる。

これらと平行して前方後円墳が対馬塚古墳（六三）と双六古墳（九一）の二代、ついで大型円墳の笹塚古墳（六六）と兵瀬古墳（五四）、おなじく鬼の窟古墳（三五）と掛木古墳（四五）と二基ずつ、あわせて首長墓が四代つづく。たとえば、鬼の窟古墳の横穴式石室は二つの前室をもった三室構造で、玄室の幅と長さが三㍍、高さが三・二㍍、全長一六・二㍍。象徴的なのは対馬塚・双六・笹塚・兵瀬古墳の新羅土器だが、さらに双六古墳からは金銅製の圭頭大刀や単鳳環頭大刀の柄頭、隋代の白釉緑彩円文椀など、笹塚古墳からは金銅製の亀形辻金具や心葉形鏡板、緑釉陶器など、豪華な副葬品が目白押し状態だ。

朝鮮半島と九州の中間点という地政学的位置、新羅土器や優品の副葬、九州屈指の巨石墳、一気の築造と一斉の終息など、在地性を超越した動態である。五六二年に加耶を滅亡させ、朝鮮半島を統一していく新羅に対抗した外交・軍事拠点が壱岐島に設営された。最初は一人、途中から二人の首長と、彼らに統率された七〇～八〇ほどの中間層が兵団や外交実務などを分掌するため派遣された。そして、六六〇年の百済滅亡や六六三年の白村江の戦いの前夜、風雲急となった七世紀中頃には一斉にその任を解かれて九州島に帰還した。そのような政治情況が看てとれる（広瀬二〇一〇）。

第二、糸島半島の「古今津湾」に面した福岡市元岡古墳群。六世紀末から七世紀前半にかけて、元岡G一号墳から銅鏡・銅釧各一、圭頭大刀をふくむ鉄刀五や馬具などが、G六号墳の全長約七・五㍍の横穴式石室から金象嵌の「庚寅（五七〇年）銘」大刀がそれぞれ出土している（福岡市教育委員会二〇一三・二〇一九）。この一帯は推古一〇年紀に派遣された「二万五千人の軍衆」が駐屯した「嶋郡」なので、「船舶を聚めて軍の粮を」運んだ海民層が視野におさまる。ちなみに壱岐島の横穴式石室は、玄室を板石で閉塞するため玄門部が内側に突出した北部九州の伝統形式だが、元岡古墳群は礫石を積んで羨門を閉塞する、したがって玄門部が内側に飛びださない畿内

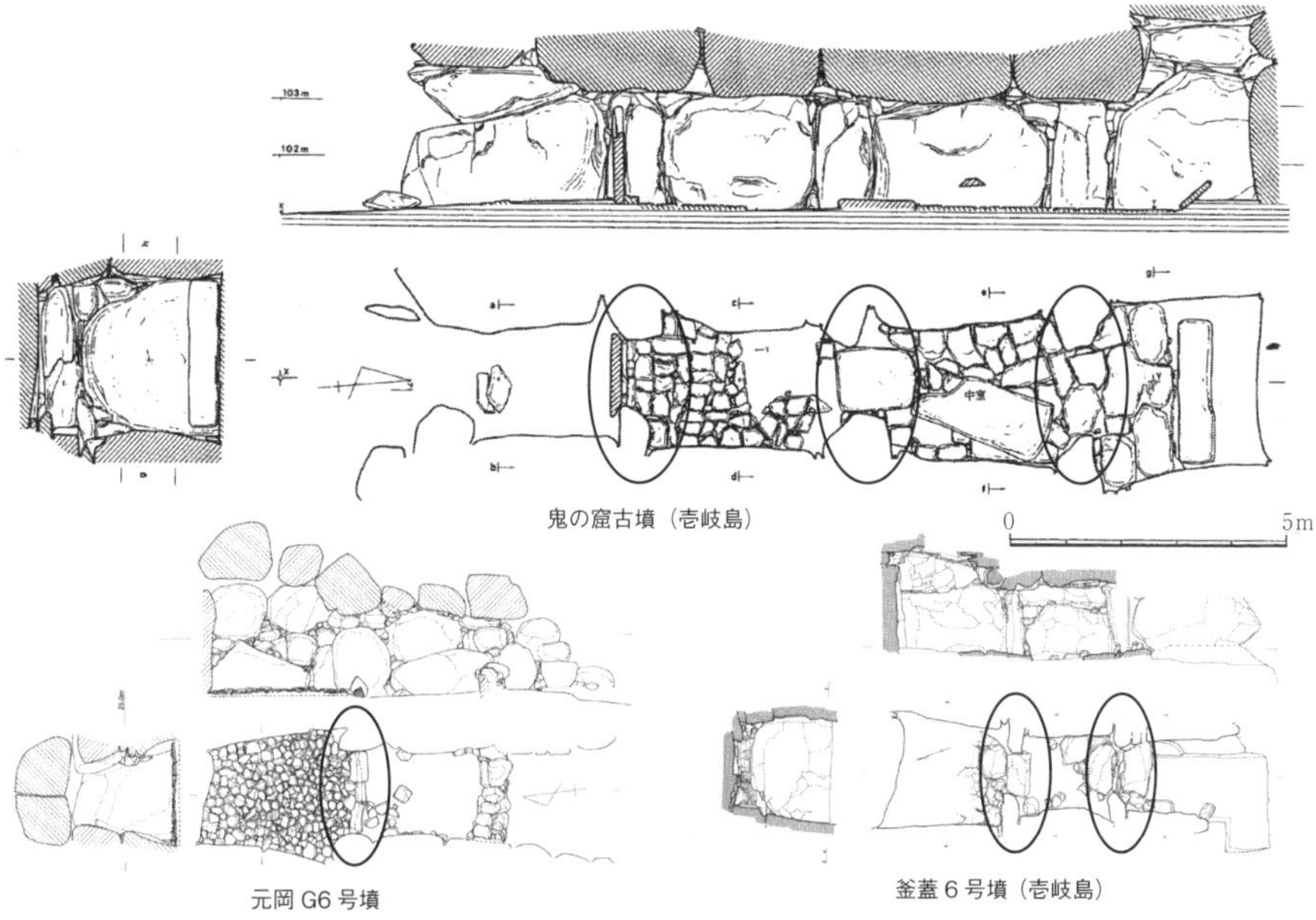


図４　壱岐島と元岡古墳群の横穴式石室

型横穴式石室なのが示唆的だ（図４）。

　第三、福岡県の宗像地域。天然の良港の入り海・ラグーンをとりまくように、四世紀末から六世紀末頃の前方後円墳が三〇基、六〜七世紀の群集墳が約一、三〇〇基、横穴墓が一七〇基、営造される（池ノ上・花田一九九九）。最大の前方後円墳、在自剣塚古墳（一〇二）を頂点に、二〜三人の首長が長期におよんで前方後円墳を造営したようで、七世紀中頃の巨石墳、円墳の宮地嶽古墳までつづく。

　上述してきた壱岐島・糸島半島・宗像における一連の動向は、軍事と外交を基軸にした中央政権の国境政策にもとづく。壱岐島は外交・防衛の最前線、糸島半島は各地から派遣された兵士の駐屯地、宗像地域は四世紀末の対高句麗以降、兵站とともに出発港というふうに、それぞれが役割分担する。ここには全国各地からの厖大な「もの」と人が集積され、北部九州の有力首長が、実務を担う多数の中間層を率いてその任にあたった。

こうしてみると、かぎられた時期に出現した群集墳が、各地在地勢力の自律的かつ任意の築造になる、とみなすのは難しい。国内的な要因を基軸にしつつも直接的には対外的契機にしたがう、とみたほうが無理はない。隋・唐や朝鮮半島の統一に向けた新羅の動き、東アジア情勢に呼応した中央政権の政策が根幹をなしたわけだ。

各地から大量の兵士が徴発され、筑紫に派遣される。「山陽道」や「山陰道」などの広域道路が整備され、備中・備後南部・安芸東部・周防などに「もの」と人の交通拠点としての政治センターが設置され（広瀬二〇一三）、高度な操船技術をもった海民層が徴発される。食料増産のため新しい農民支配方式も施行され、東国首長層にたいする新規の支配網もめぐらされる。そうした新しい支配体制の実務を担う「官僚層」が多数、要請される。大量の中間層が創出された所以である。

## おわりに

大勢の人格が個性を顕現させた群集墳は、文化的な産物でも在地勢力の任意性にもとづくものでもない。広域におよぶ群集墳が各々の在地的要因で造営された、との説得的な論理は提出されていない。

六世紀後半から七世紀初め頃、西日本各地で一斉に農民層や非農民層から、中間層が政治的に創出されるという、中央政権の新たな支配方式が施行される。それは東アジア情勢にともなう対新羅政策に基因する政治的な動きで、そうした外圧が支配機構に新基軸をもたらす。そのように論じてきた。ただ群集墳研究にはひとつの陥穽がある。有力家族層が営造した群集墳があるから、社会の階層分解が進展している、という謂いだ。そこには経済が政治を規定するという、信仰にも等しいイデオロギーや先験主義がつよく作用している。しかし、それはもっと長い歴史パターンに適用される法則であって、短期的にみれば〈政治が経済を動かす〉のがむしろ通例であろう。

それはともかく、経済的社会構成のひとつの指標をなす集落構造をみるかぎり、古墳時代社会の階層分解はさほど進展していない、という刮目すべき事実が抽出しうる。それが考古学的事実に照応した論理の出発点をなすべきだ、とも指摘してきた。

現実には政治と経済は相即不離の関係で社会を構成するが、歴史再構成のためには各々を独立した方法で論究してから統合する、との手順をとらねばならない。群集墳が農耕や手工業などの生産関係や家族の動態という経済的社会構成を直接的にあらわすのか、それとも前方後円墳などの首長墓とおなじく、政治的社会構成を媒介しているのか、いまいちど吟味する必要がある。

## 註

(1) 研究史は以前にまとめた(広瀬二〇〇七)。近年では佐々木編二〇〇七、古代学研究会編二〇二一、考古学研究会東海例会二〇二三などの特集が組まれているが、〈政治的墳墓としての群集墳〉という視座はさほど強くない。なお、本書では、日高慎氏がじつに詳しい研究史を展開している。

(2) 経済を下部、政治を上部とみる思考法は、未開・文明史観や発展段階論とあいまって、いまだに通奏低音のごとく考古学研究者の観念を縛っている。「人間が多様であれば、そこに物や情報の交換が生じる。その物や情報の交換が経済の基礎である(中略)。しかし政治の基礎は、人間の多様性そのものではない。抽象化され、非個性化された平等な個人の集合体としての社会である(中略)。政治とは、経済のもたらす差異化作用ー例えば貧富の差を拡大する作用ーに相抗して、社会の均質性を保持するための人間行為だからである」(小路田一九九七)。水田経営にもとづく経済的社会が「多様性」をもって、「差異化」されるのは当然だが、それを契機にしたとみなされてきた群集墳が時空を超えて等質的なことは、群集墳が政治的墳墓なのを首肯させる。

## 引用・参考文献

池ノ上宏・花田勝広 一九九九「筑紫・宮地嶽古墳の再検討」『考古学雑誌』八五―一
石田大輔編 二〇二三『石上・豊田古墳群と別所古墳群』天理市教育委員会
石部正志編 一九六六『若狭大飯』同志社大学文学部
泉森 皎編 一九七五『天理市石上・豊田古墳群Ⅰ』奈良県教育委員会
泉森 皎・河上邦彦編 一九七六『天理市石上・豊田古墳群Ⅱ』奈良県立橿原考古学研究所
稲田健一 二〇一九『装飾古墳と海の交流 虎塚古墳・十五郎穴横穴墓群』新泉社
印南町教育委員会 一九七八『崎山一四号墳発掘調査報告書』
上村和直・丸川義広編 一九八九『大枝山古墳群』（財）京都市埋蔵文化財研究所
太田宏明 二〇二一「古墳時代の家族・集団と群集墳」『群集墳研究の新視角』
荻野谷正宏 二〇二一「近畿の群集墳2 紀伊地域」『群集墳研究の新視角』
北田栄造・丸川義広 一九八二『御堂ヶ池1号墳発掘調査概報』京都市文化観光局
考古学研究会東海例会 二〇二三『東海における古墳時代の群集墳を考える』
小路田泰直 一九九七『日本史の思想』柏書房
古代学研究会編 二〇二一『群集墳研究の新視角』六一書房
近藤義郎 一九五二『佐良山古墳群の研究』一、津山市
近藤義郎 一九八三『前方後円墳の時代』岩波書店
近藤義郎編 一九九九『喜兵衛島』喜兵衛島刊行会
佐々木憲一編 二〇〇七『関東の後期古墳群』六一書房
末永雅雄編 一九六七『岩橋千塚』
高橋一嘉編 一九九五『西脇古墳群』兵庫県教育委員会
田中聡一編 二〇〇八『壱岐の古墳』長崎県壱岐市教育委員会

中井正幸編 一九九二『花岡山古墳群―出土人骨の分析調査報告書―』 岐阜県大垣市教育委員会
中井正幸 二〇二一「群集墳における墓地構造―岐阜県本巣市船来山古墳群が提起するもの―」『岐阜聖徳学園大学紀要』
名張市史編さん委員会編 二〇一〇『名張市史資料編考古』
奈良県立橿原考古学研究所編 一九七七『新沢千塚 126 号墳』
奈良県立橿原考古学研究所編 一九八一『新沢千塚古墳群』
奈良県立橿原考古学研究所附属博物館 一九九二『新沢千塚の遺宝とその源流』
丹羽野裕・平石 充 二〇一〇「出雲・大井窯跡群の様相と生産体制試論」『古代窯業の基礎研究―須恵器窯の技術と系譜―』
広瀬和雄 一九七八「群集墳論序説」『古代研究』一五
広瀬和雄 一九八一「考古資料」『能勢町史 第四巻』
広瀬和雄 一九八二「大園遺跡における集落の展開」『大園遺跡発掘調査概要』Ⅶ
広瀬和雄 一九八三「古代の開発」『考古学研究』一一八
広瀬和雄 二〇〇四「紀伊岩橋千塚古墳群の諸問題」伊達宗泰監修『地域と古文化』
広瀬和雄 二〇〇七『古墳時代政治構造の研究』塙書房
広瀬和雄 二〇〇八「六・七世紀の『民衆』支配」広瀬和雄・仁藤敦史編『支配の古代史』学生社
広瀬和雄 二〇一〇「壱岐島の後・終末期古墳の歴史的意義」『国立歴史民俗博物館研究報告』一五八
広瀬和雄 二〇一三「終末期古墳の歴史的意義」『国立歴史民俗博物館研究報告』一七九
兵庫県教育委員会 一九九五『西脇古墳群』
福岡市教育委員会 二〇一三『元岡・桑原遺跡群22』
福岡市教育委員会 二〇一九『元岡・桑原遺跡群33』
藤沢 敦 二〇一五「北東北の社会変容と末期古墳の成立」『倭国の形成と東北』吉川弘文館
宮川芳照・磯部幸男・杉崎 章 一九六六「尾張国日間賀島北地古墳群の調査概報」『古代学研究』四二・四三合併号
森岡秀人 二〇二一「群集墳研究の教条的な原理の打開と多様性」『群集墳研究の新視角』

森　浩一　一九六七「岩橋千塚の横穴式石室」『岩橋千塚』前掲書
柳沢一男　一九七七「福岡平野を中心とした古代製鉄について」『広石古墳群』福岡市教育委員会
山中　章　二〇〇三「律令国家形成前段階研究の一視点―部民制の成立と参河湾三島の海部―」広瀬和雄・小路田泰直編『弥生時代千年の問い―古代観の大転換―』ゆまに書房
山田良三編　一九八〇『芝ヶ原遺跡発掘調査報告書』
和歌山県立紀伊風土記の丘　二〇一六『岩橋千塚とその時代―紀ノ川流域の古墳文化―』

**図出典**

図1：石田編二〇一三より転載　図2：広瀬二〇〇八より転載　図3：広瀬二〇〇八より転載（原図は宮川ほか一九九六・山中二〇〇三）　図4：田中編二〇〇八・福岡市教育委員会二〇一三から作図

# 群集墳論研究史

日高　慎

## はじめに

本稿は古墳研究の中の群集墳を取り上げた論文について、研究史上重要と思われるものに限定してまとめたものである。もとより厖大な研究蓄積がある分野だから、すべてを網羅的に扱うことは不可能である。筆者の管見に触れたものだけを取り上げているので、重要な論文が抜け落ちていることも予想されるし、地域の中での群集墳研究については多くの欠落があることも確かである。ご容赦いただきたい。本稿では論文内容に触れたもののみ、著者名と発行年・当該頁を提示することとし、同じ論文からの複数引用については頁数のみ記載する。また、本書巻末に別途群集墳関係論文一覧を示したので参照して頂きたい。

## 一　赤松啓介から西嶋定生「古墳と大和政権」発表前後まで

赤松啓介は、加古川流域をもとに、地域史的視角から古代社会の解明をおこなおうとした。「群集墳の出現は、時間的に長期に渉ることも考えられるが相対的に末期のものではないかと思われる。ただしかかる群集墳が個人的ないし家族的埋葬か、上層階級に限られたか否かは今後の解決に俟つべきだが、これらの群集墳がかなり広い地域に渉って数個の群に別れていることは、一の群が一家ないしは一氏族の共同墓地であると解されるべきで、私は血縁的氏族共同体の崩壊によってもたらされた地域的村落共同体が、当然にも一個の氏族による形成でなく、殊に新しく開拓された聚落にあっては多くの氏族の集合があり得たであろうから、これらの群集墳の各群は氏族的意義をもつものと推察したい。したがってあらゆる情況において氏族共同体的残滓が未だ残在しえることを指摘し得よう」（赤松一九三七（一九九〇：一八五頁））と述べた。

三友國五郎は、主に首長墓を中心として、北部九州、西都原、甲府盆地、関東地方の各古墳群について、平野の開発という視点から、その分布を示した。さらに、「平地に乏しい山地には古墳文化は考えられぬであろう。従ってひとしく原史時代にあるとは云うものの山間にあっては殆んど先史時代の生活をなしたのであろう。—中略—かかる人達の作った古墳、それは小規模な横穴古墳群でなかろうか」（三友一九三八：三七頁）と述べ、平地の首長墓と群集墳あるいは横穴墓との質的差を指摘したが、現在の観点からすれば、山棲みの人びとに対する評価は再考せざるを得ない。

赤松と同じころ、藤森栄一は諏訪湖周辺地域を対象に古墳群を理解しようとした。詳細な分布図と出土した副葬品を網羅し、その年代観を示した。そして、「角間川沖積地に聚落を持った或る氏族は、一時期、窯業を主業とし、部族的傾向を見せ、当地方の一経済力の核となって相当繁栄し、川の北岸の茶臼山丘陵に手長窯址を中心に多くの土器窯を築いた。且つその権力者は土器を多く副葬せしめる特色ある末期古墳群を、聚落地の北端の茶臼山丘陵、及び沖積地の南端清水丘丘陵の勝地に残した。この聚落と墓地の関係は、諏訪東南辺地域に於ても然りであった」（藤森一九四〇：三六四頁）とした。網羅的な群集墳の副葬品研究から政治的・経済的基盤の差を論じたのは藤森が初めてといえようが、その後は戦後まで引き継ぐ研究がなかった。

近藤義郎は佐良山古墳群の研究の中で、「主として横穴式石室を内部主体として、内に日常利器用具供物を収めることを常とした後期古墳の各地方各地域における激増、猫額大の山間地域小河川の作る僅狭な渓谷地帯にまで、あらゆるところに出現してくる後期古墳の営造は、地方地方の共同体がくずれ去り、そこに家父長的な秩序が即ち深刻な階級関係が、自らを強く貫徹させて行ったことを物語っている」（近藤一九五二：四九頁）と述べ、佐良山においては四基の前方後円墳を除いて径二〇メートルを超える古墳が三基であり、径一五メートル以下の小古墳が八〇％を占め、後期古墳に至っては数量的に九〇％以上を占めることを明らかにした。そして、「中宮・高野山根にまたがっての壮大な四基の前方後円墳の営造、嵯峨山西面の山顚に他を壓するように構築された数基の大規模（といっても佐良山における）な円墳の存在は、この佐良山の僻地にも、真の意味の「豪族」が、他を壓しつつ誕生しているのを、物語るものでは、あるまいか」（五〇頁）とし、さらに「家父長的関係が地方＝農村の共同体（即ち曾ってのの「英雄」の論理によってその共同体的関係を支配の手段とされていたところの共同体、自らの主体性の発展を強く制約されていた共同体の構成員）をゆりうごかし、その中に古代的な秩序を持ちこんでいった姿を示すものではあるまいか？従って、そこに葬られた人々即ちいわゆる「豪族」「貴族」が、前期中期の被葬者とは異った性格を有っておることは明らかである。それは、正に家父長的家族の墓であるということが出来る」（五〇頁）としたのである。

山本清は、「律令制時代の郷乃至里を念頭において当時の村落社会の存在を想定し、その村落の構成員の中の相当多数の者の墳墓を以て」（山本一九五九：六五頁）、村落古墳という概念を提起した。かつて藤森が長野県諏訪地域で実践した地域における古墳の詳細な分析を、山陰地域をモデルとしておこなったものである。

楢崎彰一は、東海地域の須恵器編年を基軸に、群集墳の被葬者について、河内大藪古墳の一一体の埋葬をもとに、「大宝二年、美濃半布里の戸籍を群集墳期の様子をある程度示すものと考え、畿内の群集墳の一例を大藪古墳に求めるならば、六世紀末から七世紀中葉にかけて、厖大な群集墳を生み出していった人々は、うちに数個の房戸を含み、若干の奴婢をもった有力郷戸（奴隷制的家父長制大家族）の人々であったかと想定される」（楢崎一九五九：五三〇頁）とした。第Ⅲ期（七世紀後半以降）に古墳の数が減少することについては、「大化の薄葬令の浸透という法制的な面のみをその原因として考えるのではなく、—中略—中間支配者層を排して、直接人民を把握しようとした大化改新以来の天皇専制支配の強化と収奪の激しさからくる郷戸への分解と階級分化の進行、それを体制化してゆく官僚制の整備は天武朝において、一応の完成をみるわけであるが、そうした時代の動きの中で、—中略—専制支配機構の最上層部においてのみ、前代の横穴式石室を切石の巨石を用いて、最大限に造営する」（五三一頁）ようになったと考えた。

西嶋定生は、その後の研究に大きな影響を与えた論文「古墳と大和政権」を発表する。「古墳の定式化とその伝播が政治的関係の形成に対応するものであると理解するかぎり、前期古墳の存在形態から考えて、三・四世紀には、すでにキミとかオミが原初的な各地の首長の呼称であるという段階を超えて、カバネとして大和国家の秩序構造に組み入れられていると理解しなければならない」（西嶋一九六一：一七六頁）とした。さらに、「各地方において前期古墳が発生するということは、階級社会の発生とか、あるいは貴族層の形成もしくはその権威の自律的革新とか、あるいはまた前期古墳の稀少性から推測される地方的統一整形の形成などを意味するものではなく、すべては大和政権の展開の過程の所産として理解されるべきもの」（一七八頁）とした。後期古墳に関しては、「後期古墳営造の爆発的増加がただちに共同体の分解とそれに伴う奴隷主的古代家族の析出に直接的に対応するものではなく、この場合も古墳営造は身分制に媒介されて行われるものであり、しかもその身分制は大和政権の国家秩序と関連するものであると想定される」（一六六頁）とし、「中期以前の前方後円墳の被葬者はカバネの表現者としての首長のみに限定されていたと考えられるのであるが、後期群集墳においては首長以外の集団成員が広汎に古墳を営造したのであるから、彼等はここにおいて首長のカバネとは相違する新らしい身分を獲得したのであり、その身分はこの時代として考えるかぎり同じくカバネ秩序に包含される身分であると考えなければならない」（一九五〜一九六頁）とした。群集墳の築造について、階級関係の変化があったことを否定しているのではなく、「小円墳であっても、その営造者は他のものに比して物質的富の所有者であったことは事実であろうから、このような営造者が多数輩出したことはあくまで認めなければならないが、―中略―それは身分制を媒介にすることによってはじめて古墳営造者として実現される」（一六七～一六八頁）と理解した。

『古代学研究』三〇号で後期古墳の特集号が組まれ、後期古墳を全国的に網羅し、共通の土俵にあげて検討した。そのなかで、森浩一・石部正志がこの時点での問題点や到達点を的確に指摘する（森・石部一九六二）。

向坂鋼二は、単位群の設定、小支群、支群として村落のあり方に対応すると理解し、「支群は、通常丘陵、河川、内湾等の如き地理的条件によって識別されるが、地理的にはひとつにつながっておりながら、分布のあり方から峻別されることもあって、支群が村落のあり方に規制された面を暗示しているように思える。従って、支群はある意味において、政治的な結紐を反映しているともいえよう」（向坂一九六四：七頁）と述べた。後藤守一が述べた古代史にいう一つのクニに相当する地域で、有機的繋がりをもったすべての古墳に古墳群という用語を充てた。「「古墳群」が支群―（中支群）―小支群―単位群という構成を持っている点は、認められるべき」であり、「古墳群がほぼ古代史にいうクニに相当する地域を占めているとすれば、後に郡→里→戸というような里制の施行される下地が、すでに出来上がっていたとしてよい」（八頁）とした。

喜谷美宣は、それまでの研究の流れをコンパクトにまとめている（喜谷一九六四）。必携論文である。

## 二　西嶋定生論文後の事例研究・群構成・初期（古式）群集墳研究など

白石太一郎は、西嶋説の検証を通して群集墳成立の歴史的評価をおこなった。高安千塚、平尾山千塚の形成過程の検討をもとに、河内には『新撰姓氏録』にみる物部氏や蘇我氏と同族的系譜をもつ氏族が極めて多いことから、それぞれの氏族の消長と高安と平尾山の成立から消滅までの過程が対応してくる可能性を指摘した。ただし、「このような同族関係が本来のものではなく、大和政権が在地の族長の有する共同体を解体することなくそのままその支配機構に組み入れるために結ばれた擬制的なものであった」（白石一九六六：六二頁）とし、「本来、墳墓の造営そのものが極めて共同体的な行為であり、その墳墓地域を共通にすることが同族関係の一つの表現方法であったとすれば、当然かかる擬制的同族集団においても、共通の墳墓地域の形成がなされた」（六二頁）と理解した。物部氏・蘇我氏との関係については、その後渡来系集団の墓の存在から、一部撤回しているようであるが、あくまでも「高安千塚を遺した集団が物部氏の支配下に組織されていた渡来系集団で、平尾山千塚、おそらく雁多尾畑古墳群もそうだと思いますが、これらは蘇我氏の支配下に組み込まれていた渡来系集団と結びつく可能性が非常に強いのではないか」（白石二〇〇九：八二頁）とも述べている。白石は擬制的同族関係について、大和を中心とする大型群集墳と付近の大型古墳との関連をもとに、Ａ～Ｄ類に分類しその造墓の契機について歴史的意義づけをおこなっている（白石一九七三）。

甘粕健は、群集墳の発生に関して、京都府西山古墳群の例（二号墳）を示し、「長径二七メートルの方墳で、四基の粘土槨がある。東西両槨の墓壙は中央槨の墓壙を切っており、追葬が行なわれたことがわかる。また、南槨は小形で子供の埋葬と考えられている。こうした合葬の形態は後期群集墳にみられる家族墓に通ずるものであることが注目される」（甘粕一九六六：四三六頁）とし、一九六二年から始まった奈良県新沢千塚古墳群の発掘調査成果から、「先駆的な群集墳がいずれも地方国家を形成した強大な政治勢力の中心地において出現することは、大首長の権力と密接なつながりをもつ共同体にいちはやく群集墳を生み出す条件がつくられたことを示している」（四三七頁）と考えた。そしてこれらを「初期の群集墳」（四三八頁）と呼称し、「新沢千塚の群小古墳のあり方は、こうした後・Ⅰ期に全国的にあらわれる群集墳と本質的な差はないようにおもわれる」（四三八頁）としたのである。さらに、新沢千塚と奈良県龍王山古墳群の築造時期の差異について論じ、「両地域の群集墳の時期のずれの原因を、両地域の社会発展の不均等に求めることは不適当であろう。このことは、群集墳発生が家父長制家族の発生と必ずしもストレートに結びつかないことを示すものである。すなわち、群集墳の発生は、家父長制家族の抬頭を前提とはするが、逆に家父長制家族が発生すれば、ただちに群集墳が発生するとはかぎらないということである」(四三九頁)と述べ、「共同体の中に高塚を造りうるものと造りえぬものとの明確な差別をもたらし、また、造りうるものの間にも大小の差を、さらに近隣の共同体相互の間でも高塚を造りうるものと、造りえないものの差別をもたらした」(四三九頁)と理解した。新沢千塚の群集のあり方について、「小規模な円墳にまざって、小数の小形前方後円墳ないし前方後方墳が分布しており、あたかも前方後円墳、または前方後方墳を中核として群集する円墳群が一つの単位集団を形成し、それらの単位集団の集合体として大群集墳が形成されている状態を示している」(四四〇頁)という指摘をおこない、そのあり方は「前方後円墳の被葬者のもとに整然としたヒエラルキーを形成しつつ大和政権に従属している大集団を推定することができる」(四四〇頁)と理解した。

水野正好は、群集墳の築造基数から、「家族の墓域」「氏族の墓域」「同族の墓域」「村々の墓域」の四種に分け、群集墳における群構成の違いを家族の数に対応させた。さらに七世紀初頭(六一〇年代)における複数埋葬(複次葬)から単次葬への変化について、「七世紀初頭をもって数多い有力家族から特定の家族を分離し、またその家族内で戸主など特定の個人を分離する結果を生み出しており、そこに重要な歴史的意義をみなければならないであろう」(水野一九七〇(a):二〇四頁)とした。七世紀以降の古墳の単次葬(単葬)への変化について歴史的意義を示したもので、後の終末期群集墳論へとつながる重要な指摘をおこなった。水野はその後も群集墳論を展開しており(水野一九七五)、群構成や墓道に関する研究・視点は多くの研究者に引き継がれた。

森浩一は、群集墳におけるⅢ後半まで造墓期が続き、その後追葬期となる高安型、Ⅳ前半まで造墓期が続く平尾山型の存在を指摘し、「古墳時代後期とは大勢として群集墳の形成(造墓活動)の終るⅢ後半まで、そして終末期は一部の群集墳の形成期、多くの群集墳の追葬期であるⅣ期をあてておけばどうであろうか」(森一九七〇:二〇頁)とし、終末期の概念を提示した。平安京周辺地域でのおもに八・九世紀の墓制の埋葬地と葬地として、「深草山型埋葬地」と「家側型葬地」、「佐比河原型葬地」の三種を指摘したことも重要な視点である。

佐田茂は、「古墳群の在り方から、大規模な生産単位の背景をそこに求めたい。農家において田植時、収穫時には短期間に多大の労働力を要することは現在の農業形態をみてもよくわかる通りである。また灌漑用水の問題をとりあげても、世帯共同体内で解決されるものではない。鉄生産においても分業が確立していたとは考えられないが、原材料から鉄の抽出、輸入鉄の確保などから単位集団が考えられる。これらの単位が群集墳の支群と呼ぶにふさわしい単位と同様な規模をもっていたと考えることはできないだろうか」（佐田一九七二(a)：一〇～一一頁）と述べ、「古墳が築造されるのは家父長の死を契機としてであり、その集約が群集墳という形態をとるのである。群集墳の支群内における各古墳の築造の時期が近接しているのは、このことを示している」（二六～二七頁）とした。追葬される人びとについては、「郷戸内で戸主との関係が深い人々」（二四頁）としたが、終末期には「単婚化も進み、直系相続も多くなる。郷戸内においても家父長とその直系家族の紐帯が中心となってくる。—中略—一次被葬者は家族の家父長であり、他は一次被葬者の家族内の人々であると推定されているが、七世紀初頭におけるこの姿は、六世紀における横穴式石室への埋葬にみられる家父長制的世帯共同体単位の埋葬とは異なり、共同体内部でも家父長とそれにつながる単婚家族という房戸的な単位の埋葬を考えることができよう」（二七頁）と理解した。

石部正志は、新沢千塚の調査成果をうけ、大部分木棺直葬墳で五世紀後半から六世紀中葉までの築造と、畿内の一般的後期群集墳とは様相を異にしていることをもとに、「横穴式石室を採用しない群集墳を「古式群集墳」とよぼう。その後の調査で、類例は奈良県各地に存在し、兵庫・大阪・京都・滋賀・三重県下にもみられるばかりでなく、東海・関東地方にも通じて分布することが明らかになってきている。それらのなかには方形周溝墓群とも区別がつけ難いような例も存在する」（石部一九七五：五七頁）とし、「古式群集墳と後期群集墳の相違は、埋葬施設が木棺直葬や土器棺、あるいは箱形石棺や小竪穴式石室などの古い葬法を踏襲している点であるが、一墳に二棺以上を検出する例も多く、この点は後期群集墳とも前代の方形周溝墓とも相通じている。少量の貧弱な副葬品を伴う場合が多く、集落からへだたった丘陵上などに位置する傾向を示す点では、中間期的様相を示しているといえる」（五七頁）と述べ、後期群集墳との差異とともに方形周溝墓との共通性を指摘した。石部は、その後も古式群集墳と方形周溝墓群とは性格的に異ならないことを述べている（石部一九八〇）。

伊達宗泰は、大型古墳を中心に群設定を論じ、「一つの水系の水の及ぶ範囲、いわゆる水支配地域というものは、相当大規模な自然改変を加えない限り変更されるべきものではなく、ここに水系上流の水の分配、管理権を掌握することは、その水によって行われる農業生産の生殺与奪の権利を得ることになり、この水支配こそ一勢力圏、一支配権の地域設定想定」（伊達一九七五：一〇一頁）につながると論じた。さらに、新沢千塚の調査成果をうけて「小規模の密集度の高い群集墳については、すでに五世紀代にその群構成をみるものについては先群集墳とし、六世紀代に営造をみるものについては群集墳の呼称をそのまま踏襲したい」（一〇三頁）と述べた。先群集墳という用語はその後浸透していないが、河川と古墳群の関係を詳細に分析した視点は極めて重要である。「群集墳は平坦部には立地しないで山麓傾斜面に多く、各河川の上流部にその分布をみる。―中略―平坦地に生活基盤をもつものであっても、その血縁・擬制どちらであっても氏族共同体の意識をもって地域集団の生活基盤となる水源である山麓部に墳墓地を求めて群集墳を形成したものと考えられる」（一一五頁）と述べた。この視点は、その後菅谷文則（一九七六）、三浦茂三郎（一九八五）、日野宏（一九八八）らの研究へと引き継がれる。

白石太一郎は、すべての群集墳が水野正好の用いた分析手法で示されたような群構成を取るものばかりではないことから、河上邦彦の石光山古墳群の築造過程の結果をうけ（河上一九七六）、「初期群集墳」を提唱した。「まず五世紀後半に、一基の小前方後円墳とこれをとりまく若干の小円墳群としての古墳群の形成が開始され、六世紀に入るとともに築造される古墳の数は増加し、その群としての構造は複雑さをますが、一基の首長墓とその集団を構成する有力家長墓群からなる基本構造には変わりないのである。六世紀後半になると小古墳すなわち一般有力家長墓の数は少なくなるが、その間に群構造上の大きな変化を認めることはできず、やがて首長墓が横穴式石室を採用し、これらにならって有力家長墓にも横穴式石室が営まれるようになって視覚的にも一般の群集墳との差異はみられなくなる」（白石一九七六：四六一頁）とした。さらに、「群の盟主ともいうべき集団の首長墓と集団を構成する家長墓想定される小古墳の間に、墳丘の形態においても、その規模においても明確な区分が認められることであり、群を構成する古墳が比較的等質的な場合の多い六世紀後半の群集墳と対比できよう。このことは、群集墳の出現が、本来的には集団の首長墓以外にもその集団を構成する有力家層の造墓がはじまった結果にほかならないことを示すものであり、さらにかかる群集墳の形成が首長と有力家長層との類縁関係を具体的に表現するためのものであったことをも示している」（四六二頁）とした。

関川尚功は、大和の群集墳を副葬された須恵器編年をもとに築造年代および築造順序を検討するとともに、初期群集墳について初めてまとまった形で論じた。「適切ではないかもしれないが、石光山古墳群の同時築造墳における造墓主体を仮に奈良朝戸籍に見える二～三の房戸（約二〇余人）より成り立っている一戸分の家族と見るならば、六世紀初頭においてほぼ五〇戸、つまり後の一郷に相当する同一地域集団により形成されたものとも考えられよう」（関川一九七八：三二六頁）とし、さらに「一基の前方後円墳に対する円墳の割合は約一〇基が同時築造である。古墳時代において共同体内の最低の基本単位である一家族の人員数が奈良時代とほぼ変化がなく、各古墳をその戸主クラスの古墳とすれば六世紀初頭段階の石光山古墳群はほぼ一〇戸、つまり二〇〇～三〇〇人単位ほどの集団による三～四ほどのグループが強固に結びつき、これらにより形成されていた共同体の群集墳と考えることもできるかもしれない」（三二六～三二七）と述べた。そして、副葬武器の存在は私的保有を示し、首長層の側から武器を獲得するとともに、古墳の築造権そのものも家父長層が自らの力で獲得したものと評価し、「群集墳にみられる本来の性格は在地的色彩を極めて強く持ったもので、倭政権なり在地首長の支配原理の一形態との位置は与えられないように思う。むしろ群集墳の盛行は同時期の首長墓の系譜にみられるような、倭政権あるいは在地首長を含めた地域に対する支配者層自身の強制力の低下に対応する現象ではなかったのか」(三四六〜三四七頁)と評価した。

広瀬和雄は、各地の群集墳の群構造とその形成過程について考察をおこなった。奈良県石上・豊田古墳群と大阪府一須賀古墳群を中心に以下のようにまとめた(広瀬一九七八：二一〜二二頁)。

①群集墳を構成する最小単位は、支群あるいは小支群と呼称されるが、おおむね二、三基前後よりなる。稀には一基あるいは四基ということもある。

②最小単位は狭小な空間に分布するものが多い。その場合、二、三基の古墳は相互に墳丘を接していることが多い。また最小単位は同一の立地条件にある。

③最小単位を構成する二、三基の古墳は時間的先後関係にある。つまり支群あるいは小支群は同時期に形成されたものではなく、ある一定の時間の巾をもって形成されている。時間の巾としては、半世紀未満が普通である。

④以上のような内容をもつ最小単位は、相互には時間的併行関係にある。換言すれば、群集墳を構成する複数の最小単位は、形成の開始・終焉がほぼ同じ時期であり、同じような時間の巾で形成されている。

⑤最小単位のあり方と相互の関係の仕方が群集墳の存在様式を規定する。このこと故に群集墳はなによりもまず第一に、最小単位の次元まで分析されねばならない。

「群集墳とは複数の古墳造営主体が、各自限定された墓域を分割占有しながら、その内部である一定期間造墓活動をおこなった累積現象である」（二二頁）とし、群集墳の築造ということに関して「三～五名位を埋葬するのが普遍的であり、うち一名だけが他の数名とことなる扱いを受けている場合が多い。やはり後期古墳といえども、古式古墳と同じく、基本的には特定の人格が埋葬の主体なのである。このことはとりもなおさず、古式古墳・後期古墳とを問わず、古墳は一般的には首長墓であると規定できるのではないか。つまり古墳に媒介される政治関係とは、首長を媒介にした共同体支配であり、―中略―世帯共同体に首長権といったものが生じ、それを具体的に担う人格を掌握することによって世帯共同体を支配していった」（二七頁）と規定し、「世帯共同体の首長を家父長といい、群集墳成立前夜には、世帯共同体は家父長的性格を既に有していた」（二七頁）と理解した。

## 三　初期群集墳、終末期群集墳研究の展開

辰巳和弘は、静岡県中部を事例として、群集墳のあり方を以下の三つに分類した。

A型―（単位群）密集型
B型―（単位群）散在型
C型―（単位群）独立型

A型の密集型は一〇〇～一二〇メートルの範囲内に墳域の幅を有しており、丘陵斜面に限定されたものであることを示した。「大半のA型の群集墳が六世紀後葉～七世紀前葉に同時に形成され、それは畿内や西日本において群集墳の最も集中的に築造される時期であり、七世紀中葉には追葬期に入ること等も同じ変化をたどっており、中央権力の造墓への介入（古墳の規制）がほぼ全国的に存在したことを窺わせている」（辰巳一九七八：九頁）とした。さらに「大和朝廷は六世紀第3四半期頃にはさらに広い層にまで造墓を認めることにより、彼らを直接支配の下におこうとしたのであろう。したがってほぼ直接支配の完了するまでの二～三世代程度の

間の造墓を認め、その後は造墓を規制したのである。七世紀前葉でほぼ全国的規模で群集墳がその終焉を迎える原因は、被葬者集団内にとって内的なものではなく、外的なものである。大化二年の薄葬令もかような歴史的背景のもとに出されたものではなかろうか」（一〇頁）とした。辰巳は、その後も終末期群集墳について考察をしている（辰巳一九八三）。

寺沢知子は、初期群集墳の新沢千塚古墳群と石光山古墳群の副葬品を比較し、副葬品の種類による差が明確に存在していることを明らかにした（寺沢一九八二）。また、フルセットであるA型墳は同時期に各群に一基のみであることを示した。A～D型墳の分類要素は以下の通りである。

A型　（鏡）・刀・剣・甲冑→馬具・刀子・鉄鏃・農工具…甲冑は出土していないが多数の副葬品をもっている四八号墳も含め、一二六号墳もここに含める。甲冑→馬具は甲冑のみ（五世紀中葉）から甲冑・馬具の両者（五世紀後半）さらに馬具だけ（五世紀末以降）という変遷を示す

B型　刀または剣・（刀子）・鉄鏃・農工具

C型　刀または剣か刀子か鉄鏃のいずれか

D型　なし

花積哲夫は、関東地域の群集墳を初めてまとまって論じた（花積一九八三）。

A類型―造墓のピークが五世紀後葉から六世紀初頭にあるもの

B類型―造墓の開始が六世紀前半にあるもの

C類型―造墓の開始が六世紀末葉にあり七世紀代にピークをむかえるもの

D類型―造墓の開始が七世紀中葉前後で七世紀後半にピークをむかえるもの

さらに、群集墳展開を第Ⅰ段階（五世紀後葉から六世紀初頭）、第Ⅱ段階（六世紀前葉から七世紀初頭）、第Ⅲ段階（七世紀前葉から後葉）に分け、「第Ⅰ段階、第Ⅱ段階の群集墳は、それ以前に認められた、在地の有力首長を頂点

とする政治的な結びつきの強化の過程においてとらえることができよう。これに対して第Ⅲ段階の群集墳は、従来の在地の政治的結合が解体した後に出現する総社のグループを頂点とする新しい支配秩序の強化の過程においてとらえることでき―中略―七世紀前半においては、大きな社会的、政治的な構造の変化がよみとれる」（一二〇～一二二頁）とした。

木下保明は、京都府旭山古墳群の調査成果をうけ、七世紀にはいって新たに造営を開始する古墳群について、「七世紀型古墳群」という用語を使い説明を試みた。七世紀前半に造営を開始し短期間に終わること、方形墳であること、単次葬であることなどの特徴を指摘した（木下一九八五）。水野正好（一九七〇(a)）の視点を受け継いだものである。木下はその後も七世紀型古墳群について考察を進めている（木下一九九三）。

山中敏史は、「群集墳は、氏族・部族内部において一定の自立化・階層分化を遂げつつあった有力世帯共同体の家長層らによる、氏族や集落共同体内部での高い地位を確保するための身分関係の表現―中略―家長墓が数世代にわたって造営されたことは、その背後に、被葬者の社会的職務や地位が世襲・固定されたことを示唆するものであり、特定身分の成立を意味しよう。家長層は、氏族・部族あるいは集落共同体の上祖と共通した出自であることを造墓を通じて示し、たとえば民会への参加資格や生産物分配の主導権といったような特権的地位を維持・確保し、それを子孫に継承することが保証されたのであろう」（山中一九八六：二五五～二五六頁）と述べた。

田中和弘は、巨大前方後円墳が複数築造された古市古墳群における小古墳のあり方を検討した（田中一九八六）。

併設型小古墳―時期的に併行する特定の大前方後円墳に近接する小古墳
独立型小古墳―独自の小墓域を持ち、そこに一代的に集中して築かれる小古墳
系列型小古墳―系譜関係を持つと考えられる小古墳が付近に認められる小古墳

併設型は陪塚と認識できるものであり、「大前方後円墳の被葬者たる首長のもとで彼を補佐し、また特定の職務を分担したような人格」（八四頁）ととらえた。独立型は「同時期のものが数多く集中して認められるという独立型小古墳の在り方を考えると、それらが各々の被葬者の出自集団領域とは切り離された存在であることは明らかで、そのような意味において非在地的な古墳といえる」（八五頁）としたが、古市古墳群内にあることを考えると大前方後円墳の被葬者との関係を背景として造墓地を指定されたのだろうから、「やはり首長の職務を分担したり補佐した人格」（八五頁）とするが、併設型よりは下位に位置づけられると述べた。系列型は「被葬者の出自集団（集落）が比較的近くに存在していた可能性」（八六〜八七頁）があるとし、「沖積地や段丘を開析した浅谷を生産基盤とする集団の首長を想定したい」（八九頁）とした。系列型は大前方後円墳の築造にも関与した小集団の首長とも述べている。

楠本哲夫は、奈良県能峠遺跡群の調査成果をうけ、「終末期群集墳は七世紀第1四半期と第2四半期の交わり時分、前代に設定された墓域を否定することから出現した。—中略—再編にあたって氏姓を同じくする家族の中から個人を特定抽出し、一定の身分・階梯制度の中に位置づけ、造墓権を限定付与するという形がとられた。—中略—石室の形態・規模・埋葬数を含めて、類型区分にみたように再編対象領域には大小があり、中央政権の直接的影響力がどの程度及んだかによって異なっている」（楠本一九八七：一八二頁）とし、以下のように類型化した。

Ⅰ類—墓域再編の紐帯が、家族という血縁的なものに求められ、群は小規模で一小地域内に密在して営まれる

Ⅰ類Ａ型「能峠型」前代の群集墳の周辺で墓域の再編が企てられたもの

Ⅰ類Ｂ型「田辺型」新たに墓域を出現せしめたもの→家族と呼ばれる「氏姓」を同一にする集団

Ⅱ類—墓域再編の紐帯が地域という地縁的なものであり、一地域に居住する「氏姓」を異にした集団群

Ⅱ類Ａ型「旭山型」再編領域の小さいもので、新たに墓域を設営している
Ⅱ類Ｂ型「長尾山型」「旭山型」の群集墳が数個集合したものであり、墓域の再編領域が大きい
Ⅲ類―大規模な後期群集墳と同一墓域内に終末期群集墳が営まれるもの

長山雅一は、五世紀代に累々と築造された長原古墳群について考察をおこなった（長山一九八八）。一部の古墳を除きほとんどが方墳で統一されていることが特筆される。長原古墳群は四世紀末に「地域首長墳とみられる先駆的な古墳が要所に築かれ―中略―五世紀代に入ってそれを中心に方墳主体の群集墳が展開し、六世紀初頭の七ノ坪古墳で後を絶つ」（三四頁）という特徴を有している。「長原古墳群の被葬者は、大陸の先進技術を有する有力世帯の家長で、中ば原初的な官僚機構であるヤマト政権の政治的関係にくみこまれた階層と考えられる」（三七頁）とした。

丸山竜平は、『論争・学説 日本の考古学・五』において、これまでの群集墳研究を豊富な文献の提示とともに群集墳の築造者をめぐって的確に纏めている（丸山一九八八）。

和田晴吾は、これまでの研究の流れを総括し、弥生時代から古墳時代にかけての群集する墳墓を以下のように分類した（和田一九九二）。

ａ類―弥生時代の、溝や盛土や地山の立ち上がりで区画した方形の墳墓で、方形周溝墓や方形台状墓、あるいは総称で方形区画墓などと呼ばれているもの
ｂ類―古墳時代前・中期を中心とする墳墓で、基本的にはａ類とほぼ同様のものであるが、古墳時代のものとして小型低方墳と呼び分けるもの
ｃ類―古墳時代後期前半を中心とするもので、前二者同様、木棺直葬のほかに多様な埋葬施設をもつ円墳。小型低方墳の円墳化したもの
ｄ類―古墳時代後期中葉から飛鳥時代初頭を中心とする畿内型横穴式石室をもつ円墳

e類―飛鳥時代の小型化した畿内型横穴式石室や小石槨、あるいは木棺直葬をもつ方墳を主体とするもの

このうち、c～e類を群集墳と認識し、「c類が群集したものを古式群集墳、d類のそれを新式群集墳、e類のそれを終末期群集墳と呼ぶ」（三三三頁）とした。また、全国各地で営まれた群集墳において地域色の濃い横穴式石室をもつ群集墳もあることから、それらを在地型新式群集墳とも呼んだ。新式群集墳の被葬者は一石室に三～四体ということから「家族構成員のごく一部で、家長とその世帯の一部といえ―中略―この段階でのヤマト政権による有力家族層の掌握はおもに共同体ごとに家族を単位になされたと考えられるが、これは、それまでの共同体内にみられた有力家長層と一般構成員という階層関係が啓示的に固定され、有力家長の地位が公的にも保証・強化されたもの」（三四三頁）とした。さらに、「有力家長層の古墳では新式群集墳が急速な衰退をみせ、その一方ではこの段階であらたに下級官人と化した家長層のものと推測される終末式群集墳が出現する」（三四八頁）としたのである。

佐田茂は、六世紀前半代に古墳が築造されない時期があるという重要な指摘をおこなった（佐田一九九三）。六世紀前半代の古墳の多くが単独墳であるという特徴を有しており、この時期五世紀後半代から築造されてきた群集墳が一端途切れるとした。そして六世紀中葉に改めて横穴式石室を伴った群集墳が造られるようになるとした。「すなわち、継体朝で初期群集墳はつくられなくなり、欽明朝で、新たな家族制度のもとに群集墳が再びつくられるようになり、盛行した」（一六頁）と考えた。この断絶という状況は、各地の群集墳を研究する上で極めて重要であり、地域研究のなかで検証されつつある。

渡辺康弘は、向坂鋼二（一九六四）、水野正好（一九七五）などの群集墳論を踏まえて、各古墳を解放型配置のものと評価し、相互に自立した関係を表現した配置関係を示しているとした（渡辺一九九四）。これは集落での検出された排水溝のあり方と共通しており、「群集墳の築造に際しての占地と同じである」（二六〇頁）とした。集落との具体的対比を試みた研究として注目される。

国立歴史民俗博物館の特定研究「東国古墳の地域的特性」の成果として、第Ⅰ部「古墳と古代東国」で考古学、文献史学の研究成果が示され、第Ⅱ部「東国における古墳終末期の様相」で各地の古墳時代後期から終末期にかけての状況がまとめられた（国立歴史民俗博物館一九九二）。

## 四　田中良之『古墳時代親族構造の研究』とその後

都出比呂志が前方後円墳体制を論じて以降（都出一九九一）、群集墳についても議論が活発になり、各地で群集墳に関わる研究会や雑誌等における特集、著作集などが編まれるようになった。そのような中、一九九〇年代に非常に大きな影響を及ぼした研究として、田中良之（一九九五）『古墳時代親族構造の研究』がある。歯冠計測値と非計測的形質などの遺伝的情報をもとに、埋葬人骨間の親族関係とそのモデルを以下のように提示した。

基本モデルⅠは、「兄妹・姉弟モデルを基本モデルⅠとしよう―中略―これらは時期的には5世紀後半を下限として、ほとんどが5世紀中葉までの年代に収まり、地域的には九州（南九州を除く）から中国地方まで分布する。―中略―これらの配偶者はともに葬られてはいない。」（二二〇～二二一頁）とした。基本モデルⅡは、「家長である第一世代の成人男性と、家長を継承しなかった子という、二世代の構成をとる。また、次世代の家長は、新たに墓を築造するのが原則である。―中略―第一世代の家長も含めて、全ての被葬者の配偶者は同じ墓には葬られない。少なくとも西日本には分布するようであり、5世紀後半から6世紀後半までの時間幅が知られる。」（二二一頁）とした。基本モデルⅢは、「基本モデルⅡの第一世代に家長の妻が加わった形で、はじめて夫妻が同一の墓に葬られることになる。―中略―六世紀前半～中葉から六世紀後半にみられ、西日本に分布するようである」（二二一頁）とした。田中は、「双系あるいは父系に傾いた双系といった状態から、父系直系の継承が行われるようになる過程を提示している。そして、女性の単体埋葬および女性の初葬例は、南九州のような一部の地域を除けば、最も遅い東北地方で六世紀前半、ほとんどの地方では五世紀中葉～後半までで姿を消してしまう。すなわち、女性首長（家長）が存在したのは、基本モデルⅡが出現する五世紀後半前後までであり、以後は父系の継承へと変化することと対応している」（一二三六頁）と述べたのである。

清家章は、「歯冠計測値による血縁者判定法は「他人の空似」が少なからず存在する可能性があり信頼性は高くはない」と述べるが（清家二〇一〇：三頁）、ＤＮＡ分析の困難さを考えると「歯冠計測値や頭蓋の形態小変異による血縁者判定法そのものの信頼性を高めつつ、そうした情報から導かれた親族関係モデルや埋葬原理の是非を検証することが現在のところ最も有効な研究手段である」とした（三頁）。清家は、その後も出土人骨について人類学との共同研究を推進しており、親族構造について継続的に検討を進めている。前期古墳の事例ではあるが、同一埋葬施設の人骨と同一墳丘の別の埋葬施設の人骨とをＤＮＡ分析した結果から、「ｍｔＤＮＡを共有しない血縁者の組み合わせ」や「ｍｔＤＮＡを共有する血縁者の組み合わせ」などを想定しつつ、夫婦ペアや血縁関係を有しない（夫婦でもない）他人についても排除できないと慎重に述べているが、これまでにない重要な研究成果をあげつつある（清家ほか二〇二一）。群集墳や横穴墓、複数埋葬の古墳についてもＤＮＡ分析がおこなわれつつあるので（梶ケ山・松崎二〇一九、内堀編二〇二〇、神澤二〇二一など）、まずはデータの蓄積を待ちたいが、人骨の年代測定の結果などを含めて、これまで具体的に解明できなかった親族構造に対して新しいアプローチができる研究として注目される。

菱田哲郎は、播磨地域の群集墳の築造と集落との関係を通して、「伝統的な墓域を維持する集落と、墓域を名山に求めた新興の、おそらく移民の集落を見出すこと」ができるとし（菱田二〇一三：一二九頁）、かつて広瀬和雄（一九七八）が述べたことに寄せて、「集落付近に墓域を求める「村の墓地」型の中小群集墳と、いくつかの集落から遺体が寄せられて来る「山の墓地」型の大群集墳に大別することが有効ではないか」と述べた（一三〇頁）。群集墳被葬者の生前の集落を考える上で、重要な指摘である。

広瀬和雄は、群集墳について中間層の統治過程の産物と位置づけ、第一段階の初期群集墳・古式群集墳と呼ばれる段階、第二段階の後期群集墳の段階、第三段階の終末期群集墳の段階、第四段階として東北北部の末期古墳の段階と整理した（広瀬二〇一九：三〇九～三一〇頁）。そして、「前方後円墳が首長層と首長層の政治秩序、つまり中央政権による地方首長層の統治を体現するのにたいし、群集墳はより下位の農民・海民・手工業民層のなかの有力層を直接統治する方式をしめす。首長から中間層への支配の拡大をともなう政治システムの変換が、六世紀後半ごろに実施された」と総括したのである（三二五頁）。

松木武彦は、岡山平野における集落と古墳との関係から、「小墳群をそれぞれに営む複数の造墓単位集団が、日常は同じところにまとまって共生・協業しているような実態が復元できる」としている（松木二〇一八：二八六頁）。また、「後期前半に、小墳群の展開に一時の断絶と再開の動きがあったと考えられ、それが住居数の減少に背後にうかがえる人口の一時的な低落と関連するとみられる」と述べたのである（二九四頁）。

近年に至るまで、様ざまな地域で後期～終末期の群集墳に関するシンポジウムや雑誌での特集がおこなわれている。主なものを年代順にあげると以下の通りである。大阪（古代学研究会一九九五）、三重（三重歴史文化研究会一九九九）、三河地域（三河古墳研究会一九九九）、近畿や北部九州の終末期から古代の墳墓（古代学協会一九九九）、東海地域（東海考古学フォーラム実行委員会二〇〇二）、初期群集墳（東海考古学フォーラム・静岡県考古学会二〇〇二）、関東地域の中期群集墳（杉山ほか二〇〇五）、関東地域の後期古墳群（佐々木編二〇〇七）、九州地域の群集墳（九州前方後円墳研究会二〇〇八）、大阪府八尾市高安千塚（八尾市教育委員会二〇〇九・二〇一〇・二〇一一）、九州地域の終末期古墳（九州前方後円墳研究会二〇〇九）、京都（京都府埋蔵文化財研究会二〇〇九）、東北・関東地域（東北・関東前方後円墳研究会二〇一六）、畿内と紀伊地域（和歌山県立紀伊風土記の丘二〇二四）などがある。海の古墳を考える会では、六回にわたり海岸沿いの古墳や群集墳・横穴墓、洞窟遺跡などを取り上げている（海の古墳を考える会二〇一一～二〇一五・二〇一七）。各地の海人集団、海上交通、船、潟湖、湊、海上祭祀など多様な内容について議論された。九州前方後円墳研究会では、継続的に集落と古墳の動態を論じている（九州前方後円墳研究会二〇一八・二〇一九・二〇二二・二〇二三）。杉井健は、首長とその存立基盤である集落に関するこれまでの研究を渉猟するとともに、親族構造や首長系譜論に対する論点を整理しているが（杉井二〇一八・二〇一九）、この観点は群集墳研究に対しても非常に有益である。

古代学研究会では、主に近畿地域の群集墳に関する現状と課題が議論された（古代学研究会編二〇二一）。このなかで、鈴木一議は集落遺跡と群集墳との関係について、分布（距離）と消長、さらには金属器生産に関わる遺物の副葬などから対応関係を考えようとしたが、群集墳と特定の集落とを関係づけることは難しいと述べている（鈴木二〇二一）。鍛冶関連資料は、どこでも出土するわけではないので、群集墳被葬者の生前活動を考えていく上で重要である（加部二〇一七）。このような観点は、坂靖が大和郡山市の額田部地域で実践した集落と古墳との関わりに通じるものである（坂二〇〇七）。太田宏明は、群集墳の被葬者について、古代・中世史で議論されてきた家族史の観点と突き合わせる必要性を説く。そして、「群集墳の終焉を政治的、あるいは個別的事件的要因に求めることができるのか、あるいは当時の家族形態や集団組織原理そのものがもつ集団の性質に求めるべきものかどうかを明らかにする必要がある」と述べる（太田二〇二一：三二頁）。

## おわりに

以上、戦前から今日に至るまでの研究の流れを概観した。近年の動向として、八尾市による高安千塚古墳群の再評価の動きや、群集墳と被葬者層を副葬品から追究する研究など、新たな視点が示されてきている。巻末の群集墳関係論文一覧にあげたように、多くの研究成果が示されている。一九六〇～一九八〇年代に追究された群集墳の被葬者とはいかなる階層の人びとだったのか、という視点は、集落との関わりや群集墳被葬者に職掌を示すような副葬品は伴うのか、あるいは家族史との関わりで議論していく必要があろう。家族史については、古代史の研究成果との突き合わせが急務であるが、前述したようにＤＮＡ分析からみた親族関係データの蓄積も期待される。本稿で扱わなかった横穴墓と群集墳被葬者との質的な違いについては、古くて新しいテーマだが、喫緊の研究課題である。さらに、歴史学の分野で注目されている人口変動、戸籍研究、家族論などの新たな展開との関わりも、群集墳研究から発言できる可能性を秘めている。今後の検討課題は多い。

# 「多数高密度型」群集墳の成立とその意義

田中　裕

## はじめに

群集墳研究は、古墳時代研究の中でもとくに社会構成史の側面において関心が寄せられ、二〇世紀後半には近藤義郎（一九六二）を皮切りに、先学の優れて活発な議論により古墳時代研究の主要議題となった[1]。それらの中で、群集墳研究の核となった古墳群の事例は、単に小型の古墳が群をなしているものではなく、「多数高密度型」の古墳群が選択的に取り上げられ、それらが典型的な「群集墳」として念頭に置かれるようになった、と整理したことがある（田中二〇一〇）。

一方、それら典型的な「群集墳」とは異なる分布のあり方として、茨城県水戸市内原古墳群のような「等質でない小群複合」の古墳群（田中二〇一〇）、あるいは千葉県千葉市おゆみ野（生実・椎名崎）古墳群にみられる「村落に付随する古墳群」（田中二〇〇二）など、事例に即して古墳群の態様に質的相違を見出そうとも試みたこともある。これらの試みは、古式群集墳や新式群集墳などの形成時期により特徴が異なる群集墳を整理した和田晴吾（一九九二）や、分布特徴の相違をＡ型：密集型、Ｂ型：散在型、Ｃ型：独立型の三類型に整理した辰巳和弘（一九七八・八三）のような、体系的な分類とはとてもいえないが、列島の多様な古墳群をみるにつけ、整然とした分類やそれに基づく理解では、類型毎に十分な意味をもたせることが難しいかもしれない、との考えにより、次善的な説明の仕方を加えてみた、という程度の認識に基づく。

とはいえ、東国古墳研究会で討論を重ねるうち、この「多数高密度型」古墳群としての「群集墳」については、試みにでも汎用的指標を加えて、群集墳の特質を再度見つめ直すきっかけを作り出すことが必要ではないか、との認識に至った。そこで、粗暴という誹りを免れえないと思いつつ、あえて演繹的に数値による定義を試み、その数値によりすくい取られる古墳群の立地と分布の傾向、およびその意味を俎上にのせたい。

なお、「多数高密度型」の語は、上記の「密集型」と語義が一部重なる。これについて、密度に加えて「多数」が集結することにこそ、いわゆる「群集墳」の特質があると考えるので、次に「多数」であることの意味や、峻別の目安について考察する。

## 一 「多数高密度型」古墳群における「多数」の定義

### (一)「群集墳」における一時期あたり形成数

辰巳和弘（一九八三）による「密集型」の定義は、「墓域」の意識が明瞭に示される造墓のあり方として重要な意味があり、形成期間にかかわらずに定義できる点で有効であったが、これまでに「群集墳」として典型的な扱いを受けてきた近畿の古墳群は、結果的に千塚の名を与えられるほど「多数」の古墳群であり、密集という特徴だけでは捉えきれない量的な特徴が存在する。こうした「多数」の古墳群を、「密集型」の中からさらに切り分けることができれば、より群集墳の性格や歴史的意義を整理しやすくなると考える。そこで、まず典型的な「群集墳」とされる近畿の古墳群について、総基数と築造期間の概要をしめすと、以下のようなものがある。

・龍王山古墳群　総数一、〇〇〇基以上　六世紀前半～七世紀初め
・平尾山千塚古墳群　総数一、四〇七基（～一、六〇〇基）(2)　六世紀前半～七世紀後半

・一須賀古墳群　　　総数二六二基　六世紀前半〜七世紀後半
・新沢千塚古墳群　　総数約六〇〇基　四世紀末〜七世紀初め（五世紀中〜六世紀前半）
・高安千塚古墳群　　総数二二四基（〜六〇〇基）六世紀前半〜七世紀初め

このうち把握数の比較的少ない大阪府一須賀古墳群では、築造期間を最大の二〇〇年間で考えたとしても、半世紀（五〇年）に六五基の形成が必要である。大阪府高安千塚古墳群では、約一〇〇年間で二二〇基以上、半世紀に一一〇基以上が築造されている。造営期間が長い奈良県新沢千塚古墳群も、六〇〇基を二五〇年間で割り返すと、半世紀で一二〇基が形成される計算である。実際には、造営期間によって築造数の粗密があるので、さらに多数が築かれる期間も存在するはずである。数において最大級の大阪府平尾山古墳群や奈良県龍王山古墳群は、これらを大幅に上回るペースで築造されている。

「多数」の意味について構造的な分析も必要ではあるが、まずはこうした大規模に形成された古墳群の存在自体を、事実として受け止める必要がある。すくなくとも、結果的に一〇〇基以上が一つの場所に集中して分布する古墳群であれば、上記の典型的な「群集墳」と比較できる規模とみなして、あまり異論はあるまい。よって、「多数」の一応の目安を、「結果的に一〇〇基以上が形成される古墳群」と見なしておきたい。

結果的に一〇〇基以上の古墳群となるものは、「後期群集墳」と「終末期群集墳」を合わせた程度の形成期間の古墳群で、たとえば六世紀中葉の始めから七世紀中葉の終わりまでの約一五〇年間をかけて形成されるとすると、半世紀（五〇年）あたり三三基以上の造営が必要である。しかもこれは、比較的形成期間を長く見積もっており、時期による粗密を無視した値である。

したがって、一時期に区切った場合においては、半世紀（五〇年）で四〇基程度、あるいは四半世紀（二五年）で二〇基程度のペースで形成されると、結果的に一〇〇基以上を形成する群集墳になる。つまり、ほぼ連続する地形に、ほぼ連続的に分布する古墳群（古墳群の間に集落遺跡等を挟まない）が、次の（ア）のように一〇〇基に達していれば「多数」の古墳群であると同時に、一〇〇基に満たない小さな古墳群であっても、(イ)の条件をみたせば、「多数」の古墳群と同等と見なすことができる。

すなわち、典型的な事例に即した「多数」の定義は以下のようになると考える。

(ア) 結果的に総数一〇〇基以上になる

(イ) 半世紀(五〇年)で四〇基、四半世紀(二五年)で二〇基が形成された期間がある

## (二)「多数」の古墳が集中的に築造される意味

**複数の古墳造営主体による群集墳**　広瀬和雄(一九七八)は「群集墳とは、複数の古墳造営主体が、各自限定された墓域を分割占有しながら、その内部で一定期間造墓活動を行った累積現象である」と述べた。「複数の古墳造営主体」について、居住地の観点から考えると、①都市のような集住が行われた場合、②それぞれ基盤とする複数の村落に居住していた場合、このいずれかが想定できる。このうち①の集住については、組織化の程度はともかく、量的には複数の村落に匹敵する、とみなせる。②については、造営主体の階層が当該村落の中で高いほど、これを支える基盤も多く必要となるため、単一の村落では収まらなくなる。逆に、当該村落の中で低い階層も築造できたとすれば、単一の村落の中で経済的に支える層を想定しにくく、別の村落に支えられることになる。したがって、どの場合であっても、複数の村落を基盤に造営された可能性が高い、といいかえることができる。

そこで、「多数」を定義することの意味については、統計ではなく経験則による計算であるが、複数の村落が同一地点に墓所を定めて造営しなければ、形成され難い程度の基数である、という点にあると考える。

**複数の古墳造営主体による一世代あたり造墓数**　結論的には、複数の村落に拠点を置く複数の集団が造墓に関与した場合、一世代あたり二〇基を超えると、見分けられる可能性が高くなると考えている。実際は、群集墳とい

えども地域の全構成員のために築かれた墓ではない一方で、村落ごとに古墳の築造率が一定である保証もなく、むしろ血縁集団や村落ごとに大きく差異があると想定される。また、血縁集団による村落を越えた組織化も存在しうるため、集落遺跡と古墳群を対照することには限界がある。とはいえ、これらの条件をひとまず置き、仮に住居一軒あたりにつき古墳一基が築かれた場合における、二〇基の古墳を築くようになる村落とはどのようなものか、試算してみると次のようになる。

住居一軒の耐用年数は二〇年前後といわれ、これは一世代（二五年換算）に近い。一世代に二〇軒が存在したとして、竪穴住居跡が世代交代に連動して二五年で更新されたと仮定すると、一世紀の間には建替を含めて、八〇軒程度が営まれた集落遺跡が形成される。この規模の集落跡は、発掘調査の経験上は平均的か、大規模とはいえないまでも比較的大きな集落跡といえる。検出されえない平地式住居が存在したとすると、遺跡規模としてはなおさら大規模な集落跡になろう。

住居一軒あたり平均五名（生者が同時に存在する数としての平均）が生活していたと仮定すると、二〇軒で一〇〇名（一軒六名なら一二〇名）が住む村落が存在したことになる。人口一〇〇名の村落は、共同作業をするのに適当な数の大人が確保できる規模であるが、これより大きいと生活圏も広がり、村落内の統治に支障をきたす規模でもある。倍の人口二〇〇名以上になると一村落としては大きく、広域の生活圏か、商取引など別の生活基盤を必要としてくる可能性が高まるなど、規模が大きくなるほど、「まち」の機能を含むようになる。こうした大村落は、実質的には、複数の村落が合体している状態に近く、その調整機能などやや高度な統治機構が必要になってくる。

以上の仮定において、住居一軒に付き古墳一基の割合で古墳を築く場合、想定される人口一〇〇人規模以下の村落においては、一村落あたり一世代に二〇基以下が想定されることになる。一軒一基とは、追葬や追加埋葬施設を考慮すると、ほぼ全構成員が何らかのかたちで古墳に葬られる感覚に近い。この仮定は特別な集団を除き、一般的に認められる状態とはいいがたかろう。したがって、一世代あたりの築造数が一つの場所で二〇基以上になるのは、理論上、複数の村落単位にまたがって築造されるか、それに匹敵する状態であることを意味する。つまりこの数値は、「村落に付随する古墳群」では築き得ないほど「多数」であり、一村落を超えた築造数とみなしてもよいと考えるのである。

## (三) 古式群集墳等の実態を加味した「多数」の基準修正

「多数」を上記のような基準、(ア) 結果的に総数一〇〇基以上になる、(イ) 半世紀(五〇年)で四〇基(四半世紀で二〇基)が形成された期間がある、を適用すると、たとえば、静岡県藤枝市若王子古墳群のような、東海では他の古墳群に比べて特徴的な存在と指摘され、典型的な密集型古式群集墳と見なされている例が、「多数高密度型」に該当しなくなる可能性が出てくる。この点が、「多数」に対する疑義を代表する事例であろう。

若王子古墳群は、総数三三基のうち、後期古墳六基を除くと、前期後葉三基、前期末・中期初頭二基、中期前葉一基、中期中葉七基、中期後葉一基、時期詳細不明一三基である。隣接丘陵上に位置する釣瓶落古墳群(総数二〇基、明らかな後期古墳三基を除くと、前期後半～中期前半五基、中期中葉～後半一基、後期前半～中葉二基、時期詳細不明九基)を加え、不明を各時期に割り振ったとしても、前期後葉～中期中葉に最大三八基となり、半世紀で四〇基には到底及ばない。しかし、尾根上に極めて密集して築かれたこうした古墳群が、いわゆる「群集墳」としての「多数高密度型」に該当しないというのは、やや基準が厳しすぎる感も否めない。上記の村落人口試算は、あくまでも仮定であって、遺跡の実態を反映したものではないから、若王子古墳群が極めて特徴的である旨がすでに指摘されている実態と比較すると、若王子古墳群が一つの一般的な集落に対応する、とまでは到底言い難い。すなわち、複数村落構成員の関与、という視点からみても、「古式群集墳」を見通す意図からみても、確かに、無視できる資料ではない、といえる。

したがって、典型的な「多数」の古墳群のみを取り上げるのでは、十分に実態を拾い上げることができない可能性がある。そこで、曖昧な資料を内包することになるが、基準を緩和して集成することが望ましい。基準設定の目的は、十数基程度の古墳群と、典型的な「群集墳」を区別することにあるので、上記の試算と実例に照らし、修正を行う。

以上の理由により、「多数高密度型」については、ほぼ連続する地形にほぼ連続的に分布する古墳群（古墳群の間に集落遺跡等を挟まない）で、次のいずれかの基準を満たした場合に適用するものとしたい。

（A）結果的に五〇基以上が築造された古墳群

（B）半世紀（五〇年）に二五基以上の集中築造が想定される古墳群[3]

## 二 「多数高密度型」古墳群における「高密度」の特徴

### （一）高密度と低密度

典型的な群集墳として、「多数」と「高密度」を兼ね備えた古墳群を、他の古墳群から分離・識別するのが小稿の目的である。そのうち「多数」の意味について紙数を割いたが、「高密度」については、ほぼ連続する地形にほぼ連続的に分布する（古墳群の間に集落遺跡等を挟まない）古墳群、という程度に考えておきたい。この認識が「高密度」という語に相応しいかはさらなる説明を要するであろう。

辰巳（一九八三）のいう「密集型」は一定墓域に押し込むような分布に意味を見出すもので、この対語が、「散在型」や「独立型」になる。とすると、密集や散在を指摘しようとする場合、墓域の識別が課題になる。小稿の「高密度」は辰巳による「密集型」と結果的に同じものをさすことになると考えるが、小稿では「多数」と「高密度」の二つの特徴を兼ね備えることが重要とみているのでこの用語を用いながら、以下、古墳の粗密と墓域の関係、および集落遺跡との関係で、実際に識別可能な「高密度」の状態とはいかなるものかを考えたい。

古墳群の広さは、狭い例は枚挙にいとまがない一方で、平尾山千塚古墳群のように連続的であっても極めて広大な範囲に及ぶ例もある。墓域の多様性は、墓域の範囲が面積を基準に設定されるのではなく、微地形や景観上の境界（遮蔽物や目標物など）で設定される、現在の土地所有観念からすればかなり感覚的で漠然とした基準に拠ることを示唆する。この考えが正しければ、墓域の制約が密集を生み出したというよりも、むしろ、一箇所への集結という行為にこそ意味があるとみるべきであろう。

群集墳論では、分布の粗密や地形によって支群が設定され、その背景の築造集団を見出そうとする研究が成り立ってきた。つまり、古墳群中のすべての古墳が密集するわけではなく、単位群が存在する。単位が区別できないほど集結するものを密集状態と評価するのはよいとしても、粗密があるとすると、古墳の分布密度を計測することは容易ではない。

大阪府高安千塚古墳群を分析した吉田野乃は、石光山古墳群における白石太一郎による分類（白石二〇〇〇）における「石光山型」と「一須賀型」の分類に即し、畿内の群集墳をA1類（横穴式石室のみ・中小の円墳主体で前方後円墳含まず）、A2類（横穴式石室主体・墳形と規模に格差あり）、B類（横穴式石室と竪穴系が混在・墳形と規模に格差あり）に分類しており、いわゆる群集墳にも均質なものと、埋葬施設や墳丘に格差があるものとの、質的差異が存在することを改めて指摘しつつ、造墓集団の性格やヤマト王権との関係などの要因が質的差異に反映するとみている（吉田ほか二〇一二）。吉田のA1類のように均質的な横穴式石室墳からなる古墳群では地上の分布調査のみによりおおむね密度が把握できるが、B類のような横穴式石室墳が必ずしも主体とならない場合は墳丘を失った古墳や付随的な竪穴系埋葬施設が把握できない上に、様々な形状（前方後円墳を含む場合）や大・小規模の古墳が混在する場合は、均質的な古墳群に比べて相互の距離感は感覚に強く依存するので、密度を量的には測り難い。また、東日本には横穴式石室が主体とならない不均質な古墳群が非常に多いのである。

そこで古墳の分布密度を、個別の古墳と古墳との間隔ではなく、古墳群（結果的に一つの古墳群のなかの支群や、単位群と捉えられるものを含む）と古墳群との間隔に視角を定め、そこに質的相違が見出されるかどうかによって評価する。つまり、古墳一つ一つの位置関係（広瀬一九七八）やその参道との関係（水野一九七五）といった微視的視野による分布論と、それに対する、河川流域や盆地における古墳群の位置やその関係性といった巨視的視野との間のいわば中位の視野で、以下の二点で見分けることを提案したい。

①古墳群（支群）間に地形上の明確な分断があるか、その場合の各群に関連する時期の居住域がそれぞれ対応して隣接しうるか

②地形上の分断がなくても古墳群間に明確な空白地帯があるか、その場合の空白地帯に関連する時期の居住域を配置する余地があるか

①か②のいずれか「可能性が高い」場合、「村落に付随する古墳群」である、あるいは、支群としてではなく独立的な古墳群として識別すべき案件である、あるいは、それらが巨視的視野において同一古墳群とみなしうる一貫した特徴をもっているとしても、総体としては「低密度」古墳群の一様態である、などの可能性がある。

①か②のいずれも「可能性が低い」場合、質的に異なる上記の（中位の視野で「高密度」とはいえない）古墳群と一線を引くことが可能になり、「高密度」古墳群を識別できる。空白地帯を墓域以外の積極的用途に利用した可能性の有無という、村落における土地利用上の質的相違に意味を見出したうえで、連続的に一つの墓域をなす（ようにみえる）分布状況であるものを、一定の基準を満たした「高密度」の古墳群と表現するゆえんである。

### （二）密集状態と墳丘

列島の古墳は、墳丘の「形状と規模」による身分秩序の体現を含む、前方後円墳秩序の論理[4]が適用されていると考えられている。列島においては朝鮮半島などと異なり、周溝や地山削出しによる基底面の作出が普遍的にみられるのは、こうした作業が墳丘の「形状と規模」を決定づける重要な意味をもっていたことを示すとみてよい。

この墳形や墳丘規模への強い意識は、いわゆる群集墳には、通底しているであろうか。

広瀬和雄（一九七八）も注目したように、高安千塚古墳群や平尾山古墳群、龍王山古墳群など、横穴式石室墳を中心とする古墳群には、墳丘が相互に重なったり、つながっているように見える極端な密集状態が含まれる。高安千塚古墳群のような急傾斜地で周溝を掘る場合、山側を相当に掘り下げて基底面を水平に近づけなければ、形状も長さも、歪みが大きくなるから、傾斜方向で墳丘二つが連なり、山側の周溝が深く掘られていないものは、報告のとおり双円墳ではなく円墳の連結とみてよい。このような、隣接する古墳において相互の墳裾や周溝への配慮がまったくない例は、同一の単位集団により築造された手がかりとみることに異論はないものの、前方後円墳秩序の論理からは逸脱している。つまり、基底面作出の簡略化、隣接古墳の周溝と墳裾の改変や無視は、既設の古墳にしても、新造の古墳にしても、墳丘の「形状と規模」を尊重する意識の欠如を意味する。

したがって、密集状態には、広瀬（一九七八）や辰巳（一九八三）の指摘した、墓域設定の政治性を裏付けるだけでなく、伝統的な前方後円墳秩序の論理を度外視して集結を優先させた場合がある。群集墳論で当初から注目された「後期群集墳」、「新式群集墳」に該当する古墳群には、横穴式石室の構築が主眼であって、墳丘は石室を覆う付随施設といった体のものが多い。畿内の斉一的な畿内型横穴式石室を採用する例では、墳丘から石室へと、秩序の標示方式が変化した可能性が考えられる。ただし、前方後円墳や竪穴系埋葬施設の古墳も引き続き存在する事実は重い。両者間の質的相違が議論の的になっていることにも注意が必要である。

距離感が親近感に通じるという常識に照らせば、密集は、血統を含む、つながりの強さの表明になる。または、墳丘による秩序体現を重視しない点を積極的に評価すると、渡来系要素の現出という可能性もある。いずれにせよ、伝統的な墳丘の秩序を一部無視してまで実行した極度の集結には、白石（一九七三）の指摘する擬制的同祖同族関係を含む、造営主体が特権的な特定集団の一員であるかのような、強烈な「所属意識」が読み取れよう。

翻って考えれば、墓域が必ずしも狭い範囲に限定されず、比較的広大な範囲に広がっていたり、それほど密集せずに墳形を保った状態の古墳で構成されても、ひとつながりの墓域に多数の墳墓が集結する現象には、密集状態ほど強烈な「所属意識」ではないにしても、明瞭な意思表示になるはずである。多数の古墳が集結する意味を問うことが、いわゆる群集墳の特徴を汲み取ることにつながるであろう。

## 三　横穴墓群と群集墳

群集墳論の当初から注目された後期群集墳は、むしろ築造原理の優先度の違いが生み出すものといえるかもしれない。とすると、この特徴、すなわち「墳丘」より「横穴式石室」の構築と、「一定墓所への集結」を優先するという特徴を有する極めて近似の存在が、もう一つあることに気づく。横穴墓群である。事実、典型的な群集墳の例のうち、平尾山古墳群と龍王山古墳群には、それぞれ横穴墓群が分けがたく寄り添っている。

本来、「一定墓域への集結」は、必ずしも著しい「密集」を形成する要因にはならない。墓域にまったくの余裕がない場合を除き、「墳丘形状と規模」や周溝の確保など、古墳本来のもつ標示機能が尊重された場合には、高密度になるとしても限界がある。それゆえ、古墳群の場合には墓域を重視する場合でも、連続的な分布で捉えておくべきであると考えた。しかし、横穴墓群の場合には演繹的にみて、墳丘のもつ制約から離れるがゆえに極度の「密集」が可能である。後背墳丘を有する場合でも墳丘を共有することがあり、「一定墓域への集結」が「密集」を作り出しやすいと同時に、支群がより明確に認識しやすくなる。このように、古墳群に比べて密度に差が生じ易い点を考慮すれば、墳丘の標示機能がさほど重視されなくなった横穴式石室墳による等質的ないわゆる「群集墳」に対し、極めて似た構造の分布を示すのであり、「群集墳」と同様に考えることができる（池上二〇〇四）。

以上の違いを認識した上で、横穴墓群についても、二つの横穴墓群の背後または眼前にそれぞれ対応する集落遺跡が想定されうるとともに、二つの対応する横穴墓と集落遺跡の間に明確な空白域など境界の存在が想定される分布状況であるか、または、二つの群と群の間に十分な空白域（集落遺跡を想定できる）が存在するか、という判断基準をもって、古墳群の場合の「高密度」を判断する既述①②の条件に準じる判断基準となる。すなわち、上記条件がいずれも是である場合、分析対象である二つの群は別の横穴墓群と峻別されるか、それらが一つの大群の中の「支群」と判断されている場合でも連続性が低いと判断され、小稿における「高密度」とはいえないと判断してよいと考える。

以上の考察に立つと、横穴墓群数においても、「多数」の古墳群を識別する既述（A）（B）の目安も援用できると考える。この場合、横穴墓群は比較的短期間に造営されることから（B）の二五基が実質的な「多数」の目安になる。ただし、小稿の試算では一世代あたり二〇基を想定した計算に基づいた。短期間の造営にもかかわらず、「多数」で形成される傾向が高い横穴墓群の場合、連続する横穴墓群で二〇基を超えるか超えないかのボーダーラインを示しておいたほうが、むしろ「多数」で形成されない横穴墓群を鮮明に峻別できる可能性があることを付記する。

## おわりに

いわゆる「群集墳」について、一つの墓域に集結する意味をとくに意識した場合に、墓域の範囲の識別方法とともに、「多数」を識別することにより、到底単一の村落では形成し得ない複数の村落がかかわる墓域であることを特徴づけ、「群集墳」の性格を理解する一助となる量的な分類が必要と考えた。実際に取り組むと非常に困難な課題であり多くの前提を必要としたが、粗いとはいえ「多数高密度型」古墳群に対して一応の指標を提示させていただいた。その結果「多数」は、（A）結果的に五〇基以上が築造された古墳群、または（B）半世紀（五〇年）に二五基以上の集中築造が想定される古墳群のうち（A）・（B）いずれかであるもの、一方「高密度」は、①古墳群（支群）間に地形上の明確な分断があるか、その場合の各群に関連する時期の居住域がそれぞれ対応して隣接しうるか、②地形上の分断がなくても古墳群間に明確な空白地帯があるか、その場合の空白地帯に関連する時期の居住域を配置する余地があるか、において①・②のいずれも該当しない連続的な分布であるものをもって識別し、両条件が揃うものを「多数高密度型」古墳群とみなし、典型的ないわゆる「群集墳」の特徴と見立てておきたい旨を述べた。

以上の試算は、すべての古墳群を網羅できる指標になるとは考えておらず、古墳と村落の関係に関する想定では多くの異論があるものと承知しているが、脆弱ながらもこれを踏み台にして少しでも議論の活発化につながれば幸いである。

## 註

(1) 二〇世紀後半における研究動向とその課題については、瀬川貴文(二〇〇一)が論点をまとめているほか、池上悟(二〇〇四)が議論の流れを示し、広瀬和雄(二〇〇七)ではかつてまとめた詳細な研究史に補註を加え整理している。なお、その後の研究を含めた研究の流れに基づく本書の狙いについては、本書冒頭を参照願いたい。

(2) 橿原市立歴史資料館(二〇〇〇)による確認数。総数は一、六〇〇基近いとされる。

(3) 半世紀に二〇基では、今回の試算における標準的な一村落で一世代に築造できる試算上限値を、倍の二世代もかけて達成すればよいことになる。これでは、単一村落での築造可能性を相当に含む理屈となる。そこで、今回の試算において一世代だけでは達成できない二五基を、半世紀あたり築造ペースのボーダーラインとした。

(4) 前方後円墳を頂点として墳丘に身分秩序を標示する論理とその作用をさす。北條芳隆(二〇〇〇)による「前方後円墳の論理」が古墳時代において意識的に用いられていたとみる概念である(田中二〇一一)。

## 引用・参考文献

池上 悟 二〇〇四『日本横穴墓の形成と展開』六一書房
橿原市立歴史資料館 二〇〇〇『平尾山古墳群を探る―平成18年度企画展―』

近藤義郎 一九六二『佐良山古墳群の研究』
白石太一郎 一九七三「大型古墳と群集墳―群集墳の形成と同族系譜の成立―」『橿原考古学研究所紀要 考古学論巧』二、橿原考古学研究所
白石太一郎 二〇〇〇「石光山古墳群の提起する問題」『古墳と古墳群の研究』塙書房
瀬川貴文 二〇〇一「群集墳研究の現状と課題」『東海の後期古墳を考える』東海考古学フォーラム三河大会実行委員会・三河古墳研究会
辰巳和弘 一九七八「静岡県中部における群集墳の一形態 谷田古墳群第三支群」『地方史静岡』八、地方史静岡刊行会五三～五七頁
辰巳和弘 一九八三「密集型群集墳の特質とその背景―後期古墳論（一）―」『古代学研究』一〇〇、古代学研究会、一〇～一九頁
田中 裕二〇〇二「房総半島の中期古墳」『古墳時代中期の大型墳と小型墳―初期群集墳の出現とその背景―』東海考古学フォーラム・静岡県考古学会
田中 裕二〇一〇「「常陸」というフィールドから「古墳群」を考える―総括に代えて―」『常陸の古墳群』六一書房
田中 裕二〇一一「前方後方墳の歴史性」『古墳時代の考古学』3 墳墓構造と葬送祭祀、同成社
広瀬和雄 一九七八「群集墳論序説」『古代研究』一五、元興寺文化財研究所、一～一五頁
広瀬和雄 二〇〇七『古墳時代政治構造の研究』橘書房
北條芳隆 二〇〇〇「前方後円墳と倭王権」『古墳時代像を見なおす 成立過程と社会変革』青木書店、七七～一三六頁
水野正好 一九七五「群集墳の構造と性格」『古代史発掘』六 古墳と国家の成立ち、講談社
吉田野乃ほか 二〇一二『高安千塚古墳群基礎調査総括報告書［本文編］』八尾市教育委員会
安村俊史・一瀬和夫・花田勝広・高橋照彦・小谷利明・白石太一郎 二〇一二『高安千塚古墳群基礎調査総括報告書［附論編］高安千塚古墳群の研究』
和田晴吾 一九九二「群集墳と終末期古墳」『新版・古代の日本』五 近畿、角川書店

# 第2章

# 東国における群集墳造営の画期

# 茨城

田中　裕

**「多数高密度型」群集墳**　五〇基以上の古墳群は、磯崎東古墳群（磯合古墳群を含む・ひたちなか市・五四基以上）、大塚古墳群（かすみがうら市・一一三基）、北条中台古墳群（つくば市・七二基）、下横場古墳群（つくば市・五七基）、宮中野古墳群（鹿嶋市・一二四基）、大生古墳群（東・西含む、潮来市・一〇〇基）、福田古墳群（稲敷市・八〇基）、神子女古墳群（常総市・七一基）がある。また、半世紀に一五基以上が築造された可能性があるのは、幡古墳群（常陸太田市・二八基）、内原古墳群中の田島古墳群（水戸市・四三基）と杉崎古墳群（水戸市・三五基）、染谷古墳群（石岡市・四一基）、長峰古墳群（龍ケ崎市・三六基）、女方古墳群（筑西市・四九基）、篠山古墳群（常総市・三一基）などがある。

磯崎東古墳群は『講座』編年七・八期（以下、〇期と表示）に築造の端緒がみられ、石棺等の竪穴系埋葬施設をもつ古墳が築造されるが、「多数高密度型」の造営は、一〇期・終末期の横穴式石室墳が主体になっているとみられる。横穴式石室が高密度に造営される例は、茨城県域では稀有な例である。宮中野古墳群は域内最多であるが、端緒は前期の前方後円墳であり、後期・終末期には盟主的な位置づけができる首長墓を含む。同様に、九期から終末期にかけては、それらの間を埋めるように円墳等（「変則的古墳」を含む）が造営される。北浦対岸にある大生古墳群も前・中期古墳を端緒とし、後期の大型前方後円墳に隣接して九期から終末期の古墳群がみられる。大塚古墳群は、大型円墳一基（大塚古墳）の周囲に、前方後円形小墳と円墳からなる高密度の古墳群が一〇期・終末期に形成されており、竪穴系埋葬施設のみが知られている点で、磯崎東古墳群とは対照的である。北条中台古墳群と下横場古墳群は、明確にわかる大型の首長墓を含まない古墳群である。このうち北条中台古墳群は、前方後円形小墳・円墳が混在し、横穴式石室墳と竪穴系埋葬施設の古墳が混在する特徴があり、形成の端緒は前期にあるものの、「多数高密度型」の造営は下横場古墳群と同様、九期から終末期にかけてである。幡古墳群は、幡山古墳群等として知られ、隣接する幡台古墳群の存在も考慮すると、九期・一〇期に相当数が築造されたとみられる。円墳と小型の前方後円墳が混在し、比較的横穴式石室を多く含む。直下には、終末期の幡山東横穴墓群五五基、幡山西横穴墓群四〇基、幡バッケ横穴墓群一〇一基（以下「幡横穴墓群」と総称する）が展開するのも特徴的であり、こうした墓域の共有は、「多数高密度型」の一例として列挙することに意味があるであろう。

内原古墳群中の各古墳群は、いずれも一定の墓域共有を想定できる連続性を有する一方、前方後円墳を内包するのはよいとして、分布密度において散漫の感もあり、「多数高密度型」に列挙するには躊躇される例である。ただし、その他の詳細が把握できていない古墳群に比べて基数の上では匹敵するため、例に加えた。そのほか、比較的基数の多い古墳群として、上青山古墳群（城里町・三八基）、加生野古墳群（石岡市・二〇基以上）、東大沼古墳群（稲敷市・三四基）がある。

**造営の開始と終焉**　前期の小規模方墳を含む例は後述するとして、古墳が集まって造営される端緒は、磯崎東古墳群において七・八期に遡る可能性があるほかは、九期ないし一〇期である。ただし、舟塚山古墳群（石岡市・四一基）のように、中期の大型前方後円墳の周囲では、陪塚に擬する配置の中期古墳が複数造営され、その後に継続する例があり、水戸愛宕山古墳の周辺でも同様の様相である可能性がある。また、高密度ではないが連続的地形に分布する下坂田古墳群（土浦市・八基）・上坂田古墳群（四基）・武者塚古墳群（二基）では、中期の下坂田五号墳（武具八幡古墳）以降、終末期に至る連続的造営が想定される。

一方、造営の終焉時期については、板石組石棺や石棺系石室の例において七世紀後葉まで古墳築造を継続しているのは確実である。また、北条中台古墳群など県南・県西地域の古墳群には、千葉県域にみられる方形区画墓に類する古墳が含まれるが、寺家ノ後古墳群（土浦市・三基）や石倉山古墳群（土浦市・九基）例のように、それらの一部は八世紀初頭まで継続した可能性がある。さらに追葬や再利用行為については、群集墳に特徴的なわけではないが、つくば市平沢三号墳出土火葬骨蔵器に象徴されるように、八世紀まで確実に存在する。

**造営の盛期**　造営の盛期は、九期から一〇期を中心とする場合と、一〇期から終末期を中心とする場合の二者があるとみられるが、あくまで感覚的な評価にとどまる。田島古墳群・杉崎古墳群を含む内原古墳群や、幡古墳群等は、群中の前方後円墳が築造された時期と重なる九期から一〇期が形成の盛期とみられる。北条中台古墳群は、九期、一〇期、終末期のいずれも盛んに造営されている。一方、大塚古墳群や染谷古墳は一〇期以降に盛期を迎え、とくに大塚古墳群は、長峰古墳群や東台古墳群（土浦市・一九基）と同様、不整形の前方後円形小墳を含む様相をもつ。このほか磯崎東古墳群や宮中野古墳群の盛期も、一〇期以降の可能性が高い。

**前期小規模方墳を含む群集墳**　赤塚古墳群（水戸市・三四基）や山川古墳群（土浦市・三二基）は、前期の小規模方墳から始まり、それらに後期古墳が隣接して造営される古墳群として知られる。古墳群に前方後円墳が含まれる例、竪穴系埋葬施設が継続的に採用される例とともに、茨城県域の古墳群には、こうした例がむしろ多いとみられ、後出する小型円墳が、先行する前期の小規模方墳との重複を回避しつつも、隣接ないし混在するかたちで造営される。ただし現状の例はいずれも、中期古墳を欠いたり、ごく少数しか確認できていない。

**埴輪の導入と終焉**　墳丘長三〇メートルより小型の古墳に対する埴輪の導入は、六期・七期ごろとみられるが、水戸愛宕山古墳群や舟塚山古墳群といった、大型前方後円墳の周囲に形成される古墳群に採用されるのが端緒とみられる。それらを除くと、宍塚古墳群（土浦市・二四基）に近在する宍塚小学校古墳や、下坂田（坂田塙台）八号墳（土浦市）において、一部にＢ種ヨコハケを有する埴輪を含む例が散見されるように、八期以降の導入とみてよい。八期以前では大型前方後円墳以外での形象埴輪は見あたらない。九期に入ると、形象埴輪を含めて、比較的多くの古墳から出土し、一〇期には樹立を終了する。終焉時期は、大型前方後円墳とほぼ同時である。

**横穴式石室の導入時期**　横穴式石室の導入は九期前半の高崎山二号墳（土浦市）を端緒とするが、北条中台古墳群の推移をみると、六号・一八号・一九号・二一号墳など、比較的小型の古墳への採用は一〇期以降になっている。それらの導入期にあたる九期後半から一〇期前半において、山口古墳群（つくば市・三基）にみられる二基の畿内型石室が比較的小型の古墳に採用されているのは特筆される。なお、一〇期、終末期でも、箱形石棺をはじめとする竪穴系埋葬施設が多く、横穴式石室の採用は少ない。この点で、磯崎東古墳群が例外的である。

**横穴墓の造営**　二五〇基以上の存在が確認された十五郎穴横穴墓群（ひたちなか市）、合計一九六基が存在する幡横穴墓群（常陸太田市）は地域を代表的する横穴墓群である。両者とも古墳群が展開する台地の斜面に所在するのも特徴的で、十五郎穴横穴墓群は虎塚古墳群と笠谷古墳群の直下、幡横穴墓群等は幡古墳群の直下に位置する。ほかに、五〇基以上確認できる例だけでも、尾形山横穴墓群（北茨城市）、加幸沢A横穴墓群（日立市）、山吹山横穴墓群・島横穴墓群（常陸太田市）があり、島横穴墓群は前代の大型古墳からなる梵天山古墳群の直下に位置する。二五基以上の例では、久慈川河口域の赤羽横穴墓群・千福寺下横穴墓群・南高野横穴墓群（日立市）、久慈川流域の釜田横穴墓群・高貫東横穴墓群・身隠山横穴墓群・ばくち穴横穴墓群（常陸太田市）がある。横穴墓自体は県南地域の霞ヶ浦・北浦沿岸にも少数で散在するが、二五基以上の例は那珂川河口以北の県北地域のみに限られ、とくに海岸沿いと久慈川流域に偏在する。築造時期は、赤羽横穴墓群例のように一〇期に初現が確認できる。一方、八世紀中葉の遺物が卓越する十五郎穴横穴墓群の様相からみて、形成の下限も同時期まで下る可能性が議論されているとともに、追葬や再利用行為は九世紀まで存在する。

# 栃木

賀来孝代
足立佳代

**「多数高密度型」群集墳**　「多数高密度型」に該当する群集墳には、大きく分けて三つの形成状況がみて取れる。第一は、群単位は小規模だが、一定の地域内で占地をかえながら短期間の造営を繰り返した結果、長期間存続した大規模な群集墳となるものである。この場合、それぞれの古墳群が地域内にモザイク状にある状況で、古墳以外に同時期の住居などが営まれることもある。平地に位置し、『講座』編年（以下略）七期から一〇期後半まで造営が続いている。宇都宮市と上三川町にまたがる東谷・中島地区では直径二キロの範囲に七三基（東谷・原・磯岡北・中島笹塚・琴平塚・西赤堀・西刑部古屋原古墳群）が、茨城県結城市から栃木県小山市にかけての田川に沿った幅〇・三、長さ三キロの間には、一〇〇基以上（松木合・寺野東・西高椅・簗・絹古墳群）が、小山市思川東岸に幅〇・五、長さ一キロに一〇〇基以上（千駄塚・牧ノ内・八幡古墳群）が、県南西部の矢場川右岸の微高地上に幅〇・四、長さ四キロの間に前期首長墓を含む後期までの古墳九〇基以上が分布する矢場川古墳群がある。円墳が主体であるが、ひとつの群内に後期の中・小型帆立貝形前方後円墳、方墳などが混在するなど墳形や大きさ、また、採用する埋葬施設は多様である。とくに東谷・中島地区では、中期の大首長墓である笹塚古墳（前方後円墳・一〇〇メートル。以下メートル略）に近接して造営が開始され、範囲内に集落のみならず中期の豪族居館（権現山遺跡）を含んでいるなど、占地や構成が特殊である。

　第二は古墳だけで形成され、一〇期に始まり一〇期後半から終末期にかけて盛期を迎える群集墳である。ほとんどが「多数高密度型」に該当する。台地や丘陵に立地することが多く、埋葬施設がわかっているものでは横穴式石室をもつ小型円墳が多数をしめ、前方後円墳や大型円墳と混在することもある。県南西部足利市では田島（一〇〇基）・西根（一二〇基）・八幡山（七一基）、菅田古墳群（五〇基）など、丘陵部に総数七七〇基、一四の古墳群が「多数高密度型」群集墳を構成し、さらに周辺部を含めると一、三〇〇基もの古墳が造営され群集墳密集地帯の様相を呈している。県中央部下野市の三王山古墳群（八八基）、県東部の益子町の日向・西坪・小宅・向北原古墳群（五四基）、県西部栃木市の岩出古墳群を含む一九の古墳群からなる皆川地域群（一四五基）、佐野市の四十八塚・中山・蓮沼・東山・五箇・小峯山古墳群（九四基）などの例がある。

第三は古墳だけで形成されているが、同時期の大型首長墓と同じ墓域に築造するもので、県中央部の飯塚・藤井古墳群（小山市・下野市・栃木市・壬生町）がこれに該当し、思川と姿川に挟まれた南北五キロほどの細長い台地上におよそ二〇〇基が分布している。同地域は下野古墳群の南部域にあたり、摩利支天塚（前方後円墳・一二〇）、琵琶塚古墳（同・一二三）、吾妻古墳（同・一二八）、国分寺愛宕塚古墳（同・七八）、山王塚古墳（同・九一）、甲塚古墳（帆立貝形同・七六）、丸塚古墳（円墳・七四）など、凝灰岩切石の横穴式石室に刳りぬき玄門を用いた首長墓が築造されている。九期を中心とする飯塚古墳群と一〇期後半から終末期にかけて盛期を迎える藤井古墳群からなるが、飯塚古墳群の終焉から藤井古墳群の造営開始には短い断絶期間がみられる。

**造営の開始**　数基以上の古墳が集まって築造される状況は、前期から確認できる。県北東部・那須地域に六代続く前方後方墳の二代目、吉田温泉神社古墳（四七）や、県南西部佐野市の松山古墳（前方後方墳・四四）周辺には方墳が密集する状況がみられる。また、県中央部小山市の牧ノ内古墳群では前期の古墳群と中期から後期の大・小型円墳群が重複している。前期小方墳の分布は偏在的で造営期間も短いが、上三川町の神主三八号墳や宇都宮市の中島笹塚七・八号墳では、六期まで下る可能性がある。

栃木県において、五・六期の古墳造営は極めて低調である。中期の大首長墓というべき大型前方後円墳の築造も周囲の県に比べて遅れ、五世紀中ごろになって県中央北部宇都宮市に笹塚古墳（一〇〇）が登場する。小型円墳を中心とする群集墳がみられるようになるのは、やはり中期後半を迎えたころで、おおむね七期からである。小規模単位の古墳群がつくられるようになるのだが、本格化するのは八期からである。数基から十数基の円墳群で構成され、小型の前方後円墳を含むこともある。埋葬施設は竪穴系で、埴輪の小型墳への採用も同じころに始まっている。ほとんどの場合造営期間は短く、酢屋古墳群（五基・大田原市）、本村古墳群（六基・宇都宮市）など単独古墳群が多いが、後に「多数高密度型」となる古墳群の造営が始まるのもこのころである。

**造営の盛期**　際立った盛期は一〇期後半から終末期にかけてである。造営が本格化するという点では八期は緩やかな盛期といえる。九期後半から一〇期前半にかけては一時的な断絶に近い造営の空白が目立ち、すでに継続中の「多数高密度型」群集墳内においても空白はみとめられる。一〇期後半には群集墳の築造開始が急増する。一〇期後半に始まる「多数高密度型」群集墳はとくに密集度が高い。円墳で丘陵に立地し、三〇～四〇メートル級の前方後円墳の築造を契機とすることもある。ほとんどは横穴式石室を採用しているが、未調査の群集墳も多く埋葬施設や副葬品なども不明なものも多い。この時期は前方後円墳が終わりを迎える時期でもある。県南西部足利市の平野部に位置する常見古墳群は、首長墓が前方後円墳から円墳へと墳形をかえながら終末期まで続くが、それに対応するかのように円墳を主体とする「多数高密度型」群集墳が古墳群に面する丘陵に数百基規模で築かれて、首長墓と群集墳の動向が無関係ではないことを示しているといえよう。

群集墳の分布図

**横穴式石室の導入**　九期に県西部の永野川・旗川流域で横穴式石室が導入された。中山古墳、小野巣根四号墳、市の沢一二号墳で平面長方形片袖型の横穴式石室が確認されている。周辺では、竪穴式石室もみられ、横穴式石室の導入が一様ではなかったことがわかる。一〇期は横穴式石室が定着する時期ではあるが、両袖型、無袖型、半地下式構造の石室などがみられる。一〇期後半には胴張型石室が採用され、終末期には一般化していく。

**横穴墓の造営**　横穴墓は二地域で認められる。県中央北部宇都宮市には長岡百穴（五一基）が、県北東部の那珂川とその支流域には二〇〇基を越す横穴墓群が展開している。両地域とも凝灰岩に掘りこむが、県内の凝灰岩露頭の分布は広く、横穴墓はその中でも立地を選んでいるといえる。古くから開口して、出土品が不明なものが多いため時期ははっきりしないが、造営開始は一〇期末から一一期ごろと考えられている。前庭部から奈良時代の土器がみつかるなど追葬が八世紀まで続くものもある。那珂川上流那須地域最大の横穴墓群は唐御所横穴を含む北向田・和見横穴墓で、現在支群を含めて九三基が確認されているが、一〇〇基を超えていたと推定されている。ここは同時期の大規模な群集墳がない地域である。那珂川下流域の茨城県ひたちなか市には十五郎穴横穴墓に代表されるような横穴墓が群集していて、那珂川を通じて両地域が密接な関係であることがうかがえる。

**分布と終焉**　一〇期後半から終末期にかけて急増する群集墳は、分布状況も特徴的である。この時期に造営が開始される「多数高密度型」群集墳が目立つところは要路の結節点である。西と南からの陸路が交差する県南西部足利市、県中央部から東の茨城県側へ抜ける県東部益子町に群集墳が顕著であり、東北への入り口であり太平洋へ注ぐ水路でもある那珂川の上流那須地域には群集墳に代わる横穴墓群がある。また、県中央部飯塚・藤井古墳群は東西南北の十字路にあたっている。この状況は水陸路の重要性がこの時期急激に高まったことを反映しているのではないだろうか。栃木県地域は後の東山道の東北端にあたる関東平野の内奥に位置し、東海道・陸奥とも接している。また内陸であっても、南流する大小河川で東京湾および那珂川によって太平洋というふたつの海とつながっている。このような地理的状況からみて、周辺地域との接点および要路での群集墳の急増が一地域の単独で内的な要因によるものとは考えにくい。

造営の終焉は、首長墓の終焉にやや遅れて七世紀半ばごろと考えられるが、この時期に新規の造営はもとより継続する群集墳の造営も終息に向かうという動きも中央の動向に連動しているのであろう。

# 群馬

加部二生

群馬県地域で検出された群集墳はいずれも他時期の古墳を含んでおり、同時期に形成される多数高密度型の群集墳は終末期の奈良古墳群や日野金山下古墳群といった山間部の閉鎖的空間でしか確認されていない。従って、群集墳の定義を狭義に捉えた場合、殆どの古墳群は該当しないことになる。それが群馬県地域の最大の特徴といえる。

**群集墳の造営開始時期**　群馬県地域における弥生時代の墓制は、中期後半段階から方形周溝墓が主流となっている。弥生時代後期では土器に関しては、信州の箱清水様式との親縁制の高い樽式土器であるが、墓制に関しては、信州に近い吾妻地域や北毛地域の石墨遺跡等山間部では、円形のみで構成される事例が確認される。主体部の礫床墓で著名な有馬遺跡等鉄器を顕著に副葬する箱清水様式は円形主体で平野部の方形周溝墓とは一線を画している。このように円方が混在して構築される状況は弥生時代後期段階からあり、新保田中遺跡、日高遺跡、黒熊遺跡などで確認されている。こうしたあり方はそのまま古墳時代へと引き継がれる。特に赤城山南麓から東毛地域の丘陵地帯に浸透し、『講座』編年（以下略）一期段階、の上縄引遺跡、西大室北山遺跡、西長岡東山遺跡等で円形、方形、あるいは赤塚分類BⅢ型前方後方型等が混在して検出されている。その後、徐々に円墳は衰退傾向にあるが、三期の太田富沢遺跡、荒砥東原B遺跡等でも混在状況が続き、四期の万福寺遺跡、下郷遺跡などに継続することが予想される。従来、削平された方形墳に関しては、古墳時代のものでも周溝墓と呼称することが多い。しかし、それらの中で主体部の検出された事例はほとんど無く、墓壙の基底部すら確認されていない実情を鑑みるならば、そのレベルよりも上に埋葬主体部が構築されたことになり、それらを被覆する盛土が本来はあったと考えられる。

**大型墳に付帯する群集墳**　四期の倉賀野浅間山古墳周辺では、後続する大鶴巻古墳に隣接して万福寺遺跡が調査されており、帆立貝形古墳や大型円墳を従えている。万福寺遺跡では同時期の円墳群に方墳群も混在している。下郷遺跡でも四期に前方後円墳の下郷天神塚古墳、前方後方墳の下郷一〇号墳が築造される。それらに付随する小古墳は方墳が多く、一部円墳が含まれている。

円墳のみで構成される一群については、五期に大泉町と太田市にまたがる間の原遺跡などで調査されている。大型墳の周辺では太田天神山古墳北側の群集墳が確認されている。一方、方墳のみで構成される群集墳も黒井峯古墳群や、見立溜井Ⅱ遺跡古墳群などで確認されている。

**いわゆる古式群集墳の築造**　県内各地で八期に築造のピークをむかえる古式群集墳については形成パターンが、いくつかに類型化することができる。この段階に新設されるものが多いといわれるが、実際に七期に新設されたと考えられるのは高崎情報団地遺跡や世良田諏訪下古墳群、八期に築造開始されると考えられるのは多田山古墳群、小神明西田古墳群程度である。それ以外の多くは、前期段階から築造されていて、五・六期にも継続して築造され、七・八期にピークをむかえる地蔵山古墳群、古海松塚古墳群、上栗須古墳群、高林古墳群、富沢古墳群、五・六期段階に新設され、以降継続して構築されるか、ヒアタスをもって再興する軍原古墳群、芳賀西部団地古墳群、少林山台古墳群、白藤古墳群、西野諏訪神社古墳群などに分類される。いずれの類型についても八期が最も築造数は最大となっている。

**埋葬施設の変遷**　前期段階では大型墳に見られるような石の使用は無く、弥生以来の伝統的な木棺直葬・土壙・粘土床（槨）などが主流のようである。しかし、三期の御正作遺跡では棺床の形状は不明であるものの礫床が確認されている。また、四期の大型円墳では、朝倉Ⅱ号墳や片山一号墳で割竹型木棺の事例が確認されている。その後、五期に竪穴式石槨（箱式棺状内部主体）が出現し、見立溜井Ⅱ遺跡の方墳群や赤堀達磨山古墳などで採用される。礫槨や礫床主体部は大型墳では、四期頃に採用されるが、方墳や大・中型円墳では五・六期に確認される。小円墳での使用は七・八期であり、太田・大泉地域ではかなり一般的な構造である。

**埴輪の導入と消滅時期**　八期段階ではじめて群集墳内すべての古墳に埴輪が配列されるようになる。それ以前は、階層的な規制が垣間見える。群集墳における埴輪の終焉については、しどめ塚古墳が七世紀初頭段階の須恵器を前庭から出土しており、埴輪を有する。安中悪途東古墳群では、一辺一六メートルの方墳であるK―三号墳が量が少ないながらも埴輪祭祀を残存しており、飛鳥Ⅰ段階の杯Gが出土している。

**横穴式石室の導入**　群集墳における横穴式石室の導入については、九期段階に県内一斉に導入される。ただし、洞山古墳群や轟山古墳群などでは、主墳の小型前方後円墳が先に導入されており、格差を生じている可能性が高い。また、導入期の石室形状は多種多様で、無袖型の轟山古墳群、峯岸山古墳群、T字型の広瀬古墳群、後閑

**表1　群集墳を構成する古墳の墳形**

| 群集墳構成墳形 | 弥生後期 | 一期 | 二期 | 三期 | 四期 | 五期 | 六期 | 七期 | 八期 | 九期 | 一〇期 | 一一期 | 一二期 |
|---|---|---|---|---|---|---|---|---|---|---|---|---|---|
| 方墳のみ | ○ | ○ | ○ | ○ | △ | ○ | △ | ○ | ○ | ○ | × | × | × |
| 円墳のみ | ○ | × | × | × | × | ○ | △ | ○ | ○ | ○ | ○ | ○ | ○ |
| 方円混在 | ○ | ○ | ○ | ○ | ○ | ○ | △ | ○ | ○ | ○ | × | ○ | ○ |

○存在する　×存在しない　△存在が推定される（盟主墳の大・中型墳をのぞく）

古墳群、上田中古墳群、Ｌ字型の権現山古墳群など各地で採用形態が異なっている。

**群集墳の終焉**　群集墳の造営終焉時期については、一二期の終わりと考えられ、八世紀初頭には火葬墓が築造されている。ただし、前庭への墓前祭祀は継続しており、九世紀代まで継続するものもある。桐生市新里地区や赤堀周辺地域は比較的スムーズに火葬墓へと移行する地域である。特に多田山古墳群については同一墓域において高塚古墳から火葬墓へと移行している。

**まとめ**

**一期**　円形主体で客体的に方形墳がはいる。　上縄引遺跡・西長岡東山遺跡

円形墓のみで構成される事例は弥生後期段階にはあるが、古墳時代前期には皆無である。なお円墳主体の中に方墳が混在する事例は九期まで残る。方形のみで構成される事例は多く、それらの中に前方後方形赤塚ＢⅢ類が含まれる。

**四期**　大型墳に付随する群集墳が出現。　万福寺遺跡　下郷遺跡　下佐野遺跡

**五期**　方墳のみの一群が北毛に流行。　見立溜井古墳群　黒井峯古墳群

円墳のみの一群が出現。　間の原遺跡

**七・八期**　築造基数が急増し、八期がピークになる。

**九期**　横穴式石室の導入。東毛地域の太田周辺では導入が遅れる傾向がある。

**一一期**　前方後円墳消滅。再び基数が急増。　伊勢山古墳群

**一二期**　古墳の築造停止。同一墓域に火葬墓群を構築。　多田山古墳群・軍原古墳群

# 埼玉

太田博之

**「多数高密度型」群集墳**　「多数高密度型」に該当する群集墳の形成時期は『講座』編年（以下略）八期および一〇期から終末期にかけてである。生出塚・新屋敷古墳群（鴻巣市・九五基）、月輪古墳群（比企郡滑川町・嵐山町・一〇六基以上）、西五十子古墳群（本庄市・五四基）、東五十子古墳群（同・三一基）、後山王・広木大町古墳群（児玉郡美里町・二〇〇基以上）では八期を中心とする小型円墳が高密度に分布する。月輪古墳群、後山王・広木大町古墳群では、一〇期以降においても「多数高密度型」を形成する。

一〇期以降、新規に形成される群集墳にも、多くの「多数高密度型」が見られる。鹿島古墳群（深谷市・九五基）や飯塚・招木古墳群（秩父市・一二六基）は、横穴式石室を埋蔵施設とする一〇期後半から終末期にかけての小型円墳のみで構成される。とくに、飯塚・招木古墳群では、小型化した胴張型横穴式石室が埋葬施設の主体を占め、一二期に造営時期の中心が置かれる点で特異である。

旭・小島古墳群（本庄市・児玉郡上里町）、長沖古墳群（本庄市）、塚本山古墳群（本庄市・児玉郡美里町）は、前期小方墳や中期の円墳、後期前方後円墳などと同一群を形成し、複雑な様相を見せている。ただし、仔細に見ると、「多数高密度型」を形成する時期は限定される。旭・小島古墳群は一五〇基以上で構成されるが、「多数高密度型」とするのにふさわしい築造時期は、一〇期から終末期にかけての間に限られる。長沖古墳群も中期の円墳と後期の前方後円墳を含む総数二一一基からなるが、「多数高密度型」の形成は一〇期後半以降に下る。前期小方墳の築造後、断絶期間を置いて七期から造営を開始する塚本山古墳群も、確認される一七八基のうちの多くは、横穴式石室を備える一〇期後半以降の古墳である。

**造営の開始と終焉**　群集墳の造営開始時期は七期である。全体の築造数は少ないものの、柏崎・古凍古墳群（東松山市）、月輪古墳群、旭・小島古墳群、生野山古墳群（児玉郡美里町・本庄市）、塚本山古墳群、戸森松原古墳群（深谷市）、椿山古墳群（蓮田市）など県内の各所で、Ⅳ期の円筒埴輪、ＴＫ二〇八型式の須恵器、和泉Ⅱ式期の土師器などを伴う直径一〇～二〇メートル台の小型円墳の築造が確認される。柏崎・古凍古墳群では前期前方後方墳、生野山古墳群では中期の大型円墳など、築造時期の先行する首長墓と同一群を形成し、戸森松原古墳群、旭・小島古墳群、塚本山古墳群では、古墳時代前期の小方墳が伴う。前期以来、古墳を築造していた伝統的な集団によって群集墳形成の端緒が開かれているように見える。

一方、造営の終焉時期は、七世紀後半以降、副葬品が激減することもあって、あまり明確ではない。極度に矮小化した胴張型横穴式石室墳をもつ古墳で構成される上長瀞古墳群（秩父郡長瀞町）は、七世紀末葉ないし八世紀初頭まで新規の古墳築造が継続すると考えられている。また、蕨手刀や銅製の巡方・丸鞆を出土する古墳は、各地に事例があり、追葬行為が八世紀まで継続することは珍しくない。

**造営の盛期**　造営の盛期には、八期と、一〇期後半から終末期一期にかけての二時期がある。これに対し、九期を中心とする段階は、相対的に古墳築造数が少ない。ある程度の広範囲で調査が行われた例を見ると、東五十子古墳群（本庄市）では、調査対象となった三一基中二三基が、八期の築造で、その後に造営の断絶期間を挟み、一〇期後半に至って築造を再開している。また、六三基が調査された西五十子古墳群（本庄市）でも、時期の判明する二一基中一八基が、八期までの築造で、他の三基は終末期に下る。前出の生出塚・新屋敷古墳群や、一三〇基以上の調査が行われている後山王・広木大町古墳群では、九期にも築造が継続するが、盛期はその前後にあり、相似た群形成の過程をたどる。

なお、埴輪、土器類を伴わず、周堀のみが検出され、築造時期不詳とされたもののなかには、同じ八期の古墳が含まれていることが考えられる。したがって、八期を中心する群集墳の原状は、調査結果によって得られた認識よりもさらに「多数高密度」であったと想定される。また、八期までに形成された群集墳は、簡易な竪穴系埋葬施設をもつ低墳丘の小形円墳を主体に構成されている。このため、とくに低地や台地に立地する大多数の古墳はすでに墳丘を失い、発掘調査により、はじめて存在が把握される例がほとんどで、現在も当該期の未検出古墳が、相当数存在することも想定しておく必要がある。

**前期小方墳を含む群集墳**　古墳時代前期の小方墳と中期以降の群集墳が同一群を形成する事例は、県内各地で確認される。旭・小島古墳群、塚本山古墳群、戸森松原古墳群、用土北沢古墳群（寄居町）などで、これらの群集墳では、後出する小型円墳が、先行する前期小方墳との重複を回避し、かつ小方墳と混在しつつ群集する点が特徴である。前期小方墳を含む群集墳には、七期に造営を開始している例が多く、古墳時代前期に小方墳の築造した伝統的な集団が、他に先行して群集墳の造営を開始していると考えられることは先述のとおりである。

**埴輪の導入と終焉**　群集墳への埴輪の導入は、七期の造営開始と同時である。円筒埴輪は二条突帯三段構成品で、外面二次調整にヨコハケを用い、窖窯焼成による資料が確認される。ただし、七期での導入は、県中部の比企・入間地域の一部と県北西部の小山川水系に所在する群集墳に限られる。また、これらの地域でも、同時期の古墳の多くが円筒埴輪をもつわけではなく、普及は限定的である。形象埴輪は、いまのところ確認できる例がない。埼玉県では、人物・盾持人物は七期、馬は七期もしくはそれ以前に出現しているが、これらの器種は生野山九号墳（本庄市・四二）、白鍬塚山（さいたま市・三〇＋）など直径三〇メートル《メートル》級以上の円墳に限定される。

八期には、群集墳においても家、人物、馬が普及する。九期に入ると、器財埴輪も加わるようになる。埴輪の終焉は、一〇期末葉であり、その時期は前方後円墳などと変わらない。

**横穴式石室の導入時期**　横穴式石室の導入は、大里地域の荒川左岸や、群馬県に近い児玉地域の神流川右岸が最も早く、九期前半の黒田三号墳（深谷市・規模不明）、同六号墳（同・一七）、小前田九号墳（同・一七）、青柳古墳群北塚原七号墳（児玉郡神川町・一六）、などで、ＭＴ一五型式の須恵器𤭯、高坏やこれを模倣した土師器が出土している。初現期の横穴式石室をもつこれらの小型円墳は、いずれも当該群集墳における造営開始期の古墳である点が共通する。一方、先行して七・八期に造営を開始した群集墳では、九期の段階においても、竪穴系埋蔵施設の採用を継続するようである。九期に群集墳造営を開始する新興の集団が、他の伝統的集団に先駆けて新形式の埋葬施設を導入していることが考えられる。

なお、一〇期以降は胴張型横穴式石室が地域を超えて一般化する。黒田古墳群や小前田古墳群のように九期に無袖型横穴式石室を採用していた集団や、塚本山古墳群のような七期以来の伝統的な集団においても胴張型横穴式石室が採用されていく。終末期には、石室の規格が簡略化・画一化し、規模も縮小する。極度に小型化した終末期後半の横穴式石室については、追葬を前提としない単次葬墓であるとする意見も示されている。

**横穴墓の造営**　一二三七基が開口する吉見百穴横穴墓群（比企郡吉見町）、総数五〇〇基以上と推定される黒岩横穴墓群（同）は、県内最大の横穴墓群である。県内には、その他に高根（熊谷市）、比丘尼山（東松山市）、天神山（比企郡滑川町）、岩粉山（同吉見町）、十郎（同鳩山町）、川崎（ふじみ野市）、富士見台（同）、岸町（川越市）、殿山（富士見市）、滝之城（所沢市）、北秋津（同）、吹上（和光市）、市場峡（同）などの横穴墓群があり、県中部から南部にかけての台地や丘陵に分布している。築造数は数十基の存在が推定される岸町横穴墓群以外、いずれも十基以内にとどまり、吉見百穴横穴墓群、黒岩横穴墓群での築造数が格段に多い。築造時期を示す資料は少ないが、出土した須恵器の型式から、吉見百穴横穴墓群での初現は一〇期に遡る。また、吹上横穴墓群では、八世紀初頭の須恵器が伴い、築造の下限が八世紀初頭まで下る可能性が考えられている。

# 千葉

小沢　洋

**古墳出現期から中期前半の様相**　古墳出現期には東京湾東岸地域に拠点的に古墳が造営される。木更津市高部古墳群などの初期前方後方墳に付随して方墳が営まれるが、方墳の造営者は前段階の方形周溝墓造営者よりさらに限定される。方墳は明瞭な墳丘と盛土内埋葬施設を有し、剣・鎗・鏃・玉類など少数の副葬品をもつ。とくに盛土内埋葬は、弥生後期段階の方形周溝墓とは明瞭な違いを示す墳墓構造の革新として捉えられ、被葬者層の再編が想定される。一方、この段階には市原市神門古墳群に見られるような初期前方後円墳（纒向型前方後円墳）を頂点とする集団もあるが、その下部階層の墳墓は必ずしも円丘系ではなく、やはり方墳が主体となっている。いずれにしろ古墳出現期の当段階は、弥生後期段階に比べれば、古墳の絶対数が減少、限定された時期として理解される。

古墳前期前半（『講座』編年（以下略）一・二期）の段階には定形化した大形・中形前方後円墳が地域連合体の頂点の墓制として造営される。さらに当段階には定形化した前方後方墳を頂点とする集団、やや大形の方墳を頂点とする集団が混在しており、それぞれの集団内に、中小の方墳を造営する階層がある。方墳の造営者層は前段階より拡大し、小規模古墳の第一次増加期として捉えることができる。佐倉市飯合作古墳群、木更津市俵ヶ谷古墳群、袖ケ浦市二又堀古墳群などにその具体例を見ることができる。方墳は箱形木棺の直葬が主体で、副葬品は概して少なく、少数の玉類や工具などの鉄製品に限られる。なお少なくとも丘陵・台地上の場合、前期の方墳が後の段階の古墳と比べて必ずしも「低墳丘」とは言えない。また終末期の方墳と比べて墳丘は円丘的である。

古墳前期後半（三・四期）の段階も前方後円墳、もしくは前方後方墳を地域連合体の頂点として、その下部階層が方墳群を造営しているという図式は変わらない。ただ前方後方墳が減少して、前方後円墳が主流化、一本化してゆく傾向が見られ、前方後円墳に次ぐ階層としての大形円墳（市原市大厩浅間様古墳・海保三号墳など）も出現する。方墳については前段階から連続して群を形成し、副葬品の僅少な状況は変わらない。

古墳中期前半（五・六期）のうち、五世紀初頭から前葉にかけては前方後円墳の造営が途絶し、地域によっては大形円墳（千葉市七廻塚古墳・上赤塚一号墳、印西市鶴塚古墳など）が最大の古墳となっている。方墳は四世紀代から継続する古墳群（市原市草刈・大厩古墳群、成田市公津原古墳群など）において営まれているが、絶対数は少なく、前期より減少していると見られる。この時期に小規模古墳における方墳から円墳への転換が生じたと見られ、その変化が辿れる古墳群（木更津市宮脇古墳群、市原市草刈古墳群）もある。中期前半には割竹形木棺がしばしば見られる。五世紀中葉前半に、大形前方後円墳（香取市三之分目大塚山古墳、木更津市銚子塚古墳、富津市内裏塚古墳）が相次いで造営されるが、小規模古墳の減少期は、これら大形前方後円墳の造営準備期間に当たっているとも言える。

**小規模古墳造営者層の再拡大**　古墳中期後半（七・八期）には大形前方後円墳の造営を契機に、小規模古墳の造営形態にも大きな変化が現われ、五世紀中葉後半～後葉（須恵器ＴＫ二〇八～ＴＫ二三期）に円墳数の著しい増加現象が認められる。これらの円墳の被葬者は、広域首長の統括下において新たに編成された集落長クラスの墳墓と見られる。この段階が古墳前期前半に続く小規模古墳の第二次増加期として捉えられる。当段階には円墳の規模が均質化して、副葬品内容では最上位に位置づけ得る短甲副葬円墳でも、その規模は三〇メートル未満となっている。前方後円墳と小規模円墳に二極化した古墳の階層構造が想定される。当段階の円墳の増加現象が、研究者によっては「初期群集墳」や「古式群集墳」と呼ばれるが、個々に見ていくと時期差のある段階的造営の場合が多く、後期後半における同時期多造とは程度が異なっていると考える。当段階の円墳の埋葬施設は箱形木棺の直葬が主流化し、前期末～中期前半にしばしば見られた割竹形木棺は余り見られなくなる。またこの段階には小規模古墳にも埴輪を樹立するものが散見される。なお下総では総体的に中期の円墳の確認数が少ない。

古墳後期前半（九期、須恵器ＴＫ四七・ＭＴ一五・ＴＫ一〇期）は、前方後円墳の規模が縮小し、地域によっては空白期をなしている。当段階の主な前方後円墳としては市原市山王山古墳・金環塚古墳、香取市禅昌寺山古墳、神崎町舟塚原古墳などがあり、その墳丘長は四〇～六〇メートル台で、全般的に縮小している。またやや大形の円墳としては大多喜町台古墳・横山一号墳がある。小規模円墳については、広域的調査が実施されている小櫃川下流域などの調査結果を見る限り、中期後半と同程度かやや減少した造営数のまま推移する時期として捉えられる。

**群集墳の盛行・横穴式石室導入・横穴墓造営開始**　古墳後期後半（一〇期、須恵器ＭＴ八五・ＴＫ四三・ＴＫ二〇九期）は、首長系古墳・小規模古墳とも多数造営される隆盛期として捉えられる。とくに西上総の村田・養老・小櫃・小糸川流域と、東上総の木戸・作田川流域（武射地域）、下総では椿海・香取海沿岸、印旛沼周辺域に連続的な前方後円墳の築造が見られる。このうち規模で卓越するのは、小櫃・小糸川流域と武射地域で、後者は当段階から新たな首長勢力が勃興した地域と見なされる。

当段階には円墳の実数も急増し、小規模古墳の第三次増加期として捉えることができる。古墳群の在り方を見ると、三〇～四〇メートル級の小形前方後円墳を中核として、それを取り巻くように複数基の円墳が造営されており、首長系古墳群における階層構造の縮小版的な古墳群構成を示している。当段階の円墳の埋葬施設は上総では木棺直葬が主流で、一古墳に複数埋葬するものが大半である。下総西部の千葉東南部地域などでは、後期後半から砂岩切石による小規模石室ないしは石棺が採用され、下総中・東部の印旛・香取地域では、筑波石系の箱形石棺が多く採用されるなど、埋葬施設においての地域性が顕著になる。この時期の小規模円墳の副葬品構成は、基本的に直刀・刀子・鉄鏃という武器類を主とする組合せで中期の円墳との間に大きな差異は認められない。また当段階には、古墳の代用構造物としての横穴墓の造営が開始される。横穴墓の初現は、富津市向原一号墓や入谷二号墓の例などからＴＫ四三期に位置づけ得る。横穴墓一基はその造営労力において、一五~二〇メートル級の円墳一基と同格の構造物と見なされる。横穴墓の中にも大形で丁寧な造りのものと小形で簡素な造りのものがあり、高塚古墳における墳形と同様の階層差を認め得る。横穴墓はその後、東上総・安房地域で隆盛していく。

続く古墳終末期前半（一一期）の状況について見ると、七世紀初頭前後を境に、首長系古墳は前方後円墳から方墳へと変化し、それに連動して印旛地域に房総最大の岩屋古墳、武射地域には駄ノ塚古墳が造営されるなど、房総の首長の勢力関係にも変化が生じる。首長系方墳の造営期間は比較的短期間で、追葬を除けば七世紀中葉までに収束すると考えられる。首長系古墳に連動して、群集墳系の墓制も円墳から方墳に変わるが、その数は急速に減少すると見られる。七世紀前葉~中葉（TK二一七期）に位置づけ得る古墳の数が少ないことは、外圧的規制、薄葬令などの影響によるものとも捉えられる。

**終末期型群集墳の造営と終焉**　古墳終末期後半（一二期）、七世紀後半に入ると、首長層は古墳造営から寺院造営へと権威の表象物を転換する。一方小規模古墳は、七世紀後葉~末葉になると群集墳が復活したように多数の方墳が造営されるようになる。当段階の方墳の増加を小規模古墳の第四次増加期と捉えることができる。小櫃川下流域の状況を見ると、方墳の多くは小規模かつ低墳丘で丘陵縁辺や斜面部に造営され、コ字形周溝を有する山寄せ式の造営形態が目立つ。一部に半円形周溝をもつ小円墳もある。小櫃・小糸川流域では、当段階の方墳も相変わらず木棺直葬が主体であるが、切石積み横穴式石室を有する二重周溝の方墳（木更津市山伏作五号墳）もあり、終末期方墳の中での階層差も認められる。また下総の千葉東南部地域や成田市公津原などでは砂岩切石積みの小規模石室や石棺がこの段階にも多数造営されている。

なお、八世紀以降には火葬骨蔵器を埋葬施設として、方形の周溝で囲う「方形区画墓」が古墳を継承する墓制として九世紀初頭頃まで造営され、横穴墓の造営、追葬も一部は八世紀以降まで継続して行われたと見られる。

# 東京

紺野英二

**「多数高密度型」群集墳**　都内における「多数高密度型古墳」に該当する事例としては、多摩川上流域の瀬戸岡古墳群（五〇基以上）があげられる。瀬戸岡古墳群は、平井川右岸の段丘縁辺に東西約三〇〇メートルの範囲に密集して造営されている。ほとんどの古墳が七世紀代に築造されたものだが、主体部構造が判明している古墳は少ない。ほかに中流域の『講座』編年（以下略）一〇期以降に造営される青柳古墳群（四軒在家遺跡・一〇基）、九期以降造営の高倉古墳群（二八基）が挙げられるが、群集墳の範囲や規模が詳らかでない。可能性の指摘だけにとどめておきたい。

**群集墳造営の開始と終焉**　都内における群集墳の造営は、七期より始まる。多摩川中流域左岸に、かつては「狛江百塚」ともいわれた狛江古墳群（狛江市・六〇〜七〇基）が七期〜九期に造営される。岩戸・和泉・猪方の三支群からなる狛江古墳群では、盟主墳として神人歌舞画像鏡や毛彫馬具、金銅製冠などが出土した亀塚古墳が知られる。狛江古墳群の上流に展開する下布田古墳群と上布田古墳群は、あわせて一つの群集墳ととらえられ（調布市・計二六基）、六期〜八期まで造営される古墳群とされる。下布田古墳群では、九号墳の周溝内土坑より土師器壺が出土し、これに続く八号墳では、ＴＫ七三並行期の須恵器大甕が出土している。多摩川中流域左岸では、九期以降の造営が想定される高倉古墳群（府中市・二八基）や御嶽塚古墳群（府中市・二〇基）が認められ、高倉古墳群では円筒埴輪のほか、ＭＴ一五型式の須恵器（𤭯）が出土している。高倉古墳群や御嶽塚古墳群では、埴輪片（八期）などが出土する。多摩川中流域左岸では、ほかに飛田給古墳群（調布市・府中市）、白糸台古墳群（府中市）などでも群集墳の造営が開始される。多摩川中流域右岸では、九期以降、塚原古墳群（多摩市）、平山古墳群（日野市）、七ツ塚古墳群（日野市）などの造営が開始される。
群集墳造営の終焉は終末期のなかでも七世紀後半と考えられる。例外として、多摩川上流域左岸に展開する瀬戸岡古墳群（あきる野市）は、七世紀前葉から造営が盛んになり、中葉以降に造営のピークがおとずれる。ここはのちに牧の設置が指摘される地区であり、群集墳の動向が奈良時代の地域編成に影響するものと考えられている。なお、群集墳の終焉の時期については、主に高塚古墳で構成される群集墳のことであり、もうひとつの群集形態である横穴墓については、八世紀直前まで継続して造営されている。

**群集墳造営の一時断絶**　東京都内、とくに多摩川流域においては、八期から九期の間に群集墳造営が一時的に停止されることが指摘されている。概ね六世紀後半に相当するものといえる。先にふれた下布田古墳群（調布市）では、六世紀前半の古墳築造後、一〇期から終末期の狐塚古墳（下布田六号墳）まで古墳築造が行われない期間が認められる。狐塚古墳は、直径四〇メートルを超え、同時期のこの地域では最大規模の円墳である。主体部は河原石を小口積みした無袖型式の横穴式石室で、墓坑内に構築された低墳丘構造である。前方後円墳体制直後における南武蔵地域・多摩川流域の盟主墳として位置付けられる。なお、上・下布田古墳群からは埴輪の出土は認められない。また、高倉古墳群、御嶽塚古墳群、塚原古墳群、平山古墳群でも下布田古墳群と同じ時期に一度群集墳の造営が停止する。こののち、一〇期になると塚原古墳群や平山古墳群で再び古墳が築造される。竪穴系埋葬施設から横穴系埋葬施設への転換に一致する事象である。

**横穴式石室の導入**　東京都内における横穴式石室の導入は、一〇期以降となる。多摩川下流域の田園調布古墳群（大田区）では、前方後円墳である観音塚古墳（大田区・四一メートル）に切石積横穴式石室が導入される。観音塚古墳では、埴輪の出土が確認され、主体部からも直刀や鉄鏃などの武器類が出土している。これ以降、当該地区には、七世紀半ばにいたるまでの首長墓系譜が確認される。多摩川中流域では、先出の狐塚古墳（下布田六号墳）、塚原古墳群（五号墳）、平山古墳群（二号墳）、万蔵院台古墳群（日野市・二号墳）で河原石積横穴式石室の主体部がみられる。狐塚古墳では、玄室奥壁に泥岩切石を用いており、これは横穴式石室における階層差の現れと考えられる。また、都内北東部の赤羽台古墳群（北区・一四基）でも一〇期に横穴式石室を主体部に採用した古墳が認められる。以上、一〇期に導入される古墳の主体部は、玄室平面形が無袖型か片袖型の横穴式石室を採用している。この時期の横穴式石室の側壁には、のちに採用される「胴張り」様相の影響が認められない。ほとんどの古墳の主体部からは直刀や鉄鏃などが出土しており武器類の副葬が目立つ。なお、都内東部には全長約一二メートルの前方後円墳、芝丸山古墳（四期）に近接して展開する円墳群として、芝丸山古墳群（港区・一〇基）が認められる（九期以降）。この古墳群では、七基の古墳の主体部が調査され、房州石を石室石材に使用した横穴式石室が報告されている。石室内からは須恵器や土師器のほか、武器類や馬具、耳環などの副葬品、人骨の出土が報告され、墳丘周辺からは生出塚埴輪窯製の円筒埴輪や形象埴輪が出土している。

**群集墳造営の最盛期**（横穴式石室の展開）　古墳時代終末期（七世紀前半）になると多摩川上・中流域では、高塚群集墳の造営が盛んになり、横穴墓造営も始まる。下流域では、高塚墳をはるかに超える数の横穴墓群が検出される。多摩川中流域では、高倉古墳群、御嶽塚古墳群で河原石を小口に積んだ横穴式石室墳が築造され、ほかにも下谷保古墳群（国立市・一〇基）、青柳古墳群（国立市・一四基）、塚原古墳群（一〇基）、万蔵院台古墳群（日野市・三基）、平山古墳群（六基）、七ツ塚古墳群（七基）、浄土古墳群（昭島市・五基）が造営され、これらよりやや遅れて瀬戸岡古墳群の造営が始まる。浄土古墳群には、玄室奥壁の鏡石に泥岩切石を用いた石室が認められ、七世紀前半の群集墳中の有力墳と理解される。七世紀代の多摩川上・中流域には、地区首長墓と想定される北大谷古墳、稲荷塚古墳、臼井塚古墳、熊野神社古墳、天文台構内古墳が築造される。これらの横穴式石室の構築材には、泥岩切石が用いられており、群集墳との階層差が明確である。主体部の一部に泥岩切石を用いた石室や横穴墓はこれらの首長墓との階層性を示すものといえる。

多摩川下流域では、田園調布古墳群などが造営され、横穴式石室の構造の違いが地区ごとに顕著である。ほかに大蔵古墳群・殿山古墳群（いずれも世田谷区・三基、九基）などがあるが、下流域における群集墳は横穴墓の数量が圧倒的に多い。また、都内北東部では、赤羽台古墳群や志村古墳群（板橋区・六基）があげられる。

**埴輪の様相**　多摩川上・中流域では、七ツ塚古墳群より採集された人物埴輪が知られる。また、円筒埴輪片も採集されている。ほかに青柳古墳群（国立市）、御嶽塚古墳群（府中市）、高倉古墳群（府中市）で円筒埴輪片が採集される。特に御嶽塚一六号墳では、円筒埴輪（八期）が確認されている。近年、高倉古墳群（高倉二二号墳）でも円筒埴輪の出土が報告された。白糸台古墳群（府中市）では、形象埴輪小片が報告されている。また、狛江古墳群中の土屋塚古墳（七期）・亀塚古墳（八期）などで埴輪（円筒・形象）の出土が知られる。下流域では、田園調布古墳群中の浅間神社古墳（大田区）で円筒、形象（人物・馬・鹿）埴輪の存在が知られ（七～八期）、観音塚古墳（九期）でも埴輪が確認されている（円筒、形象：人物・大刀・馬・靫）。

都内北東部では、十条台古墳群で円筒埴輪が出土し（八期）、赤羽台古墳群で北武蔵の生出塚埴輪窯製品とされる円筒・形象埴輪（人物・馬・鞆）が報告されている。なお、芝丸山古墳群でも生出塚埴輪窯製品とされる円筒、形象（人物・器材）埴輪の出土が報告されている。

**横穴墓の様相**　都内における横穴墓は、多摩川中流域右岸の支流域に展開する。七世紀中葉以降に造営される中和田横穴墓群（多摩市・一九基）、日野台地南縁には計五〇基を超える梵天山・谷ノ上・神明上横穴墓群（日野市）が造営される。中流域左岸の野川流域には、御塔坂横穴墓群（調布・三鷹市・二九基）、羽根沢台横穴墓群（一六基）、出山横穴墓群（一〇基）をはじめ、八〇数基の存在が知られ、七世紀後半代に造営されている。野川最上流域には、胴張り複室平面の内藤新田横穴墓が存在しており日野地区と同じく在地首長墓の石室を模倣したものと考えられている。多摩川下流域は高塚墳の築造数に対し、横穴墓の数が圧倒的にまさる。大田区域だけでも山王・新井宿横穴墓群（四四基）をはじめ、塚越（三七）、本門寺・桐ケ谷（二六）、久ケ原・根岸（七四）、上沼部・下沼部（五〇）があげられる。世田谷区域では、西谷戸横穴墓群（三三基）、殿山横穴墓群（一七基）など計一四四基の横穴墓群が造営されている。都内北東部では、赤羽台横穴墓群（一九基）が知られるが、都内の横穴墓群としては、多摩川下流域の数量が圧倒的に多く、七世紀代を通して造営されたものと考えられている。

# 神奈川

柏木善治

**「多数高密度型」群集墳**　神奈川県で群集墳の発生から終焉までの築造動向をみると、主には後期・終末期に帰属するものが多い。群集墳を構成する古墳および横穴墓をみれば、山間部を除いたほぼ県内全域に存在する。群集墳とは、限られた区域内に同じ時期の古墳が密集し、直径一〇〜二〇《メートル》という小規模円墳を主体にするものとした。それらは計画的な造営の結果により、いくつかのグループに分けられる。今回、群集墳とは別の扱いにした、一定区域内に密集しても帰属時期が多様な古墳群には、伊勢原市の上坂東遺跡と中坂東遺跡などがあり、つごう一二基の円墳が調査されたが、前期後半から後期まで築造が継続する。全体像は不明ながら、周溝を接して築造され、五・六世紀は徐々に標高が高い方に移るという規則性もみられる。そのほか川崎市幸区の加瀬台古墳群でも、四世紀後半の前方後円墳である白山古墳から、六世紀末〜七世紀代に第六天古墳や三号墳などが同一丘陵上に造られる。

　このような例を除けば、限られた区域内に同じ時期の古墳が密集するものは、六世紀後半から七世紀にかかる後・終末期群集墳であり、この時期が造営のピークになる。酒匂川水系の塚田や黄金塚、久野、金目川水系の薬師原や桜土手、三ノ宮、相模川水系の谷原、桜樹、三浦半島の大塚や大津、鶴見川水系の赤田や北門といった古墳群がある。このうち大塚では、前方後円墳が複数築造されて、他と性質が異なる。群の規模が大きいものは、一二一基ほどの久野古墳群、七〇基以上という三ノ宮古墳群（御領原支群を中心に）などがあげられる。これらは丘陵および台地上という立地が多い。さらに近年、高速道路建設に向けた発掘調査で伊勢原市や秦野市において後期以降の古墳が調査され、三ノ宮に隣接する子易地区ではこれまでなかった終末期の方墳が発見された。また、宮山中里遺跡を中心とした古墳群も、相模川左岸域の自然堤防上に延長二キロ以上にわたって築造された状況が知られるところとなった。

**横穴墓の造営**　同じく群集する横穴墓は、大磯丘陵や三浦半島、鶴見川流域などの地域で築造が早く、丹沢南麓などにその範囲が拡大していく。古墳と同じように六世紀後半から七世紀にかけて築造が集中し、大磯丘陵の根坂間や万田八重窪、楊谷寺谷戸、諏訪脇、田島や羽根尾、金目川水系の岩井戸、三ノ宮・下尾崎、上粟原、相模川水系の越の山、林王子、上今泉、境川水系の川名新林、浅間神社西側、三浦半島の新宿や山野根、高山や鳥ヶ崎、鶴見川水系の市ヶ（カ）尾、久地西前田などの横穴墓群がある。このうち、全容が知られるものは少ないが、諏訪脇横穴墓群は五二基、山野根横穴墓群で三一基などがある。横穴墓が古墳と共に群を形成するものは、薬師原古墳群や三ノ宮古墳群、赤田古墳群と台地斜面側に築造される横穴墓群などがある。

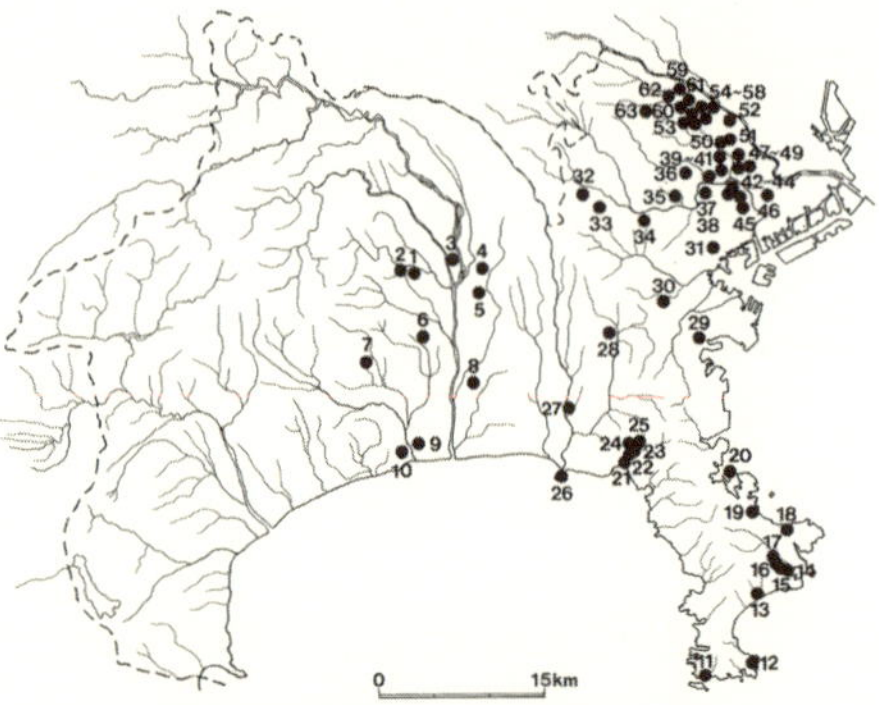


**図1　神奈川県の埴輪分布図**

**埴輪の導入と終焉**　埴輪の出現を群集墳に限ってみれば、登山一号墳を稲村繁は六世紀初頭末～前葉とする（稲村一九九七）。家形・武人・力士・円筒・朝顔形埴輪からなり、器財埴輪が存在しない。分布は大磯町の坊池古墳などが西限で、それ以東は多摩川および鶴見川流域と三浦半島の東京湾岸に多いという特徴的な分布を呈す（図1）。終焉は、六世紀末～七世紀初頭の登尾山古墳があり、家形埴輪の出土が知られるが、その他の組成については不明である。また、七世紀以降は、ほとんどの古墳で埴輪がみられなくなる。

**副葬品の様相**　とくに大刀と馬具についてみていきたい。大刀は県下全域で出土するが、そのなかには装飾付大刀も一定量含まれる。破片も抽出すると約九〇例あって、古墳と横穴墓の出土比率をみれば、伊勢原・厚木市域で古墳の比率が高く、横浜・川崎市域がほぼ半数、その他は横穴墓で高い（柏木二〇〇八）。馬具は、調査が実施された数に左右されるものの西相模地域で多く、金銅製の馬具も同様である（図2）。副葬品総体について諏訪脇横穴墓群の調査をもとに比率をみてみよう。調査された三三基のうち装飾大刀は三振りの出土で、基数に占める割合は九%、馬具が二一%、直刀五一%、鉄鏃が五四%である。ちなみに土器以外の副葬品がなかったものは六基で一八%を占める。

**横穴式石室の導入**　現在のところ、三ノ宮・下谷戸遺跡七号墳が六世紀前半で最も古い。須恵器𤭯は陶邑MT一五型式期と報告され、そのほか鉄鏃や刀子、装身具などが出土している（図3）。六世紀後半に築造が増え始めて、六世紀末～七世紀初頭には、両袖式の登尾山古墳や片袖式の埒免古墳、L字型石室の小野一号墳などと変化に富み、以降は無袖式が主体となる。無袖式では三ノ宮三号墳や金井二号墳などが最大規模で、床面積は一六平方メートル程度だが、同時期の家屋模倣横穴墓である白山神社横穴墓は一七・五平方メートルで、横穴式石室より大きな玄室である。後に相

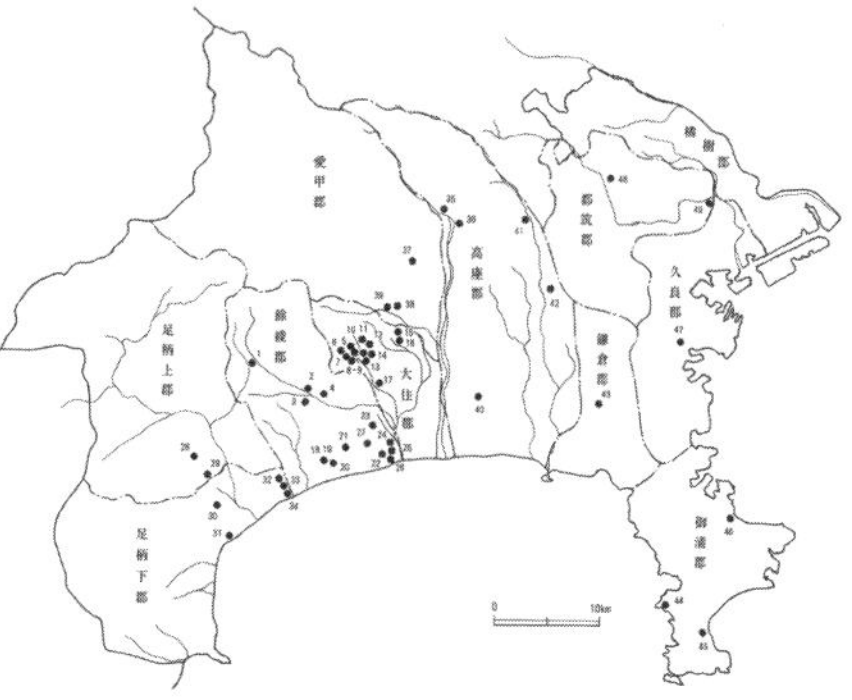

**図2　神奈川県の馬具分布図**

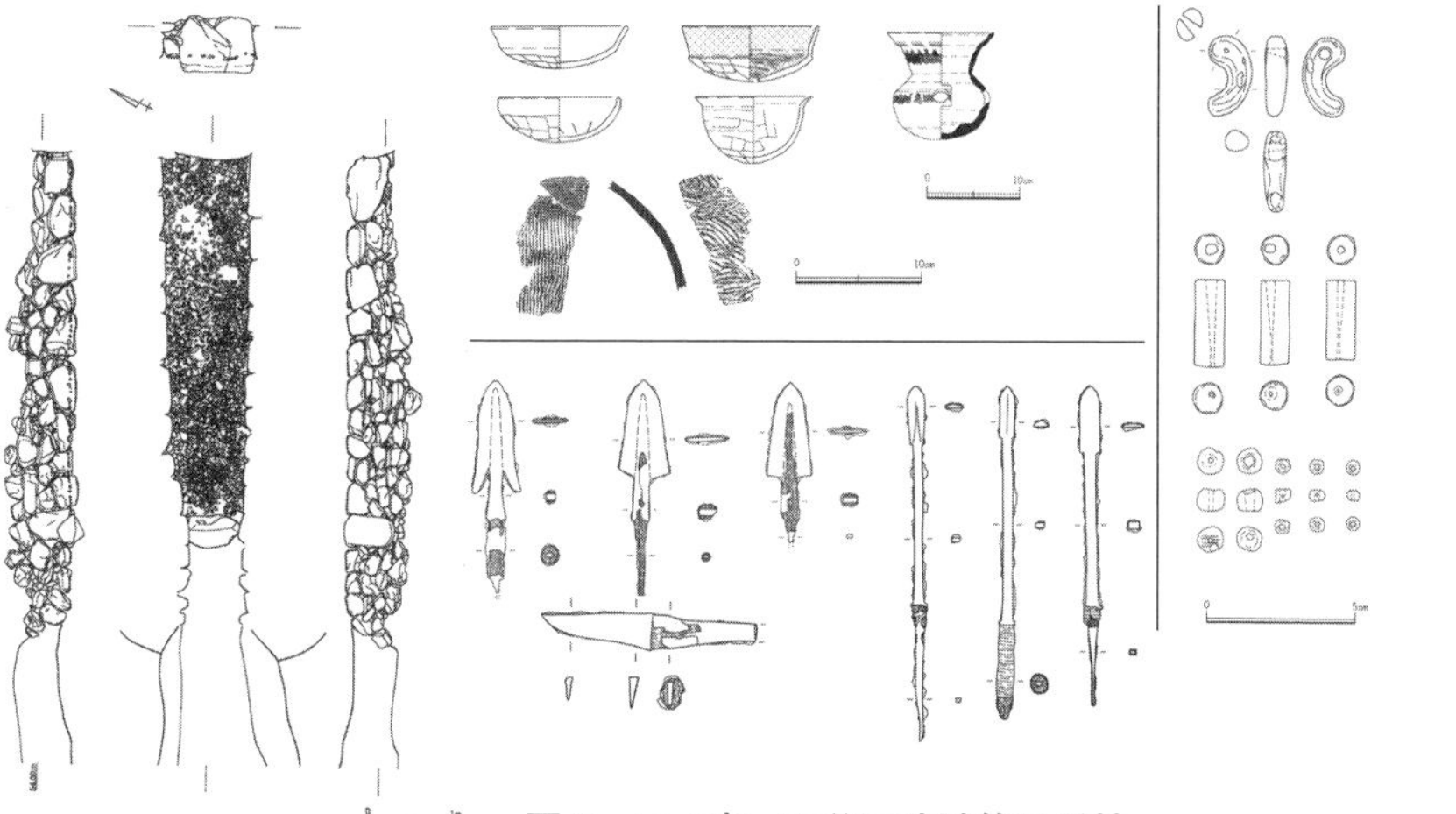
**図3　三ノ宮・下谷戸遺跡第7号墳**

模となる地域は自然石積みが主で、南武蔵地域では切石積みが多い。群中の石室の変化をみると、横浜市北門古墳群では、無袖式の一号墳から五号墳、二号墳へとより小型化している。切石切組積石室は上野から武蔵と上総にて盛んに造られたが、それは南武蔵において混在・融合するという（草野二〇一四）。七世紀中頃の馬絹古墳はその状況を示す古墳とみなせ、同じ頃の釜口古墳は切組積の技法から山陰との関係も深そうだ。横穴式石室を持たない古墳は、厚木市の寺ノ前遺跡や登山一号墳、平塚市八雲一号墳、伊勢原市北高森三号墳などがある。直径一〇～二〇メートルで、六世紀初頭～中頃を中心とするが、宮山中里遺跡などで七世紀代にも存続しているようだ。円墳に限らず前方後円墳でも、横穴式石室の導入について採否の違いがある。

**群集墳の終焉**　古墳は七世紀後半に築造数が減少するとみられ、横穴墓は七世紀末まで築造が続くという違いがある。しかしながら古墳・横穴墓共に、八世紀第二四半期の土器が出土しているものがあり、それぞれこの時期まで、使用が継続されていたことが窺える。鶴巻大椿H一号墓をみると、墓前域で土器が出土する場所が古墳時代と同じであることから、奈良時代になっても追葬と共に儀礼も継承されていたものとみなせる。

群集墳の画期をあげれば、六世紀初頭の埴輪および横穴式石室の導入と、六世紀末～七世紀初頭の多様な石室構造を持つ群集墳の形成、古墳の築造が終わる七世紀後半と、横穴墓の築造が終わる七世紀末に求められる。

**引用・参考文献**


稲村　繁　一九九七「第Ⅳ章　論考」『厚木市登山一号墳出土埴輪修理報告書』厚木市教育委員会、三三～五二頁
柏木善治　二〇〇八「副葬大刀から見た相模の地域像」『神奈川考古』四四、神奈川考古同人会、九六～一〇八頁
草野潤平　二〇一四「切石積の技術系譜―横穴式石室の石積み手法からみた関東地方の動向―」『駿台史学』一五〇、一〇七～一三七頁
宍戸信悟　二〇〇〇「七号墳の出土遺物と石室について」『三ノ宮・下谷戸遺跡（No.一四）』Ⅱ、かながわ考古学財団調査報告七六、四二九～四四二頁
武田　勝　二〇〇〇「桜土手三八号墳出土馬具をめぐる諸問題」『研究紀要』一、秦野市桜土手古墳展示館、二五～五二頁

# 東国における群集墳造営の諸画期

太田博之

**造営の開始と終焉**　東国における群集墳の造営は、神奈川を除く関東で七期、南東北各地で八期、神奈川で九期に始まる。一方、群集墳の終焉は、ほとんどの地域で、一二期まで下る。南東北1のみは、一部が一〇期まで残存する可能性があるものの、おおむね九期のうちに造営が停止する。なお、栃木、茨城、千葉の各地では、一二期に「小地域系古墳」、「方形区画墓」、「方形周溝状遺構」などと呼ばれる小規模方墳が見られ、これらの一部は八世紀初頭まで築造が続く。

**造営の盛期**　多くの地域で、八期および一〇期から一一期にかけての二時期に造成の盛期が認められる。これに対し、九期を中心とする段階は、相対的に築造数が少ない時期にあたっている。

八期に第一の盛期を迎える群集墳は、竪穴系埋葬施設を備え、「古式群集墳」、「初期群集墳」と呼ばれる事例に相当する。とくに、群馬、埼玉、千葉では、小型円墳を主体とした多数高密度の群集墳が目立つ。一方、茨城、東京でも、群集墳の造営は開始されているが、多数高密度の造営は目立たない。栃木でも一〇期後半以降の後・終末期群集墳の盛期に比べると、築造数は相対的に少数であるとされる。

第二の盛期の多くは、埋葬施設に横穴式石室をもつ、「新式群集墳」、「後期（終末期）群集墳」と呼ばれる事例に該当する。前代の小方墳や群集墳に後続して築造されるもののほかに、一〇期後半や一一期に入ってから、新たに造営を開始する群集墳も各地に認められる。これらの群集墳には、それまで古墳の見られなかった水系の上流部や山間地に新たな墓域を設定して造営される例も多い。

**小方墳群の形成と終焉**　前期の小方墳群は各地で認められるが、終焉の時期は、地域ごとに相違する。南東北

| 栃木 | 群馬 | 埼玉 | 千葉 | 東京 | 神奈川 |
|---|---|---|---|---|---|
| | | | | | |
| | | ■小方墳終焉 | | | ■小方墳終焉 |
| | | | ■小方墳終焉 | ■小方墳終焉 | |
| ■小方墳終焉 | ■小方墳終焉 | | | | |
| ○造営開始<br>△埴輪導入 | ○造営開始<br>△埴輪導入 | ○造営開始<br>△埴輪導入 | ○造営開始<br>△埴輪導入 | ○造営開始<br>△埴輪導入 | |
| | | | | | |
| ◇横石導入 | ◇横石導入 | ◇横石導入 | | | ◇横石導入<br>○造営開始<br>△埴輪導入 |
| ▲埴輪終焉 | | ◆横穴導入<br>▲埴輪終焉 | ◇横石導入<br>◆横穴導入<br>▲埴輪終焉 | ◇横石導入<br>◆横穴導入<br>▲埴輪終焉 | ◆横穴導入<br>▲埴輪終焉 |
| ◆横穴導入 | ▲埴輪終焉<br>◆横穴導入 | | | | |
| ●造営終焉 | ●造営終焉 | ●造営終焉<br>（一部は 8 世紀まで継続） | ●造営終焉 | ●造営終焉 | ●造営終焉 |

★特記事項　11 期：須恵器 TK217 型式並行期　12 期：須恵器 TK46 型式並行期以降
アミ：群集墳造営の盛期

東国における群集墳造営の諸画期

| 『講座』編年 | 南東北１（山形県山形盆地） | 南東北２（山形県米沢盆地、宮城県仙台平野以北・亘理郡域、福島県会津盆地） | 南東北３（宮城県阿武隈川下流域、福島県浜通り・中通り） | 茨城 |
|---|---|---|---|---|
| 3期 | | | | |
| 4期 | ■小方墳終焉 | | ■小方墳終焉 | |
| 5期 | | ■小方墳終焉 | | ■小方墳終焉 |
| 6期 | | | | |
| 7期 | | | | ○造営開始 |
| 8期 | ○造営開始<br>△埴輪導入<br>▲埴輪終焉 | ○造営開始<br>△埴輪導入<br>▲埴輪終焉 | ○造営開始<br>△埴輪導入 | △埴輪導入 |
| 9期 | ●造営終焉（一部は10期に下る可能性） | | | ◇横石導入 |
| 10期 | | ◆横穴導入 | ◇横石導入<br>▲埴輪終焉<br>◆横穴導入 | ▲埴輪終焉<br>◆横穴導入 |
| 11期 | | ◇横石導入 | | |
| 12期 | | ●造営終焉（一部は8世紀まで継続） | ●造営終焉 | ●造営終焉 |

■小方墳群造営の終焉　○群集墳造営開始　△埴輪の導入　◇横穴式石室の導入　▲埴輪の終焉
□終末期小型方墳の造営　●群集墳造営の終焉　◆横穴墓の導入

各地、埼玉および神奈川では、四期のうちに終焉を迎える。しかし、茨城、千葉では五期、栃木、群馬ではさらに下って六期まで、いずれも築造数を減らしながら継続する。また、七・八期や一〇期以降の群集墳との切り合いを避けながら、同一群を形成する例が各地で見られる。

**埴輪の導入と終焉**　埴輪の導入は、多くの地域で群集墳造営開始と同時である。栃木、群馬、埼玉、東京、千葉では七期、南東北各地では八期、神奈川では九期で、茨城のみは、群集墳の初現より遅れて、八期に入ってから導入されている。埴輪の器種は、七期のうちは円筒埴輪に限られ、八期以降、一部で家、人物、馬などの形象埴輪が加わるようになる。一方、埴輪の終焉は、ほとんどの地域で一〇期に迎えている。ただし、南東北1・2では埴輪の導入が一時的で、九期へは継続しない。また、群馬のみは、一一期初頭まで下る可能性がある。

**横穴式石室の導入時期**　横穴式石室の導入時期は、地域によって大きく相違する。石材入手や加工の難易度の違いが、導入時期の地域差に反映しているのだろう。東京以外の関東各地では九期、南東北3と東京はやや遅れて一〇期である。神奈川では横穴式石室の導入と群集墳、埴輪の出現が同時期である。また、南東北2では一一期まで下り、横穴墓の出現よりも遅れる。南東北1は、九期のうちに群集墳の造営がほぼ終了し、横穴式石室を備える群集墳は見られない。なお、千葉の東京湾岸など近隣からの石材の入手が困難な地域では、少数の例を除いて一〇期以降も竪穴系埋葬施設を採用する。

**横穴墓の造営**　横穴墓は南東北1を除く各地域に存在する。多くは一〇期のうちに出現するが、栃木、群馬は一一期に下る。築造数は地域ごとに大きな差があり、南東北2のうち宮城の凝灰岩層帯や南東北3の福島浜通り、茨城の北部沿岸と久慈川流域、千葉の房総半島南部、東京の多摩川下流域、神奈川の鶴見川流域や三浦半島、大磯丘陵など、太平洋岸の各地で高密度に分布する。内陸部においては、分布が限られ、栃木では那須地域と県央の丘陵地、埼玉では比企地域の丘陵部に集中し、群馬では小規模な群が散在する。造営時期の下限は八世紀中葉に下り、追葬は九世紀まで継続する。

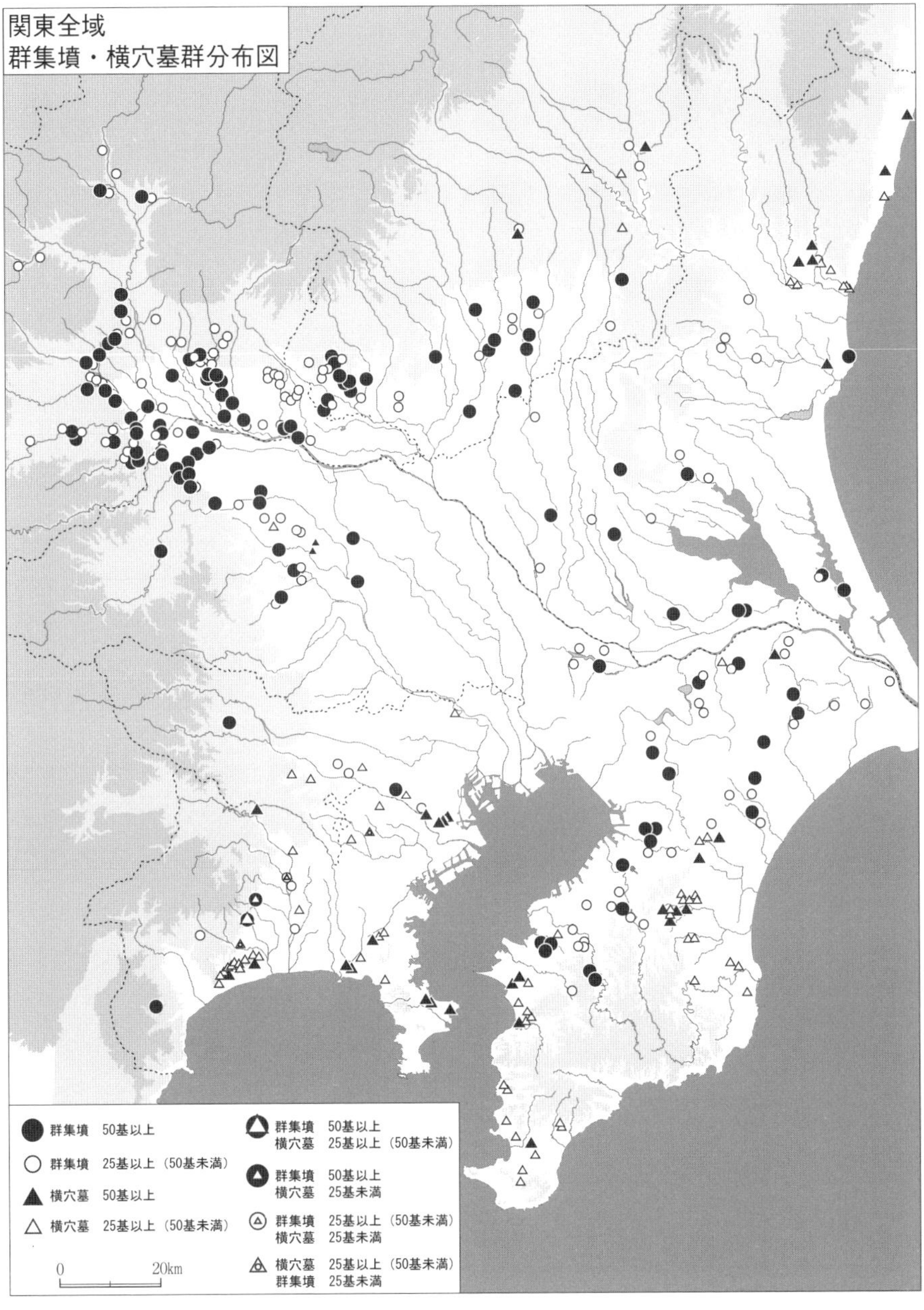
関東全域
群集墳・横穴墓群分布図
群集墳　50基以上
群集墳　25基以上（50基未満）
横穴墓　50基以上
横穴墓　25基以上（50基未満）
群集墳　50基以上
横穴墓　25基以上（50基未満）
群集墳　50基以上
横穴墓　25基未満
群集墳　25基以上（50基未満）
横穴墓　25基未満
横穴墓　25基以上（50基未満）
群集墳　25基未満
0
20km

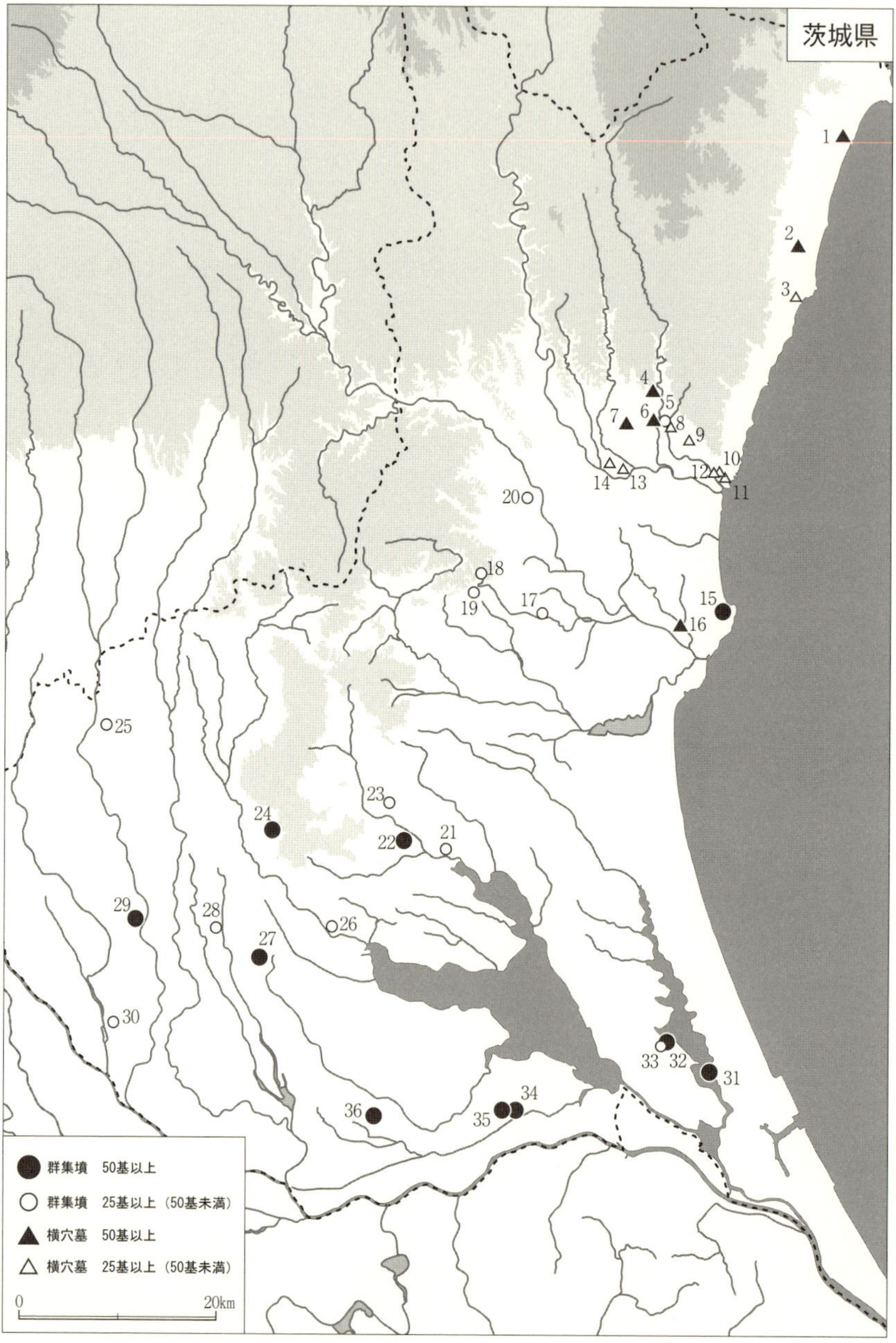


東国の群集墳・横穴墓群分布図　

| No | 古墳・横穴墓群名 | 基数 | 市町村 |
|---|---|---|---|
| 1 | 尾形山横穴群 | 78 | 北茨城市 |
| 2 | 加幸沢 A 横穴墓群 | 51 | 日立市 |
| 3 | 十王前（かんぶり穴）横穴墓群 | 29 | 日立市 |
| 4 | 身隠山横穴墓群 | 36 | 常総太田市 |
| 5 | 幡古墳群 | 28 | 常総太田市 |
| 6 | 幡横穴墓群 | 196 | 常総太田市 |
| 7 | 山吹山横穴墓群ほか | 134 | 常総太田市 |
| 8 | 高貫横穴墓群（東西合計） | 37 | 常総太田市 |
| 9 | 釜田横穴墓群 | 27 | 常総太田市 |
| 10 | 赤羽横穴墓群 | 42 | 日立市 |
| 11 | 千福寺下横穴墓群 | 41 | 日立市 |
| 12 | 南高野横穴墓群 | 29 | 日立市 |
| 13 | 島横穴墓群 | 66 | 常総太田市 |
| 14 | ばくち穴横穴墓群 | 31 | 常総太田市 |
| 15 | 磯崎東古墳群 | 54＋ | かすみがうら市 |
| 16 | 十五郎穴横穴墓群 | 271 | ひたちなか市 |
| 17 | 赤塚古墳群 | 34 | 水戸市 |
| 18 | 田島古墳群（内原古墳群） | 43 | 水戸市 |
| 19 | 杉崎古墳群（内原古墳群） | 35 | 水戸市 |
| 20 | 上青山古墳群 | 38 | 城里町 |
| 21 | 舟塚山古墳群 | 41 | 石岡市 |
| 22 | 染谷古墳群 | 41 | 石岡市 |
| 23 | 大塚古墳群 | 113 | かすみがうら市 |
| 24 | 北条中台古墳群 | 72 | つくば市 |
| 25 | 女方古墳群 | 49 | 筑西市 |
| 26 | 山川古墳群 | 32 | 土浦市 |
| 27 | 下横場古墳群 | 57 | つくば市 |
| 28 | 島名関ノ台古墳群 | 29 | つくば市 |
| 29 | 神子女古墳群 | 71 | 常総市 |
| 30 | 篠山古墳群 | 31 | 常総市 |
| 31 | 宮中野古墳群 | 124 | 鹿嶋市 |
| 32 | 大生東古墳群 | 63 | 潮来市 |
| 33 | 大生西古墳群 | 37 | 潮来市 |
| 34 | 福田古墳群 | 80 | 稲敷市 |
| 35 | 東大沼古墳群 | 34 | 稲敷市 |
| 36 | 長峰古墳群 | 36 | 龍ケ崎市 |

＋は、以上を示す。

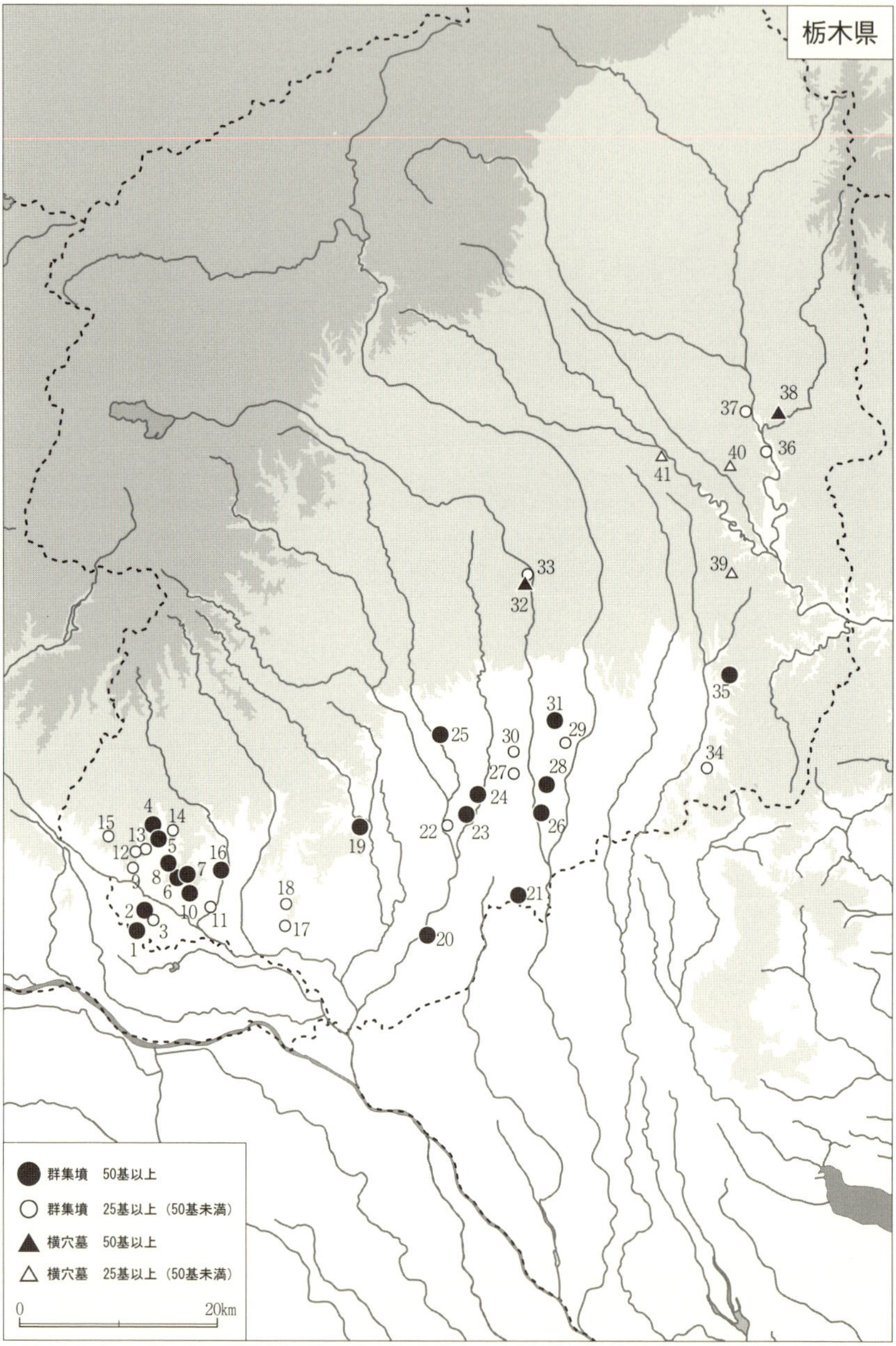

栃木県
1
2
3
4
5
6
7
8
9
10
11
12
13
14
15
16
17
18
19
20
21
22
23
24
25
26
27
28
29
30
31
32
33
34
35
36
37
38
39
40
41
群集墳　50基以上
群集墳　25基以上（50基未満）
横穴墓　50基以上
横穴墓　25基以上（50基未満）
0
20km

| No | 古墳・横穴墓群名 | 基数 | 市町村 |
|---|---|---|---|
| 1 | 矢場川古墳群 | 90+ | 足利市、太田市（群馬県） |
| 2 | 八幡山古墳群 | 71 | 足利市 |
| 3 | 明神山古墳群 | 33 | 足利市 |
| 4 | 田島古墳群 | 100 | 足利市 |
| 5 | 菅田古墳群 | 50 | 足利市 |
| 6 | 西根古墳群 | 120 | 足利市 |
| 7 | 南耕地古墳群 | 69 | 足利市 |
| 8 | 磯入古墳群 | 87 | 足利市 |
| 9 | 機神山古墳群 | 26 | 足利市 |
| 10 | 多田木山古墳群 | 54 | 足利市 |
| 11 | 岡崎山古墳群 | 33 | 足利市 |
| 12 | 本城一丁目古墳群 | 36 | 足利市 |
| 13 | 江川古墳群 | 25 | 足利市 |
| 14 | 丸木古墳群 | 27 | 足利市 |
| 15 | 金丸古墳群 | 39 | 足利市 |
| 16 | 四十八塚古墳群、中山古墳群、蓮沼古墳群、東山古墳群、五箇古墳群、小峯山古墳群＊ | 89 | 佐野市 |
| 17 | 松山遺跡 | 20 | 佐野市 |
| 18 | 黒袴台古墳群 | 44 | 佐野市 |
| 19 | 岩出古墳群ほか18古墳群＊ | 145 | 栃木市 |
| 20 | 千駄塚古墳群、牧ノ内古墳群、八幡古墳群＊ | 120+ | 小山市 |
| 21 | 松木合古墳群、寺野東遺跡、西高椅古墳群、梁古墳群、絹古墳群＊ | 120 | 結城市（茨城県）、小山市 |
| 22 | 飯塚古墳群 | 45 | 小山市 |
| 23 | 国分古墳群 | 58 | 下野市 |
| 24 | 藤井古墳群 | 106 | 壬生町、下野市、栃木市 |
| 25 | 羽生田古墳群 | 70+ | 壬生町 |
| 26 | 三王山古墳群 | 80 | 下野市 |
| 27 | 大山古墳群 | 42 | 上三川町 |
| 28 | 常光坊・坂上古墳群 | 72 | 上三川町 |
| 29 | 上郷古墳群 | 27 | 上三川町 |
| 30 | 神主古墳群 | 46 | 上三川町 |
| 31 | 東谷・原古墳群、磯岡北古墳群、中島笹塚古墳群、琴平塚古墳群、西赤堀古墳群、西刑部古屋原古墳群＊ | 73 | 宇都宮市、上三川町 |
| 32 | 長岡百穴 | 51 | 宇都宮市 |
| 33 | 瓦塚古墳群 | 42 | 宇都宮市 |
| 34 | 荒町古墳群 | 30 | 益子町 |
| 35 | 日向古墳群、西坪古墳群、小宅古墳群、向北原古墳群＊ | 61 | 益子町 |
| 36 | 大桶古墳群 | 40 | 那須烏山市 |
| 37 | 吉田荒宿古墳群 | 23 | 那珂川町 |
| 38 | 北向田・和見横穴墓群 | 93 | 那珂川町 |
| 39 | 長峰横穴墓群 | 25 | 市貝町 |
| 40 | 小志鳥横穴墓群 | 32 | 那須烏山市 |
| 41 | 葛城横穴墓群 | 35 | さくら市 |

＊は、複数の古墳群を1群とみなして基数を合計している。＋は、以上を示す。

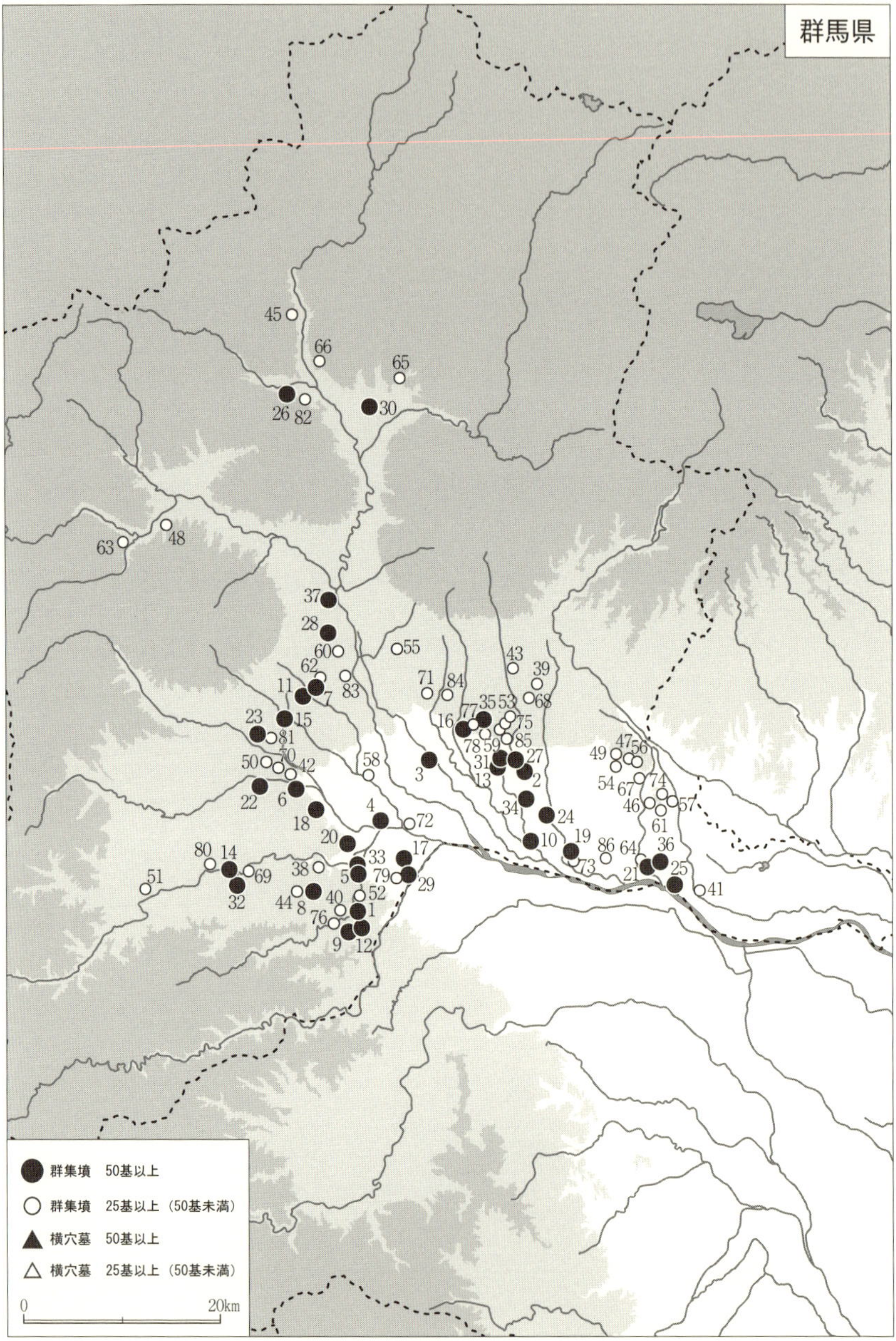
群馬県
群集墳　50基以上
群集墳　25基以上（50基未満）
横穴墓　50基以上
横穴墓　25基以上（50基未満）
0
20km

| No | 名称 | 古墳数 | 所在地（旧町村名） |
|---|---|---|---|
| 1 | 東平井古墳群 | 336 | 藤岡市 |
| 2 | 権現山古墳群 | 202 | 伊勢崎市 |
| 3 | 広瀬古墳群 | 163 | 前橋市 |
| 4 | 倉賀野東古墳群 | 160 | 高崎市 |
| 5 | 白石古墳群 | 157 | 藤岡市 |
| 6 | 乗附古墳群 | 141 | 高崎市 |
| 7 | 榛東新井古墳群 | 140 | 榛東村 |
| 8 | 神保古墳群 | 134 | 高崎市（吉井町） |
| 9 | 三本木古墳群 | 104 | 藤岡市 |
| 10 | 上武士（天神山）古墳群 | 101 | 伊勢崎市（境町） |
| 11 | 金古古墳群 | 99 | 高崎市（群馬町） |
| 12 | 神田古墳群 | 94 | 藤岡市 |
| 13 | 蟹沼東古墳群 | 93 | 伊勢崎市 |
| 14 | 芝宮古墳群 | 89 | 富岡市 |
| 15 | 和田山古墳群 | 77 | 高崎市（箕郷町） |
| 16 | 荒砥天神古墳群 | 76 | 前橋市 |
| 17 | 下戸塚古墳群 | 74 | 藤岡市 |
| 18 | 石原古墳群 | 74 | 高崎市 |
| 19 | 世良田諏訪下古墳群 | 73 | 太田市（尾島町） |
| 20 | 山名古墳群 | 73 | 高崎市 |
| 21 | 高林古墳群 | 73 | 太田市 |
| 22 | 岩井古墳群 | 71 | 安中市 |
| 23 | 奥原古墳群 | 65 | 高崎市（榛名町） |
| 24 | 下谷古墳群 | 64 | 伊勢崎市（東村） |
| 25 | 古海松塚古墳群 | 63 | 大泉町 |
| 26 | 塚原古墳群 | 61 | みなかみ町（月夜野町） |
| 27 | 本関町古墳群 | 61 | 伊勢崎市 |
| 28 | 小倉古墳群 | 60 | 吉岡町 |
| 29 | 小林古墳群（堀の内遺跡群） | 60 | 藤岡市 |
| 30 | 奈良古墳群 | 57 | 沼田市 |
| 31 | 地蔵山古墳群 | 55 | 伊勢崎市（赤堀町） |
| 32 | 善慶寺古墳群 | 54 | 甘楽町 |
| 33 | 上落合古墳群 | 54 | 藤岡市 |
| 34 | 下植木古墳群 | 52 | 伊勢崎市 |
| 35 | 石山古墳群 | 52 | 伊勢崎市（赤堀町） |
| 36 | 東矢島古墳群 | 51 | 太田市 |
| 37 | 空沢古墳群 | 50 | 渋川市 |
| 38 | 池塚原古墳群 | 46 | 高崎市（吉井町） |
| 39 | 広間地西古墳群 | 46 | 桐生市（新里村） |
| 40 | 西平井古墳群 | 46 | 藤岡市 |
| 41 | 石打古墳群 | 45 | 邑楽町 |
| 42 | 八幡古墳群 | 45 | 高崎市 |
| 43 | 月田古墳群 | 44 | 前橋市（粕川村） |
| 44 | 長根古墳群 | 44 | 高崎市（吉井町） |
| 45 | 師古墳群 | 43 | みなかみ町（月夜野町） |
| 46 | 長久手古墳群 | 43 | 太田市 |
| 47 | 北金井御嶽山古墳群 | 41 | 太田市 |
| 48 | 原町川戸古墳群 | 41 | 東吾妻町（吾妻町） |
| 49 | 藪塚湯ノ入古墳群 | 41 | 太田市（藪塚本町） |
| 50 | 下里見古墳群 | 41 | 高崎市（榛名町） |
| 51 | 南蛇井古墳群 | 41 | 富岡市 |
| 52 | 鮎川古墳群 | 40 | 藤岡市 |
| 53 | 轟山古墳群 | 39 | 伊勢崎市（赤堀町） |
| 54 | 藪塚西野原古墳群 | 39 | 太田市（藪塚本町） |
| 55 | 時沢徳沢古墳群 | 38 | 前橋市（富士見村） |
| 56 | 大鷲古墳群 | 38 | 太田市 |
| 57 | 焼山古墳群 | 38 | 太田市 |
| 58 | 高崎情報団地古墳群 | 38 | 高崎市 |
| 59 | 田向井古墳群 | 37 | 伊勢崎市（赤堀町） |
| 60 | 溝祭古墳群 | 36 | 吉岡町 |
| 61 | 寺入熊野古墳群 | 36 | 太田市 |
| 62 | 南下古墳群 | 35 | 吉岡町 |
| 63 | 四戸古墳群 | 34 | 東吾妻町（吾妻町） |
| 64 | 富沢古墳群 | 34 | 太田市 |
| 65 | 川場生品古墳群 | 33 | 川場村 |
| 66 | 後閑古墳群 | 33 | みなかみ町（月夜野町） |
| 67 | 成塚古墳群 | 33 | 太田市 |
| 68 | 峯岸山古墳群 | 31 | 伊勢崎市（赤堀町） |
| 69 | 田篠古墳群 | 31 | 富岡市 |
| 70 | 長瀞西古墳群 | 30 | 高崎市 |
| 71 | 芳賀西部団地古墳群 | 29 | 前橋市 |
| 72 | 玉村古墳群 | 29 | 玉村町 |
| 73 | 世良田古墳群 | 29 | 太田市（尾島町） |
| 74 | 韮川寺入古墳群 | 29 | 太田市 |
| 75 | 多田山古墳群 | 28 | 伊勢崎市（赤堀町） |
| 76 | 下日野古墳群 | 28 | 藤岡市 |
| 77 | 阿久山古墳群 | 27 | 前橋市 |
| 78 | 片田山古墳群 | 26 | 伊勢崎市（赤堀町） |
| 79 | 本郷（別所）古墳群 | 26 | 藤岡市 |
| 80 | 七日市古墳群 | 26 | 富岡市 |
| 81 | 本郷的場古墳群 | 26 | 高崎市（榛名町） |
| 82 | 真庭古墳群 | 25 | みなかみ町（月夜野町） |
| 83 | 大久保古墳群 | 25 | 吉岡町 |
| 84 | 檜峯古墳群 | 25 | 前橋市 |
| 85 | 洞山古墳群 | 25 | 伊勢崎市（赤堀町） |
| 86 | 宝泉下田島古墳群 | 25 | 太田市 |

甘粕　健編 1982『東日本における群集墳の総合的研究』新潟大学人文学部を基本に一部加筆して作成。

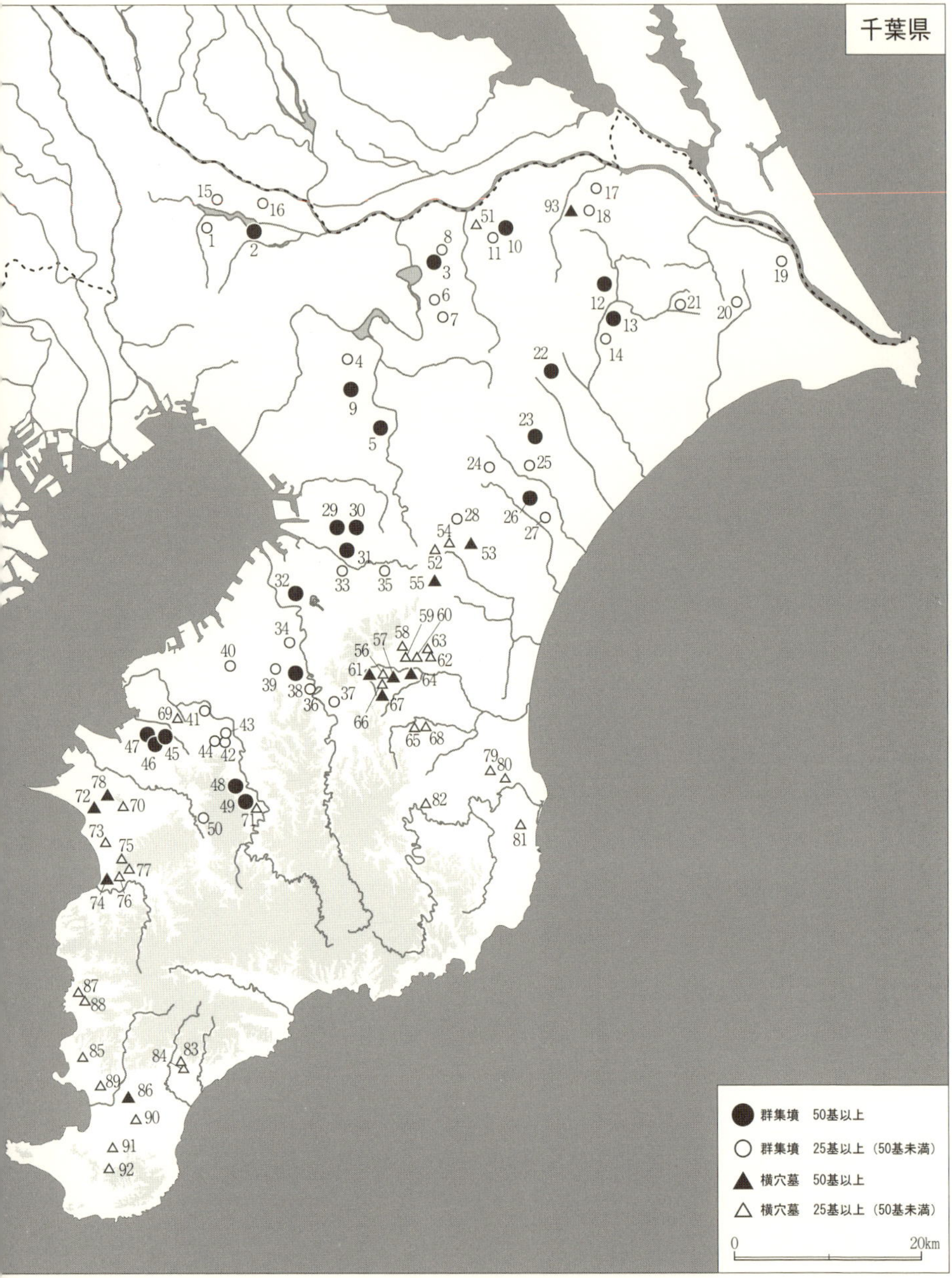


＊は、複数の横穴墓群を１群とみなして基数を合計している（表・図は田中裕作成）。

千葉県教育委員会　1991『千葉県所在古墳詳細遺跡分布調査報告書』、千葉県教育委員会　2003『千葉県所在洞穴遺跡・横穴墓詳細分布調査報告書』、千葉県　2003『千葉県の歴史』資料編考古２（弥生時代・古墳時代）より作成。

| No | 名称 | 基数 | 市町村 |
|---|---|---|---|
| 1 | 船戸古墳群 | 28 | 柏市 |
| 2 | 片山古墳群 | 85 | 柏市 |
| 3 | 龍角寺古墳群 | 113 | 栄町・成田市 |
| 4 | 飯郷作古墳群 | 27 | 佐倉市 |
| 5 | 岩富古墳群 | 161 | 佐倉市 |
| 6 | 天王船塚古墳群 | 39 | 成田市 |
| 7 | 瓢塚古墳群 | 43 | 成田市 |
| 8 | 南羽鳥古墳群 | 34 | 成田市 |
| 9 | 物井古墳群 | 63 | 四街道市 |
| 10 | 猫作栗山古墳群 | 56 | 成田市 |
| 11 | 西大須賀コモ田・四谷古墳群＊ | 26 | 成田市 |
| 12 | 五十塚古墳群 | 72 | 多古町・香取市 |
| 13 | 坂並白貝古墳群 | 53 | 多古町 |
| 14 | 淀台古墳群 | 33 | 多古町 |
| 15 | 子の神・並塚・高野山古墳群＊ | 29 | 我孫子市 |
| 16 | 中峠（南・北・上）古墳群 | 30 | 我孫子市 |
| 17 | 大戸白幡古墳群 | 25 | 香取市 |
| 18 | 片野古墳群 | 41 | 香取市 |
| 19 | 橘古墳群 | 30 | 東庄町 |
| 20 | 岩井安町古墳群 | 25 | 旭市 |
| 21 | 金原大堀古墳群 | 26 | 匝瑳市 |
| 22 | 山田・宝馬古墳群 | 324 | 芝山町 |
| 23 | 諸木内・胡摩手台古墳群（埴谷、根岸古墳群含む）＊ | 135 | 山武市 |
| 24 | 森台（Ⅰ・Ⅲ・Ⅳ）古墳群 | 39 | 山武市 |
| 25 | 板附古墳群 | 26 | 山武市 |
| 26 | 家之子古墳群 | 76 | 東金市 |
| 27 | 道庭古墳群 | 35 | 東金市 |
| 28 | 油井古塚原古墳群 | 45 | 東金市 |
| 29 | 椎名崎古墳群 | 66 | 千葉市 |
| 30 | 六通神社南古墳群 | 55 | 千葉市 |
| 31 | 草刈古墳群 | 180 | 市原市 |
| 32 | 諏訪台古墳群 | 170 | 市原市 |
| 33 | 潤井戸天王台古墳群 | 26 | 市原市 |
| 34 | 安須（上野山）古墳群 | 26 | 市原市 |
| 35 | 高田観音台古墳群 | 45 | 市原市 |
| 36 | 佐是古墳群 | 34 | 市原市 |
| 37 | 江子田古墳群 | 45 | 市原市 |
| 38 | 吉野古墳群 | 62 | 市原市 |
| 39 | 報恩寺古墳群 | 25 | 市原市 |
| 40 | 山王辺田古墳群 | 28 | 袖ケ浦市 |
| 41 | 椿古墳群 | 45 | 袖ケ浦市・木更津市 |
| 42 | 向神納里古墳群 | 46 | 袖ケ浦市 |
| 43 | 下根岸古墳群（堂谷古墳群含む）＊ | 32 | 袖ケ浦市 |
| 44 | 三ツ田台古墳群 | 28 | 袖ケ浦市 |
| 45 | 請西古墳群 | 137 | 木更津市 |
| 46 | 塚原古墳群 | 82 | 木更津市 |
| 47 | 高部古墳群 | 60 | 木更津市 |
| 48 | 戸崎城山古墳群 | 60 | 君津市 |
| 49 | 寺沢古墳群 | 60 | 君津市 |
| 50 | 金岡台・大野台古墳群 | 31 | 君津市 |
| 51 | 西大須賀横穴群 | 34 | 成田市 |

| No | 名称 | 基数 | 市町村 |
|---|---|---|---|
| 52 | 山口横穴群（千段穴、中谷、正大、谷津横穴群）＊ | 29 | 東金市 |
| 53 | 東金・田間横穴群（玉崎神社裏、上行寺裏、新宿、岩崎横穴群）＊ | 76 | 東金市 |
| 54 | 餅木横穴群 | 26 | 大網白里市 |
| 55 | 瑞穂・堀込横穴群＊ | 50 | 大網白里市 |
| 56 | 鴇谷東部Ⅰ横穴群 | 33 | 長柄町 |
| 57 | 鴇谷東部Ⅱ横穴群 | 56 | 長柄町 |
| 58 | 千代丸・力丸横穴群 | 39 | 長柄町 |
| 59 | 長柄・徳増横穴群＊ | 36 | 長柄町 |
| 60 | 榎本・垣ヶ谷横穴群 | 25 | 長柄町 |
| 61 | 立鳥・汲井谷横穴群 | 64 | 長柄町 |
| 62 | 長谷・山崎横穴群（山崎1号～9号）※ | 34 | 茂原市 |
| 63 | 山崎横穴群（山崎11号～47号） | 37 | 茂原市 |
| 64 | 米満横穴群（Ⅱ、Ⅲ、Ⅳ・Ⅴの一部） | 140 | 長南町 |
| 65 | 小沢横穴群 | 47 | 長南町 |
| 66 | 棚毛北部（桜木下、殿ヶ谷、長照寺裏、西貝田、ホトイド、集会所裏、垣添、馬場谷、和合谷支群）横穴群＊ | 44 | 長南町 |
| 67 | 棚毛南部（木樵谷支群、添作谷支群、七つやぐら支群）・又富横穴群＊ | 53 | 長南町 |
| 68 | 地引横穴群 | 35 | 長南町 |
| 69 | 中尾横穴群（東本谷、西本谷、西入、石神、金屋敷、柊谷、高畑横穴群）＊ | 46 | 木更津市 |
| 70 | 小山野横穴群 | 26 | 君津市 |
| 71 | 日陰山横穴群 | 30 | 君津市 |
| 72 | 内田横穴群 | 73 | 富津市 |
| 73 | 古船横穴群 | 37 | 富津市 |
| 74 | 大満横穴群 | 66 | 富津市 |
| 75 | 砂坂・西山横穴群＊ | 48 | 富津市 |
| 76 | 高山横穴群 | 40 | 富津市 |
| 77 | 牛鳴瀬・稚児ヶ墓横穴群瀬横穴群＊ | 25 | 富津市 |
| 78 | 北根谷横穴群（障子ヶ谷、表横穴群含む） | 60 | 富津市 |
| 79 | 小高・神置甌穴群（小高、京後、三軒町、宮ノ下、宮ノ下Ⅰ・Ⅱ・Ⅲ、宮ノ脇、観音岳Ⅰ・Ⅱ・Ⅲ、谷Ⅰ・Ⅱ横穴横穴群）＊ | 38 | いすみ市 |
| 80 | 栗木谷・龍前横穴群（栗木谷東・西・Ⅱ横穴群を含む）＊ | 29 | いすみ市 |
| 81 | 東前横穴群 | 31 | いすみ市 |
| 82 | 愛宕山横穴群 | 35 | 大多喜町 |
| 83 | 下粟野第1・第2・第3横穴群 | 48 | 南房総市 |
| 84 | オオニワヤグラ・大庭横穴群＊ | 30 | 南房総市 |
| 85 | 富岡横穴墓群（谷西・東・南、磯津畑北・南、四反田、和田横穴群）＊ | 26 | 南房総市 |
| 86 | 池ノ内・在戸横穴群＊ | 64 | 南房総市 |
| 87 | 大黒山横穴群 | 25 | 鋸南町 |
| 88 | 大乗院横穴群（板井ヶ谷東・南、堤ヶ谷北・南横穴群含む）＊ | 32 | 鋸南町 |
| 89 | 菅ノ入A横穴群 | 28 | 館山市 |
| 90 | 角田横穴群 | 29 | 館山市 |
| 91 | 東山横穴群 | 38 | 館山市 |
| 92 | 熊野横穴群 | 37 | 館山市 |
| 93 | 関峯崎横穴群 | 100? | 香取市・成田 |

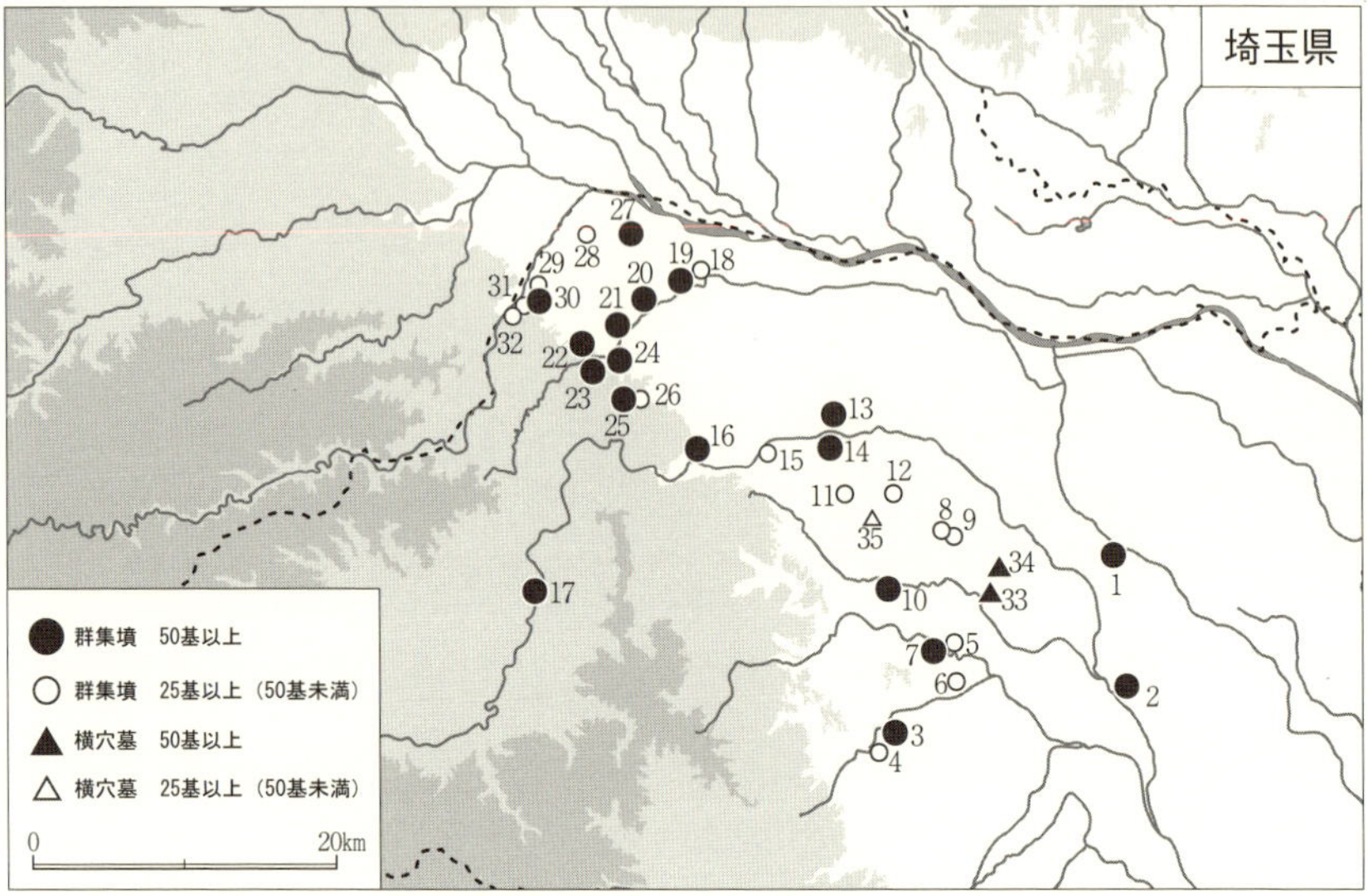


| No | 名称 | 基数 | 所在地 |
|---|---|---|---|
| 1 | 生出塚・新屋敷古墳群 | 95 | 鴻巣市 |
| 2 | 川田谷古墳群 | 52 | 桶川市 |
| 3 | 大類・塚原古墳群 | 56 | 坂戸市、毛呂山町 |
| 4 | 川角古墳群 | 38 | 毛呂山町 |
| 5 | 高坂古墳群 | 36 | 東松山市 |
| 6 | 毛塚古墳群 | 26 | 東松山市 |
| 7 | 諏訪山古墳群 | 52 | 東松山市 |
| 8 | 三千塚古墳群第Ⅲ支群 | 33 | 東松山市 |
| 9 | 三千塚古墳群第Ⅳ支群 | 28 | 東松山市 |
| 10 | 月輪古墳群 | 106+ | 滑川町、嵐山町 |
| 11 | 古里古墳群・駒込支群 | 26 | 嵐山町 |
| 12 | 野原古墳群 | 31 | 熊谷市 |
| 13 | 三ヶ尻古墳群 | 78 | 熊谷市 |
| 14 | 鹿島古墳群 | 100+ | 深谷市 |
| 15 | 箱崎古墳群 | 32 | 深谷市 |
| 16 | 小前田古墳群 | 100+ | 深谷市 |
| 17 | 飯塚・招木古墳群 | 125 | 秩父市 |
| 18 | 東五十子古墳群 | 31 | 本庄市 |

+は、以上を示す。

| No | 名称 | 基数 | 所在地 |
|---|---|---|---|
| 19 | 西五十子古墳群 | 63 | 本庄市 |
| 20 | 塚本山古墳群 | 178 | 本庄市、美里町 |
| 21 | 生野山古墳群 | 87 | 本庄市、美里町 |
| 22 | 長沖古墳群 | 211 | 本庄市 |
| 23 | 秋山古墳群 | 89 | 本庄市 |
| 24 | 後山王・広木大町古墳群 | 200+ | 美里町 |
| 25 | 白石古墳群 | 60 | 美里町 |
| 26 | 羽黒山古墳群 | 28 | 美里町 |
| 27 | 旭・小島古墳群 | 150+ | 本庄市、上里町 |
| 28 | 帯刀古墳群 | 34 | 上里町 |
| 29 | 青柳古墳群・元阿保支群 | 26 | 神川町 |
| 30 | 青柳古墳群・南塚原支群 | 75 | 神川町 |
| 31 | 青柳古墳群・城戸野支群 | 30 | 神川町 |
| 32 | 青柳古墳群・海老ヶ久保支群 | 44 | 神川町 |
| 33 | 吉見百穴横穴墓群 | 237 | 吉見町 |
| 34 | 黒岩横穴墓群 | 500+ | 吉見町 |
| 35 | 天神山横穴墓群 | 26 | 滑川町 |

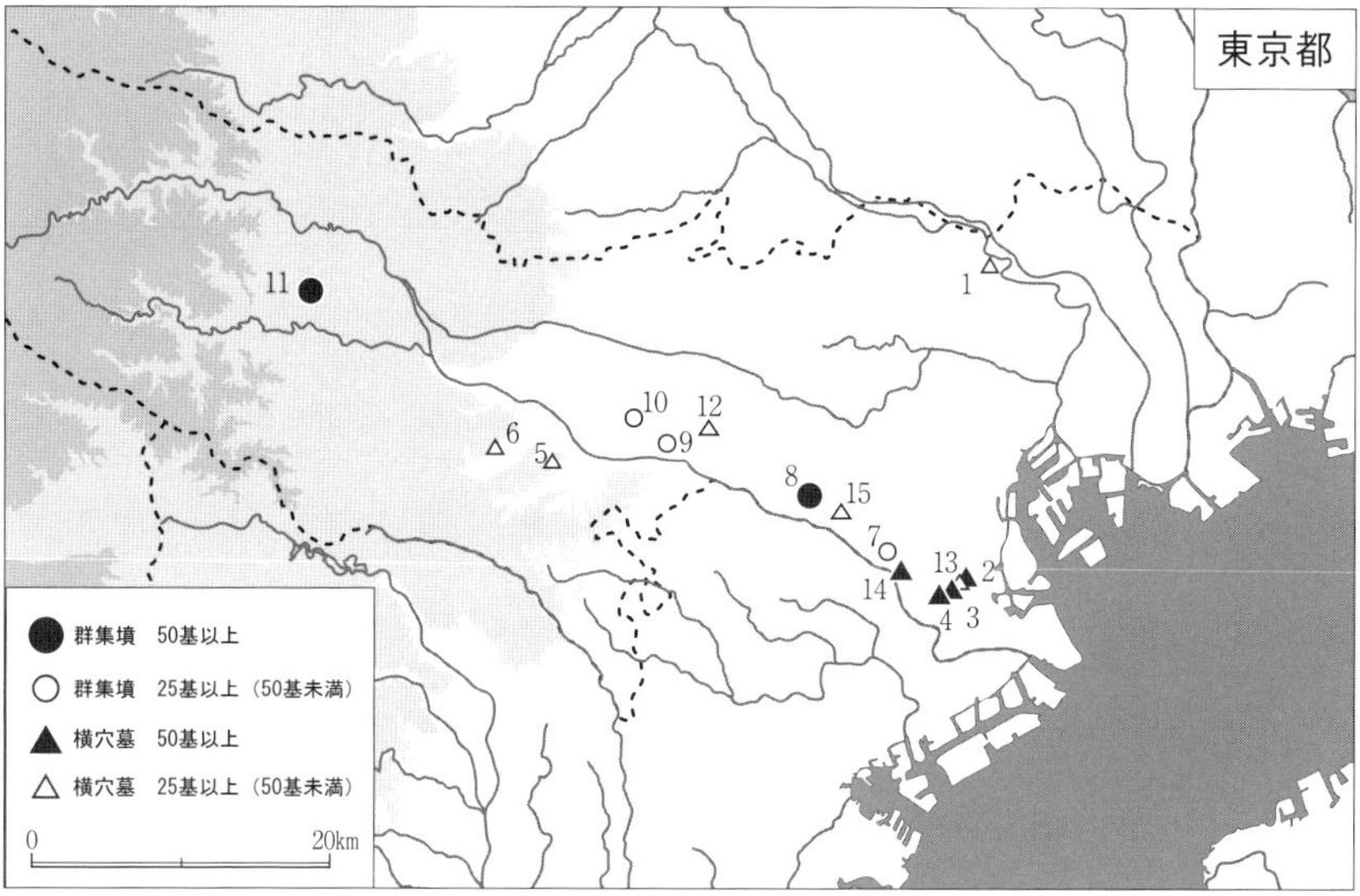


| No | 名称 | 基数 | 市町村 |
|---|---|---|---|
| 1 | 赤羽台横穴墓群 | 25+（推定） | 北区 |
| 2 | 山王・新井宿横穴墓群 | 44 | 大田区 |
| 3 | 久が原・根岸横穴墓群 | 74 | 大田区 |
| 4 | 塚越横穴墓群 | 37 | 大田区 |
| 5 | 中和田横穴墓群 | 25（推定） | 多摩市 |
| 6 | 梵天山・谷ノ上・神明上横穴墓群 | 50+ | 日野市 |
| 7 | 荏原台古墳群 | 50+ | 大田区 |
| 8 | 狛江古墳群 | 50+ | 狛江市 |
| 9 | 上布田・下布田古墳群 | 26 | 調布市 |
| 10 | 高倉古墳群 | 28 | 府中市 |
| 11 | 瀬戸岡古墳群 | 50+ | あきる野市 |
| 12 | 御塔坂横穴墓群 | 29 | 調布市・三鷹市 |
| 13 | 本門寺・桐ケ谷横穴墓群 | 26 | 大田区 |
| 14 | 上沼部・下沼部横穴墓群 | 50 | 大田区 |
| 15 | 西谷戸横穴墓群 | 33 | 世田谷区 |

+は、以上を示す。

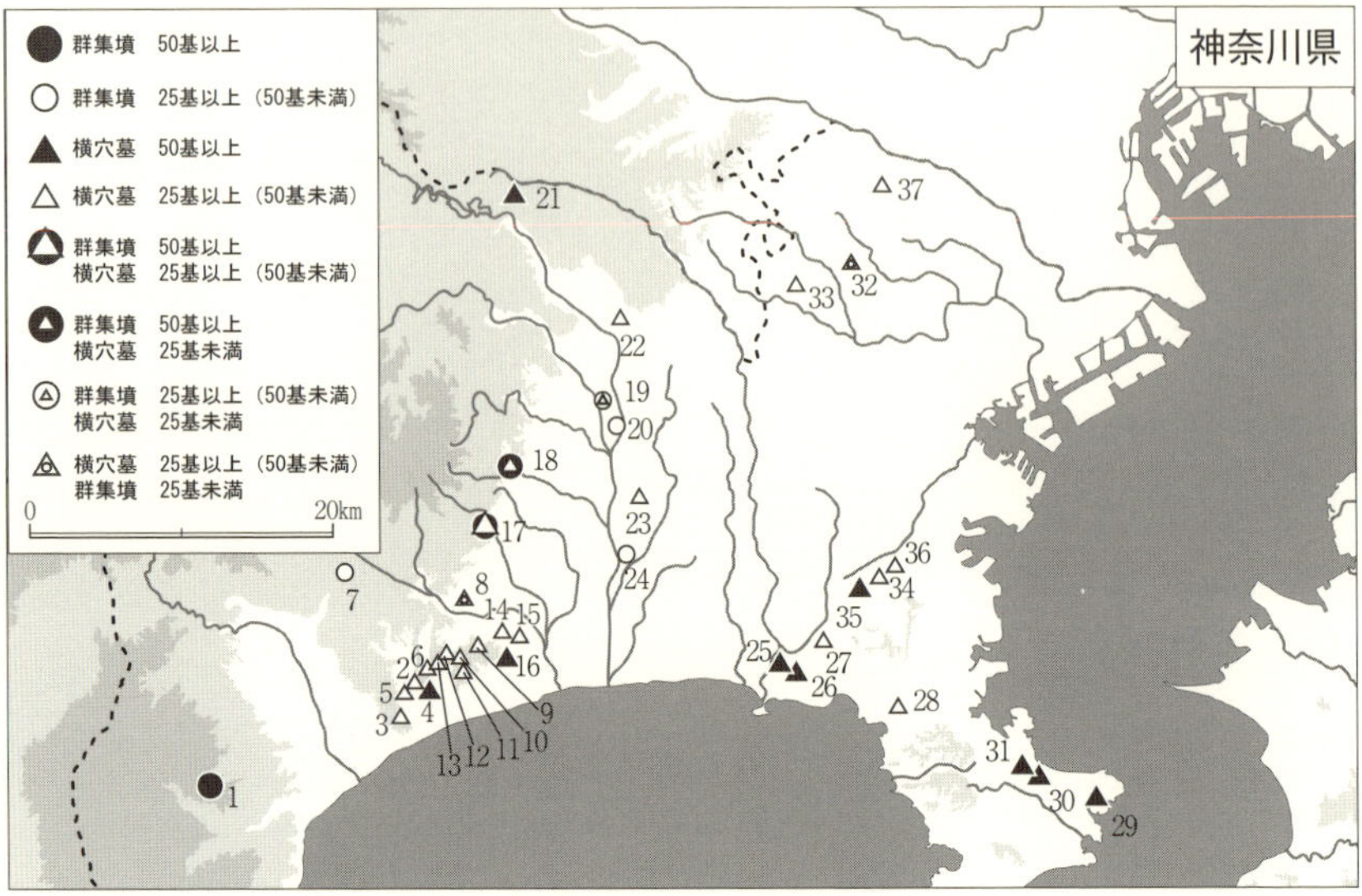


| No | 名称 | 古墳基数 | 横穴基数 | 市町村 |
|---|---|---|---|---|
| 1 | 久野古墳群 | 121 | | 小田原 |
| 2 | わき・とのくぼ横穴群 | | 43 | 小田原 |
| 3 | 羽根尾横穴墓群 | | 32 | 小田原 |
| 4 | 諏訪脇横穴群 | | 52 | 二宮町 |
| 5 | 谷戸入横穴墓群 | | 29 | 二宮町 |
| 6 | 大日ヶ窪横穴墓群 | | 33 | 二宮町 |
| 7 | 桜土手古墳群 | 39 | | 秦野市 |
| 8 | 薬師原古墳群 | 12 | 44 | 秦野市 |
| 9 | 楊谷寺谷戸横穴墓群 | | 27 | 大磯町 |
| 10 | 金久保横穴墓群 | | 27 | 大磯町 |
| 11 | 辻端横穴墓群 | | 27 | 大磯町 |
| 12 | たれこ谷戸横穴墓群 | | 43 | 大磯町 |
| 13 | 西奥沢横穴墓群 | | 34 | 大磯町 |
| 14 | 根坂間横穴墓群 | | 28 | 平塚市 |
| 15 | 高根横穴墓群 | | 26 | 平塚市 |
| 16 | 万田八重窪横穴墓群 | | 53 | 平塚市 |
| 17 | 三ノ宮古墳群 | 110 | 35 | 伊勢原市 |

| No | 名称 | 古墳基数 | 横穴基数 | 市町村 |
|---|---|---|---|---|
| 18 | 日向・七沢地区古墳群 | 50 | 3 | 伊勢原市 |
| 19 | 依知地区古墳群 | 43 | 7 | 厚木市 |
| 20 | 桜樹古墳群 | 25 | | 厚木市 |
| 21 | 春林横穴墓群 | | 100 | 相模原市 |
| 22 | 下溝横穴墓群 | | 31 | 相模原市 |
| 23 | 杉久保内藤原横穴墓群 | | 30 | 海老名市 |
| 24 | 宮山中里遺跡 | 46 | | 寒川町 |
| 25 | 川名横穴墓群 | | 134 | 藤沢市 |
| 26 | 森久保横穴墓群 | | 59 | 藤沢市 |
| 27 | 山崎横穴墓群 | | 40 | 鎌倉市 |
| 28 | 山野根横穴墓群 | | 31 | 逗子市 |
| 29 | 鳥ヶ崎横穴墓群 | | 60 | 横須賀市 |
| 30 | 田戸台横穴墓群 | | 50 | 横須賀市 |
| 31 | 高山横穴墓群 | | 60 | 横須賀市 |
| 32 | 赤田古墳群 | 3 | 42 | 横浜市 |
| 33 | 熊ヶ谷横穴墓群 | | 25 | 横浜市 |
| 34 | 中居丸山横穴墓群 | | 26 | 横浜市 |
| 35 | 七石山横穴墓群 | | 62 | 横浜市 |
| 36 | 宮ノ前横穴墓群 | | 25 | 横浜市 |
| 37 | 長者穴横穴墓群 | | 32 | 川崎市 |

# 第3章

# 群集墳の形成と構成

# 初期群集墳の形成過程と群構成

小森哲也

## はじめに

初期群集墳[1]の研究史上には、弥生時代に営まれた方形周溝墓群と初期群集墳被葬者の相関についての議論がある。その端緒は、五世紀の群集墳に弥生時代以来の集団墓地の延長線上に位置する墓が含まれている可能性の指摘（都出一九七〇）にあり、両者を明確に区別することは困難であり、本質を異にしないとする意見（石部一九八〇）が続く。他方には、群集墳は「ヤマト政権の構成員の身分秩序の具体的表現」であり、両者は本質を異にする（白石一九八一）との対論がある。この議論は初期群集墳とは何かという問いに向き合う時、不可避の課題と言える。突き詰めると古墳とは何か、という原点にまで遡及することになるからである[2]。本節では、①初期群集墳の形成過程、②群構成と前方後円墳を中心とする首長墳の動向との関係性について整理する。まずは、先行する前期の小方墳群の検討から始めたい。

## 一　前期小方墳群の評価

### （一）先行研究の整理

石部正志論の端緒[3]（石部一九七五）については、墳墓群集の事実と社会構造は同一レベルでは論じられないという意見（広瀬一九七八）、その後の石部の論（石部一九八〇）に対しては、前記した白石太一郎の批判や、政治的紐帯を示すのが群集墳であり、方形区画墓は、「ヤマト政権との関係性の及ばない集団（階層）の墓」とみなす意見（寺沢薫一九八六）がある。それらの対論を受けた石部は、改めて集団墓の存在形態には変化はなかった（石部一九九二）と主張した。

初期群集墳と弥生〜古墳時代前期の方形周溝墓（方墳）群を区別して理解しようとする研究者が大勢を占める中、画期をなすのは、小規模墳を統計的に処理した田中裕の業績である。田中によれば、前期段階では、方形周溝墓はDランク（一二メートル以下）が多いことから、小規模方墳は、弥生時代以来の方形周溝墓と質的に異ならない。しかし、中期前半になると円墳の増加とDランクの減少がみられ、小規模方墳が消滅、中期後半には円墳のみとなる画期を見出している。そこに弥生時代以来の社会構成が変化したことを強調し、石部説に異論を唱えた（田中二〇〇二・二〇〇三）。

一方、群集するという一点に注目するならば、方形周溝墓の段階から五世紀後半に成立する群集墳までの墓制を漸移的、段階的発展として捉え、両者の被葬者が同じ系譜上に連なっていた（小沢一九八八）と考えることも可能である。実際に千葉県域では、弥生時代から古墳時代終末期まで連綿として営まれる草刈遺跡、諏訪台遺跡、請西遺跡等の調査例を提示し、石部論を補強した。また、畿内でも、大阪市長原古墳群の調査成果をもとにして、「五世紀後半に顕在化する初期群集墳は、弥生時代からの民衆墓を母体としつつ、古墳を構成する諸要素の採用を通じて民衆自ら古墳造営を実践していく現象」（京嶋一九九七）とする理解もある。

ただ、現段階では初期群集墳被葬者の性格について議論が十分に尽くされたとは言えない状況にある。石部と白石の論は、石部の論が造営主体の社会構成上の等質性を主張している点において、議論が噛み合っていない（杉山・太田二〇〇五）、あるいは「古墳事象の把握」に大きな差はない（山田二〇〇五）との評価もある。しかし、両論の相違は、弥生から古墳時代前期における小規模墳が、墳丘規模・埋葬施設・副葬品・群在性において集団墓的な特徴をもつことに対して、初期群集墳に連続すると位置づけるか、古墳築造の背景に政治的関係を重視する論者のように、群集墳とはみなさない、とするかにある。畿内政権と地域首長間の関係を一次的政治関係とし、地域首長と地域の有力者との関係を二次的政治関係と解釈（広瀬一九八四）するのも後者の延長線上にある論と言える。

## （二）群れる方墳・寄り添う方墳―群構成の類型―

南東北・関東地方における弥生時代から『講座』編年（以下略）一〜六期の方形周溝墓・方墳の群構成を類型化した（図1）。七・八期の円墳のみの構成も加えた。具体例は紙枚の都合で割愛した。

A類は、弥生時代に方形周溝墓が営まれ始まるものである。A1類は古墳時代まで連続しない、A2類は古墳時代前期まで連続、A3類は古墳時代中期まで連続するものに細分される。B類は、古墳時代前期になって群の形成が開始するものである。B1類は単独、[4] B2類は群構成を示し、規模が等質なB2a類、大小のあるB2b類、中期まで連続するB3類に細分される。C類は前方後方墳の周囲に方墳が群在するもので、中期までは続かない。C1類は前方後方墳が一基、C2類は、複数という違いはあるがそれぞれの周囲に方墳が群在する。D類は、前方後円墳の周囲に群在するものでC類同様に中期に連続しない。D1類は周囲に前方後方墳と円墳が伴い、D2類は周囲に前方後方墳や方墳がみられるものである。E類は、円墳のみの構成で、方墳終焉後の七期に開始し、八期に盛行する初期群集墳である。

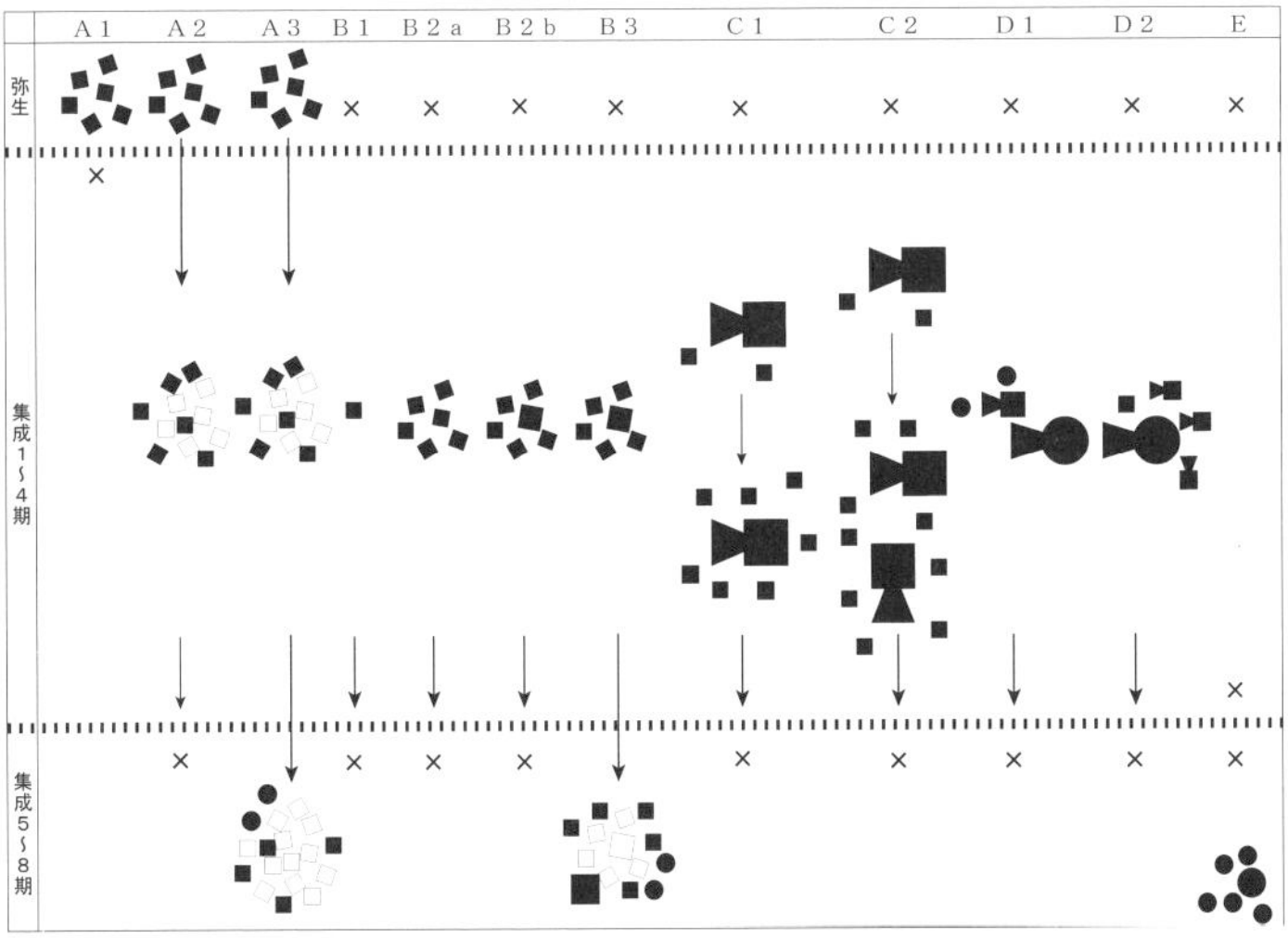


図1　南東北・関東地方における古墳時代の群れる方墳・寄り添う方墳

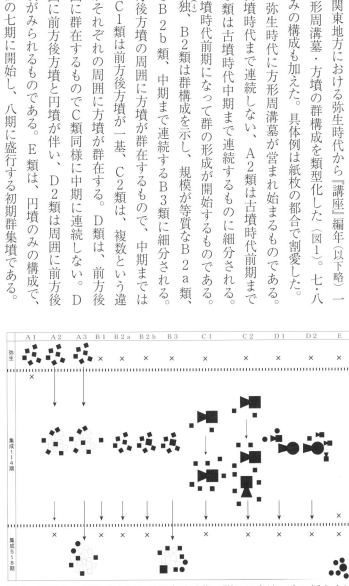

類型化してまず気付くのは、古墳時代前期を中心とする方墳群が非常に多様なあり方を示していることである。方墳群の形成過程の複雑さを物語っており、その性格を一律に断じることは難しい。ここでは方墳群を〈群れる方墳〉（A・B類）と前方後円墳あるいは前方後方墳に〈寄り添う方墳〉（C・D類）に二分して考えてみたい。A・B類については、A類が埼玉・千葉・東京・神奈川にみられ、B類は群馬・栃木・茨城・南東北に分布することから、地域性を示すものと判断される。問題となるのは、弥生時代および古墳時代前期から連続する方形周溝墓と初期群集墳の被葬者を同じ性格と位置づける論拠としてのA3類・B3類である。この課題については、E類とした初期群集墳の形成過程の検討を経てから後述したい。C・D類については、前方後円墳・前方後方墳と築造開始以降に形成される首長墳との密接な関係のもとに築造された方墳であり、その築造契機は、地域首長との政治的関係を示すものと位置づけられる。

## 二　初期群集墳の形成過程

### （一）東谷・中島遺跡群の概観

本遺跡群は、宇都宮市の南東部に位置し、東西一・五、南北二・五キロの範囲に一二遺跡が確認されている。古墳時代の集落と古墳の時期は、中期から後期を中心とする（図2）。居住域・墓域・首長居館を介在して互いに深く結びついた文字通り遺跡群として認識される状況を示している。

調査区の南西部には、笹塚古墳（前方後円墳、以下方円・一〇五メートル）、双子塚古墳（方円・七三メートル）、円墳の鶴舞塚古墳（五三メートル）、松の塚古墳（四八メートル）、車塚古墳（三五メートル）、権現塚古墳（三〇メートル）などからなる東谷古墳群がある。六～八期にかけて築造されたと判断されており、松の塚古墳の周湟底では、Ｈｒ－ＦＡ（五世紀末～六世紀初頭に降下した群馬県榛名二ツ岳起源の火山灰）が確認されている。

調査された古墳は、原古墳群（円・九基）、磯岡北古墳群（円・一〇基）、中島笹塚古墳群（方・二、円・一四基）、琴平塚古墳群（方円・三基、円・一一基）である。このうち琴平塚古墳群では、横穴式石室をもつ古墳もみられ、出土遺物から九期以降に営まれ、Ｈｒ－ＦＡ降下以降であることが判明している。他の四古墳群は七・八期を中心に営まれた横穴式石室採用以前の初期群集墳である。墳丘の規模は、径七〜二七メートルで、周湟埋土には、Ｈｒ－ＦＡが確認されている例が多い。

磯岡北古墳群と時期的に対応する集落は、低地の西側にあたる立野遺跡と判断される。中島笹塚古墳群も同様で、周囲に集落はなく、やはり谷向こうの立野遺跡が対応する。中島笹塚古墳群が終焉をむかえると、東方の琴平塚古墳群が墓域、そして中島笹塚遺跡自体が琴平塚古墳群に対応する集落となる。

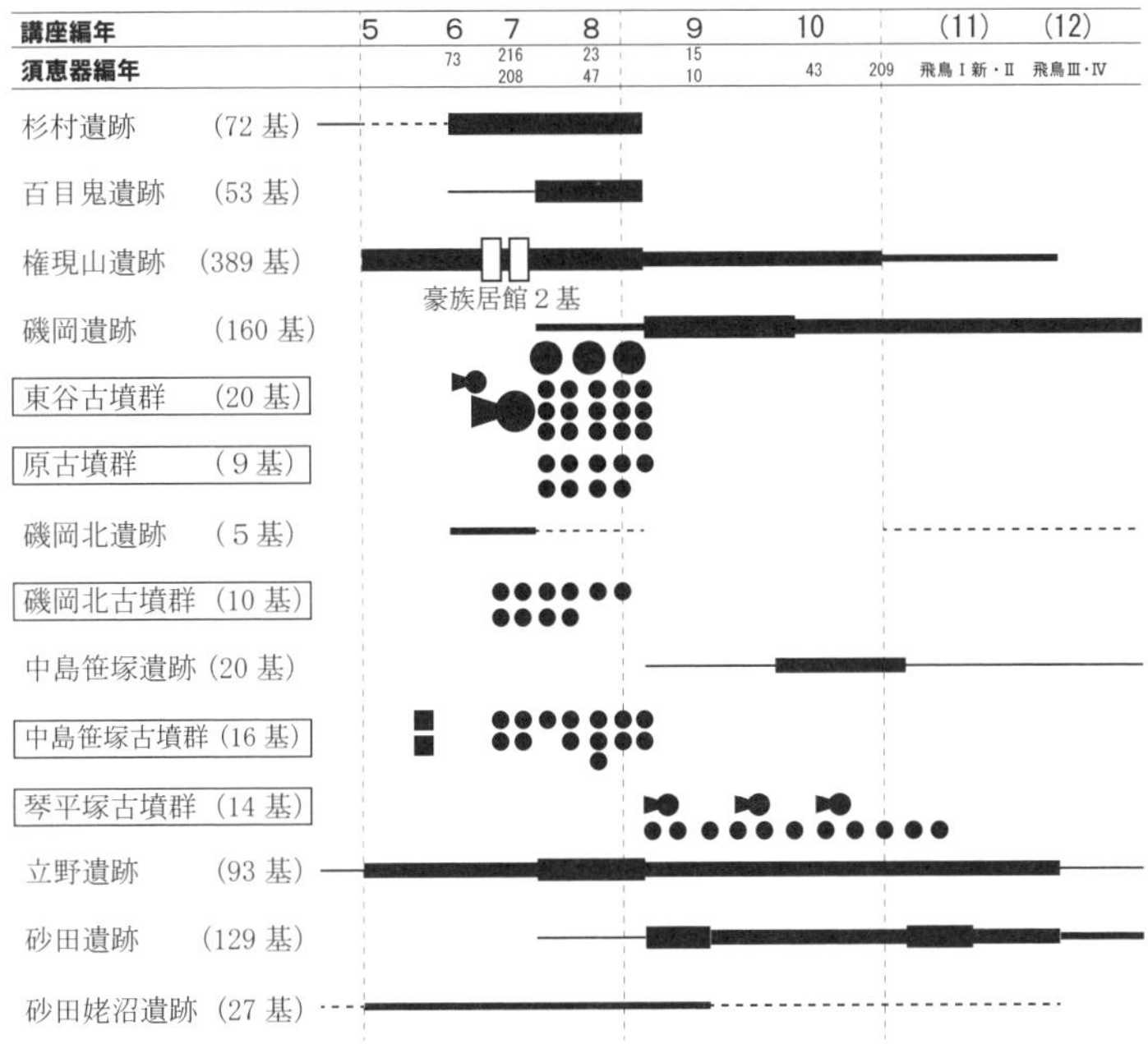


図２　宇都宮市東谷・中島遺跡群における中〜後期の集落と古墳の様相
（藤田・木村2010をもとに加筆、竪穴建物数は内山敏行氏のご教示による）

## （二）形成過程

中島笹塚古墳群および磯岡北古墳群の形成過程について、調査報告書を参考にしながら概観する。この二古墳群は、南北五六〇メートル、東西一〇〇メートルほどの範囲に営まれている。両者の間には、幅一〇〇メートルほどの空白地帯があり、北側の中島笹塚古墳群、南側の磯岡北古墳群に二分される（図３）。

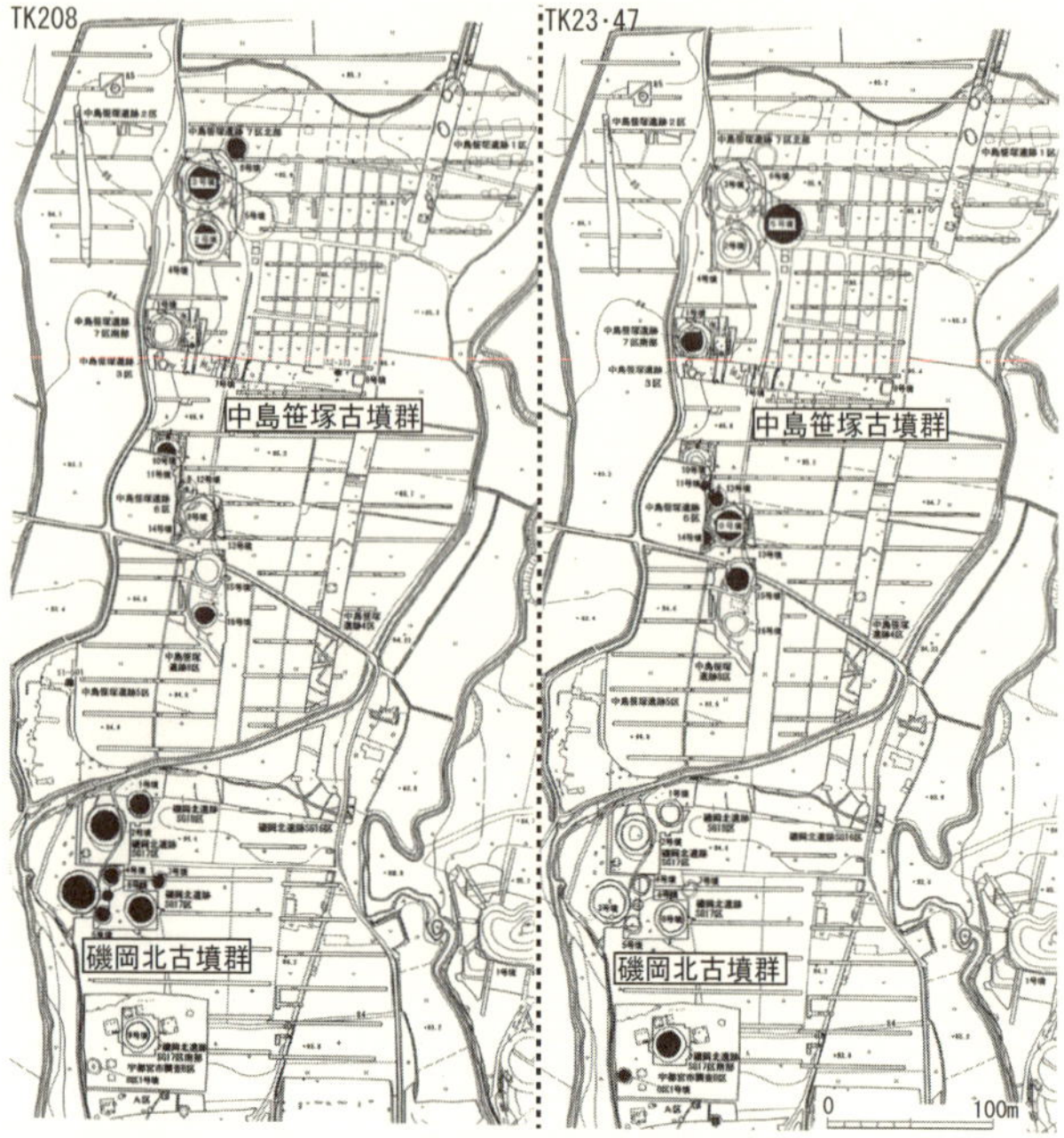


図３　磯岡北および中島笹塚古墳群の築造経過（内山 2008 から転載）

築造の端緒は、中島笹塚古墳群におけるＴＫ七三～二一六型式期の七号墳（方・一二・六メートル）、八号墳（方・七・一メートル）である。なお、宇都宮市周辺においては、円墳は、五期以降に広まる（今平二〇〇二）。

ＴＫ二〇八型式期には、磯岡北古墳群で八基（一～八号墳）、中島笹塚古墳群で五基（二・三・六・一〇・一六号墳）がそれぞれ築造される。ＴＫ二三・四七型式期には、磯岡北古墳群で二基（九号墳・Ｂ区一号墳）、中島笹塚古墳群では七基（一・五・九・一一・一二・一四・一五号墳）・ＦＡ降下前の二基が築造された。丹念な調査により、五、九、一一、一五号墳が中島笹塚古墳群で最後に築造された古墳であることが判明している。

調査成果からは、初期群集墳の形成過程を中心にして四点を指摘することができる。①古墳群の形成にあたっては、集落内に古墳を造ることはなく、低地を挟むなどして立地を変えるが、集落と墓域は互いに視認できる位置を保っている。②墓域が他所に移った後、とって替わるように群集墳造営地に隣接して集落が営まれる場合がある。③間に一〇〇メートルほどの空白地帯をもつ二つの初期群集墳（支群）の関係は、一方が終焉して他方に移るような変遷ではなく、空白地帯を保ちつつ、両者が同時併行的に営まれる。④結果としての群の形成は、ある中心（例えば大規模な古墳）があり、そこから周辺へというような一定の方向性をもって順次累積するのではなく、遺跡群全体の中に計画的に配置され、順次築造される。畿内の初期群集墳が、築造開始からすでに群ごとに一定の墓域を占地する特徴（寺沢一九八二）に近い様相が、東国においても看取される。これら四点が、一〇〇メートル規模の大型前方後円墳である笹塚古墳に地理的に近い初期群集墳の特徴であり、これが相対的先進性の結果と評価（橋本一九九九）ができるのか、それとも一般化できる様相なのかは、他地域における判断材料が十分に整っておらず、留保しておきたい。

注目されるのは、中島笹塚古墳群と磯岡北古墳群のそれぞれから青銅鏡や剣が出土していること、そして同じ群中にあっても副葬品の種類とその多寡に格差が認められることである。さらには、中島笹塚古墳群からは土坑墓一基、磯岡北古墳群からは、土坑墓五、竪穴式小石室一、円筒埴輪棺一が確認されている。小円墳よりも下位に位置づけられる埋葬施設と判断され、初期群集墳の中に地域首長を中心とした重層的な社会構成を復元することができる。六世紀代になると墓域が東方に移動し、琴平塚古墳群が営まれる。

俯瞰すれば、中島笹塚古墳群・磯岡北古墳群は、中期の大型前方後円墳である笹塚古墳から一・六キロの位置に営まれたこと、そして中期から後期（琴平塚古墳群）に連続する群集墳と位置づけることができる点に特色がある。

## （三）群構成および首長墳との関係

群構成の分析には、①首長墳の有無、②後期群集墳との連続性、③前期方墳群との関係、という三つの視点がある。①については、群の中に前方後円墳（帆立貝形を含む）を含む場合と円墳のみが築造される場合がある。群馬および埼玉北部においては、群中に帆立貝形古墳が伴う例が多いが、他地域ではあまり一般的ではない。

首長墳との関係については、大型前方後円墳の築造と関連させながら小規模円墳・方墳の動向を追究するとともに、変遷模式図を提示した先駆的な研究（小沢一九九八）を経て、山田俊輔の分類に至る（山田二〇〇一・二〇〇五）[5]。地域を越えた連動性をもとに初期群集墳の背景を解釈しようとする研究の方向性と、埴輪の階層秩序・土器による葬送儀礼の画期を視野に入れている点に独自性がある。また、地域政権およびその系譜を引く勢力との連関の強弱によって群集墳を大別する視点（進藤二〇〇一）は的確である。

五～七世紀における東国の主要古墳群の様相を一覧した（図4）。ＴＫ二三・四七型式期（八期）以降、首長墳の墓域が固定し、歴代の前方後円墳そして前方後円墳終焉後の終末期円墳・方墳が同一墓域に造営されることになる。この動態は、首長権継承のシステムが確立したことを如実に示すと位置づけられる。初期群集墳の造営時期の中心は八期にあたり、首長墓の動向と不即不離の関係にあるものと推測される。東国における集落変遷の画期（新開の集落の開始・カマドの一斉採用）でもあり、古墳時代を二分する大きな画期と評価される点で重要である。[6]

②については、初期群集墳のみの場合と後期群集墳に連続する場合がある。後者には、木更津市塚原古墳群、伊勢崎市峯岸山・地蔵山古墳群、宇都宮市東谷・中島遺跡群、小山市西高椅古墳群などの諸例がある。畿内においては、初期群集墳から後期群集墳が直接生み出されたのではなく、前者の衰退と後者の出現が表裏一体との評価（水野二〇〇二）がある。さらには、両者が一部併存すると理解する意見（和田二〇〇七）も独自性をもつ。東国を概観した時、八期から九期へ連続する群集墳が少ない反面、右記し

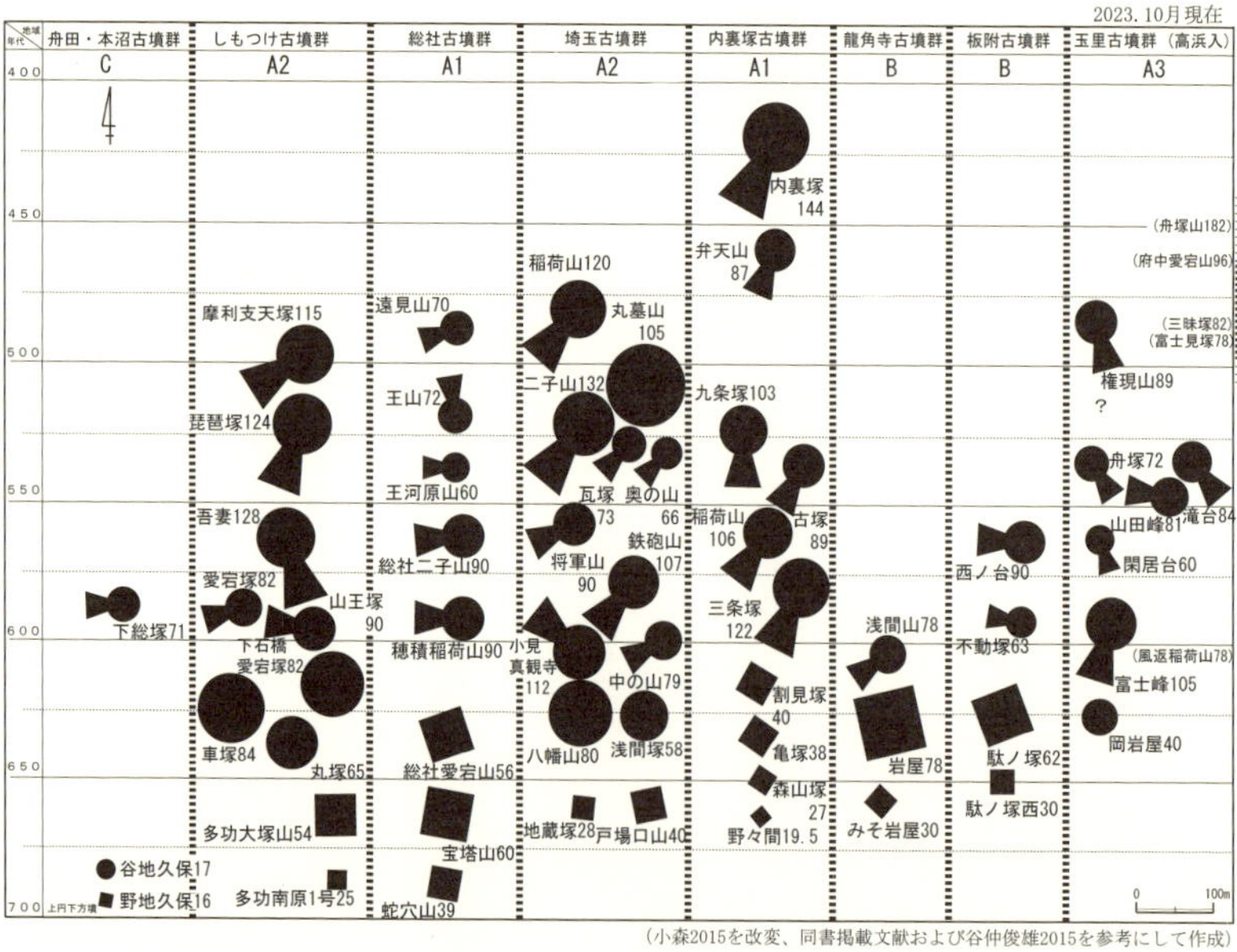


図4　5～7世紀における東国の主要古墳群の展開

た継続型も確実に存在している。各地域の首長連合との関係の中で、墓域の継続と創設があったものと理解される。

③については、方墳から円墳への墳形転換の問題がある。円墳が増加する時期は、群馬で概ね七〜八期（長井二〇〇五）、栃木も七〜八期（秋元・齋藤二〇〇一）、千葉は五世紀後半（小沢二〇〇五）、埼玉は七期（江原・大谷二〇〇五）とほぼ一律であることが判明している。してみると、方墳群の類型化（図1）によるA3類・B3類については、弥生時代・古墳時代前期から性格を変えずに伝統的な墓制によって群構成が進んだのではなく、五世紀後半段階に画期をもって一斉に墳形転換したものと判断される。円形原理化は、古墳を一元管理しようとする王権の意志の表れ（和田二〇〇七）との考えは、的を射る。ただし、初期群集墳出現後もわずかに方墳が残る（中村二〇〇五）との指摘は、地域により微妙な偏差があることを示している。[7] 古墳築造契機を政治的諸関係からみるならば、墳墓形態の類似に惑わされることなく、伝統的な方形墳墓群や方墳群と一線を画して初期群集墳を位置づける必要があるだろう。[8] 七世紀における再びの方墳化も視野に入れて評価したい。

最後に、初期群集墳を構成する古墳の階層性についても触れておきたい。この課題については、墳丘規模、墳丘形態、埋葬施設、埴輪の有無の検討から、明確な序列があることを喝破した先駆的研究（右島一九九三）にほぼ語り尽くされた感がある。その後、埴輪の階層性を中心に地域内と東国全体におよぶような共通性について言及する研究の深化がみられる（山田二〇〇一・二〇〇五、若狭二〇一〇）。群内には墳丘をもたない竪穴系埋葬施設、周湟内埋葬、埴輪棺などの多様な埋葬施設がみられ、地域内における二次的、三次的な関係を示すと評価され、初期群集墳の性格の一端を物語る。[9]

## 三　小　結―初期群集墳の素描―

⑴群の形成過程は、ある中心から周辺へ拡散するというような一定の方向性をもって順次累積するのではなく、群全体の中に計画的に支群が配置され、同時併存的に順次築造される。墓域のあり方に限定すれ

ば、首長墓と首長墓に付随する古墳群からなる等質でない小群複合の古墳群（田中二〇一〇）の範疇で理解される小群に該当する。

(2) 初期群集墳の築造は、五世紀後半以降、首長権継承システムが確立すること、そして集落変遷の画期と対応する点において、古墳時代を二分するような大きな画期の構成要素となる。埋葬にみられる親族構造を追究し、父系的かつ直系的継承への変化を重視して、五世紀後半に大きな画期を求める研究成果（田中一九九五）と整合する。[10]

(3) 古墳の築造契機を政治的関係の反映と考えるならば、伝統的な方形墳墓群や方墳群と一線を画して初期群集墳を位置づける必要がある。

(4) 初期群集墳の性格については、①王権の秩序に組み込まれた結果（和田二〇〇七）であり、畿内政権による有力家長層の直接的掌握の結果（和田一九九二）とする論と、②地域政権下の新興有力層を畿内政権が直接掌握した可能性は薄く、地域政権内部の結束を重視（進藤二〇〇一）する論、さらには、畿内政権と地域首長間の関係を一次的政治関係、地域首長と地域の有力者との関係を二次的政治関係と解釈（広瀬一九八四）する論、各地域において上位は畿内政権が組織化し、下位は各地の首長が直接組織した（内山一九九五）とする論がある。本小考で明らかにした東国における初期群集墳の形成過程、地域色と階層性の表示を重視するならば、②の諸論がより実相に近いと判断される。したがって、決して王権秩序が直接群集墳被葬者にまで及んだ結果ではなく、地域首長とその下位にあたる有力者層との関係性を表出させたものが、初期群集墳[11]である、と結語する。

## 註

(1) 学史上、「古の群集墳」（広瀬一九七五）、「初期群集墳」（白石一九七六など）、「古式群集墳」（石部一九八〇、和田一九九二など）、「古式小墳」（近藤一九八三）、「中期群集墓」（杉山・太田二〇〇五）などの呼称があるが、本節では、初期群集墳とする。

初期群集墳なる用語の初出は、一九七六年の白石太一郎による奈良県石光山古墳群の報告書（白石一九七六）とされる。

（2）筆者は、古墳時代の方形周溝墓を含む方形の墳墓を方墳と呼称する（小森一九九八）。関東・東北地方における方形周溝墓は、南関東地方を例外として、前方後方墳・前方後円墳などの古墳とともに出現した墓制であることを主な理由とする。

（3）石部は古墳時代を一貫してそれぞれの時期に群集墳があり、さかのぼれば弥生時代の方形周溝墓群にもつながるものと考えた。

（4）調査範囲が狭い場合は、群の一部を確認しただけの可能性が残る。しかし、ある程度調査したのに一基だけで周囲に確認できない場合があり、本類型を設定した。

（5）一〇基以上の群集墳を、三〇～四〇メートルの前方後円墳を一基以上伴うもの（A類型）、伴わないもの（B類型）に分け、三～九基程度の構成のもの（C類型）を合わせて三分類している。A・B類型は、近隣に一〇〇メートルクラスの前方後円墳があり、地方における前方後円墳の造営と関連して出現したと評価する。C類型の性格は判断しかねる、と留保したが、立地や葺石の有無も加味してA・BとCには顕著な違いを見出している。

（6）この画期については、考古学による幾多の先行研究の積み重ね（和田晴吾・右島和夫・土生田純之・松木武彦・山田俊輔・内山敏行など）があり、文献史学からも直木孝次郎による初期官人制である「人制」の発現、あるいは佐藤長門による王権構造が質的に転換する画期とする評価がある。大和の初期群集墳は古市・百舌鳥、佐紀盾列などの主要古墳群が築造のピークに達する頃とほぼ符合するとして、群集墳の出現契機は、統一的な政治関係の反映とする言説（関川一九七八）を東国各地に敷衍すると、図4と親和的である。

（7）前方後方墳から前方後円墳への墳形転換期に一致する、との意見もある（米澤二〇〇六）。

（8）古墳出現期から中小の古墳が連綿と造営される古墳群を、先行型群集墳（白井二〇〇七）と評価する論がある。市原市草刈古墳群をモデルとして、古墳出現期からの王権との繋がりを強調する。実態としては、地方における二次的関係としての本論における〈寄り添う方墳〉の理解に近いと考えられる。小山市西高椅古墳群（内山二〇二〇）は、前期古墳を核として五～七世紀に展開する高密度群集墳の好例である。

（9）群集墳の立地条件に言及できなかったが、用水源の占有と燃料・木材採集をめざした資源確保につなげる論（菅谷一九七六）や古墳時代における河川灌漑の否定論（古島一九六七）、あるいは用水源は深さが一メートル前後までの中小河川とする考え（広瀬一九九三）の検討、さらには、墓域の賜与（広瀬一九七八、辰巳一九八三など）等の課題がある。首長墳の墓域の問題も含めて重要な視点と考えられる。

(10) 田中は三タイプの埋葬形態モデルを設定する。そして、父系的かつ直系的継承への変化を重視して、モデルⅠからモデルⅡ・Ⅲへ移行する五世紀後半に大きな画期を求めた。埋葬にみられる親族構造を明らかにした点において、群集墳研究に大きな影響を及ぼした。ただし、古墳時代の経営単位を家父長的世代共同体として群集墳を論ずる研究自体に異議を唱える警鐘(太田二〇二一)に十分留意したい。

(11) 畿内における初期群集墳の位置づけがどうしても軍事組織と関連づけられる(近年では山田二〇二一など)のは、武器の保有も含めた大王墓との「近さ」故であろう。距離がある東国の群集墳の方が、王権との関係性をよりクリアに体現していると思料する。

## 引用・参考文献(個別の調査報告書については割愛した)


秋元陽光・齋藤恒夫 二〇〇一「栃木県」『第六回東北・関東前方後円墳研究会大会発表要旨資料　中期古墳から後期古墳へ』東北・関東前方後円墳研究会

石部正志 一九七五「一九七四年の考古学の動向　古墳時代(西日本)」『考古学ジャーナル』一〇八、ニューサイエンス社

石部正志 一九八〇「群集墳の発生と古墳文化の変質」『東アジア世界における古代史講座』四、学生社

石部正志 一九九二「群集墳論」『古墳時代の研究』一二、雄山閣出版

内山敏行 一九九五「「群集墳の盛行」と西嶋説」『近藤義郎古稀記念　考古文集』

内山敏行 二〇〇八『東谷・中島遺跡群九　中島笹塚古墳群・中島笹塚遺跡』栃木県教育委員会・(財)とちぎ生涯学習文化財団

内山敏行 二〇二〇「小結」『西高椅遺跡』三、小山市・公益財団法人とちぎ未来づくり財団

江原昌俊・大谷　徹 二〇〇五「北武蔵における古墳時代中期群集墳の展開」『考古学ジャーナル』五二八、ニューサイエンス社

太田宏明 二〇二一「古墳時代の家族・集団と群集墳」『群集墳研究の新視角』六一書房

小沢　洋 一九八八「前期型小規模方墳について」『俵ヶ谷古墳群』君津市文化財センター

小沢　洋 一九九八「上総における古墳中期土器編年と古墳・集落の諸相」『研究紀要』Ⅷ、君津郡市文化財センター

小沢　洋 二〇〇五「房総における古墳時代中期群集墳の展開」『考古学ジャーナル』五二八、ニューサイエンス社

京嶋　覚 一九九七「初期群集墳の形成過程―河内長原古墳群の被葬者像をもとめて―」『立命館大学考古学論集』Ⅰ、立命館

大学考古学論集刊行会
小森哲也　一九九八「方形周溝墓か方墳か」『峰考古』一三、宇都宮大学考古学研究会
小森哲也　二〇一五「初期群集墳形成過程と首長墳の動向」『栃木県考古学会誌』三六、栃木県考古学会
近藤義郎　一九八三『前方後円墳の時代』岩波書店
今平利幸　二〇〇二「Ⅳまとめ」『西刑部古屋原遺跡』宇都宮市教育委員会
白井久美子　二〇〇七「関東の後・終末期古墳群の特性」『関東の後期古墳群』六一書房
白石太一郎　一九七六「石光山古墳群の提起する問題」『葛城・石光山古墳群』奈良県教育委員会
白石太一郎　一九八一「群集墳の諸問題」『歴史公論』六三、雄山閣出版
進藤敏雄　二〇〇二「栃木県の初現期の群集墳―その動向について―」『研究紀要』九、(財)とちぎ生涯学習文化財団埋蔵文化財センター
菅谷文則　一九七六「六世紀の墓地と村落と水源」『ヒストリア』七二、大阪歴史学会
杉山晋作・太田博之　二〇〇五「関東における古墳時代中期群集墓の墓制変容」『考古学ジャーナル』五二八、ニューサイエンス社
関川尚功　一九七八「群集墳をめぐる諸問題―大和を中心として―」『桜井市外鎌山北麓古墳群』奈良県教育委員会
辰巳和弘　一九八三「密集型群集墳の特質とその背景―後期古墳論（1）―」『古代学研究』一〇〇、古代学研究会
田中　裕　二〇〇二「房総半島の中期古墳」『古墳時代中期の大型墳と小型墳―初期群集墳の出現とその背景―』東海考古学フォーラム・静岡県考古学会
田中　裕　二〇〇三「五領式から和泉式への転換と中期古墳の成立」『帝京大学山梨文化財研究所研究報告』一一、帝京大学山梨文化財研究所
田中　裕　二〇一〇「「常陸」というフィールドから「古墳群」を考える―総括に代えて―」『常陸の古墳群』六一書房
田中良之　一九九五『古墳時代親族構造の研究』柏書房
都出比呂志　一九七〇「横穴式石室と群集墳の発生」『古代の日本』五　近畿、角川書店
寺沢　薫　一九八六「矢部遺跡方形区画墓群の歴史的位置」『矢部遺跡』奈良県立教育委員会
寺沢知子　一九八二「初期群集墳の一様相」『考古学と古代史』同志社大学考古学シリーズ刊行会
長井正欣　二〇〇五「上野における古墳時代中期群集墳の展開」『考古学ジャーナル』五二八、ニューサイエンス社

中村享史　二〇〇五「下野における古墳時代中期群集墓の形成」『考古学ジャーナル』五二八、ニューサイエンス社
橋本澄朗　一九九九「東国の中期古墳に関する二・三の問題―栃木県の事例を中心として―」『東国土器研究』五、東国土器研究会
広瀬和雄　一九七五「群集墳研究の一情況―六世紀代政治構造把握への方法論・覚書―」『古代研究』七、元興寺仏教民俗資料研究所考古学研究室
広瀬和雄　一九七八「群集墳論序説」『古代研究』一五、元興寺仏教民俗資料研究所考古学研究室
広瀬和雄　一九八四「群集墳研究の課題と方法」『歴史科学』九六、大阪歴史科学協議会
広瀬和雄　一九九三「古墳時代の社会構造」『歴史評論』五一四、校倉書房
藤田典夫・木村美保　二〇一〇『第二四回秋季特別展ムラから見た古墳時代Ⅱ―古墳時代中期・後期を中心として―』栃木県立しもつけ風土記の丘資料館
古島敏雄　一九六七「Ⅱ古代・中世の大和平野の開発」『土地に刻まれた歴史』岩波書店
右島和夫　一九九三「上野における群集墳の成立」『関西大学考古学研究室創設四〇周年記念論集』
水野敏典　二〇〇二「大和における初期群集墳と大型古墳の動向」『古墳時代中期の大型墳と小型墳―初期群集墳の出現とその背景―』東海考古学フォーラム・静岡県考古学会
谷仲俊雄　二〇一五「富士峰古墳の墳丘について」『小美玉市史料館報』九、小美玉市史料館
山田俊輔　二〇〇一「東北・関東における古式群集墳の展開」『遡航』一九、早稲田大学大学院文学研究科考古談話会
山田俊輔　二〇〇五「古墳時代中期群集墓分析の新視角」『考古学ジャーナル』五二八、ニューサイエンス社
山田　暁　二〇〇二「初期群集墳における造墓集団とその体制」『群集墳研究の新視角』六一書房
米澤雅美　二〇〇六「下毛野の中期大型古墳と古式群集墳」『早稲田大学大学院文学研究科紀要』五一－四、早稲田大学文学研究科
和田晴吾　一九九二「群集墳と終末期古墳」『新版古代の日本』五、角川書店
和田晴吾　二〇〇四「古墳文化論」『日本史講座』一、東京大学出版会
和田晴吾　二〇〇七「古墳群の分析視角と群集墳」『関東の後期古墳群』六一書房
若狭　徹　二〇一〇「保渡田古墳群における埴輪樹立の階層性―保渡田Ⅶ遺跡の再検討から―」『近藤義雄先生卒寿記念論集』近藤義雄先生卒寿記念論集刊行会

# 群集墳の群構成

池上　悟

## はじめに

一定の範囲に小規模な古墳が群集して築造される様相は、古墳時代の早い段階から確認されているものの、これを群集墳として総括して、その出現に至る意義を明確に考究したのは、戦後の近藤義郎による後期の高塚群集墳を対象としたものであった（近藤一九五二）。

昭和四〇年代以降における全国各地における開発に伴う多くの調査による成果は、一九七八年（昭和五三）に広瀬和雄により総括された。すなわち「群集墳とは複数の古墳造営主体が、各自限定された墓域を分割占有しながらその内部である一定期間造墓活動を行った累積現象である」とするものである。従前の小古墳が密集する特徴のみを強調された群集墳を、造営主体・墓域・造墓期間という要素に基づいて検討したものであり、以後の研究の前提となった（広瀬一九七八）。

昭和五〇年代までの群集墳研究は、専ら一定範囲に群集する古墳群中の個別古墳の築造時期を検討して造営期間の把握を第一義としてきたものであり、群中に占める近接して造営された有機的な関連が想定される纏まり、すなわち単位群の検討は十分な資料を欠如するが故に等閑視されてきたものと思われる。

先行研究により群集墳は造営期間の相違によって、Ⅰ類：五世紀後半から六世紀前半代にかけて竪穴系埋葬施設を有する古墳により構成される**初期群集墳**、Ⅱ類：六世紀後半代を主体として横穴式石室を埋葬施設として構築した古墳により構成される**後期群集墳**、Ⅲ類：七世紀代に横穴式石室を埋葬施設として構築した古墳により構成された**終末期群集墳**に区分される。

異なる時期に造営された類型の異なる群集墳は、古墳が群集するという現象は見かけ上類似するとはいえ、出現に至る背景の違いは当然に予測されるところである。群集墳は威信財・武器・武具などの副葬品の存在を勘案すると、在地首長ないしは地域外勢力との連携の上で造営されたものであり、個別独立的な存在とは考えられない。特定地域における群集墳は、特定古墳との関連のもとで、有力集団の墳墓として造営されたものであり、地域支配体制を体現する存在として重視されるものである。従前の古墳研究は、首長墓の検討を主体として進められてきており、群集墳を十分に検討したものとは言い難い。

群集墳中の群構成は、群集墳を造営した集団内における個別造営主体の存在様相を反映したものであり、造営集団の個性を反映するものと考えことができる。二〇〇四年（平成一六）に群集墳としての横穴墓を検討した時に、高塚群集墳を総括して群構成を以下の四類に類型化した。

**A1類型**：個別造営主体の墓域が明確に区分される中における一世代一基の累代的な造営
**B1類型**：近接する複数の古墳の同時的な造営
**A2類型**：墓域を設定した中における同時期の複数古墳を含む累代的な造営
**B2類型**：同時期の古墳が群在する継続的な造営（池上二〇〇四）

本稿では、この四分類を基本として近年の調査にかかる群集墳の群構成を検討したい。

## 一　東国群集墳の群構成

東国における群集墳の検討では、前方後円墳体制下で造営された後期群集墳と、方墳体制下で造営された終末期群集墳は厳然と区分されるものではない。横穴式石室を埋葬施設として構築した後期群集墳は、後期すなわち六世紀代いっぱいで終焉する例は総体としては僅少である。

多くの群集墳では、六世紀後半代に形成を開始して七世紀代の終末期に連続している。これはすなわち在地首長墓が前方後円墳から終末期に方墳ないしは円墳に変遷する中において、在地首長墓創出の基盤とも理解される群集墳の形成が直接には連動していないことを物語るものともいえよう（立正大学博物館二〇一〇）。

六世紀後半代に横穴式石室を埋葬施設として築造した東国の群集墳の多くは、個別造営主体の墓域が必ずしも明確ではないＢ類型を基本として形成されている。栃木県の西端部を占める足利市域には、市街地をめぐる丘陵上には千基に及ぶ群集墳が形成されている（進藤一九九〇）。足利公園古墳群、八幡山古墳群、明神山古墳群、機神山古墳群など著名な群集墳が造営されている。近代考古学史上に初めての古墳の調査として著名な**足利公園古墳群**は、一八八六年（明治一九）に坪井正五郎によって調査されている。横穴式石室を構築した後期群集墳であり、多くの副葬品の出土によって在地有力者の墳墓として築造されたものと想定されている（坪井一八八八、足利市教育委員会二〇〇六）。

足利市域で近時調査された**菅田古墳群**は、市街地の北側の南北に延びる幅二〇〇メートルほどの尾根上に展開した総数約五〇基からなる大群集墳であり、このうちの一一基が発掘調査されている（図1）。五世紀中葉から六世紀前半代の竪穴系埋葬施設を有する初期群集墳三基と、横穴式石室を構築した六世紀中葉～七世紀初頭にかけて造営された八基の後期群集墳は継続してはいない。八基の横穴式石室墳は、大きく南北の二群に区分される。北側の単位群は六世紀中葉・六世紀中葉・六世紀末頃に構築された三基、南側の単位群は六世紀後半・六世紀後半・六

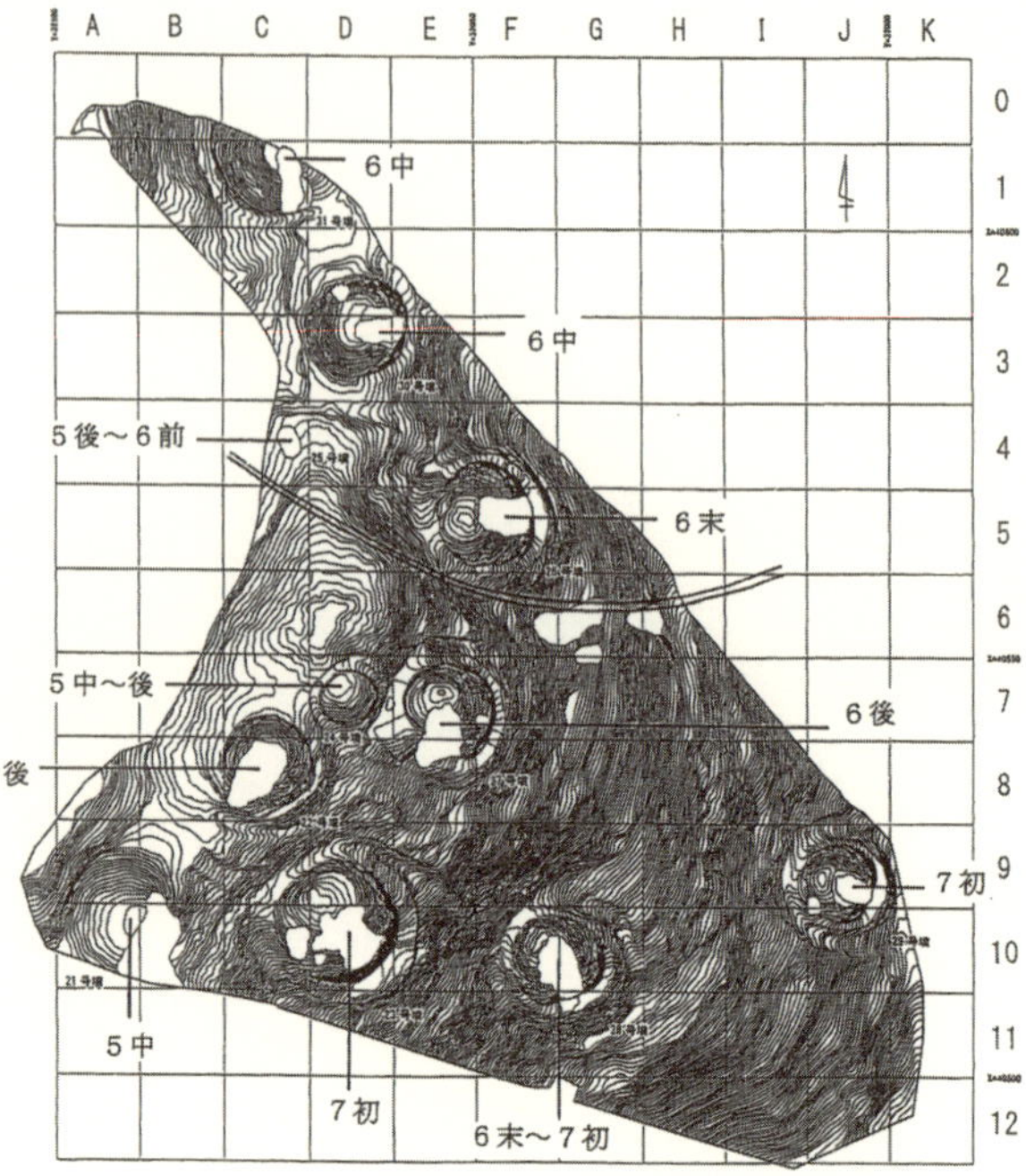


図1　菅田古墳群（栃木県足利市）

世紀末頃〜七世紀初頭・七世紀初頭・七世紀初頭に構築された五基によって形成されている（栃木県教育委員会二〇一二）。

この様相は、同時期に複数の古墳を造営した**A2類型**と考えることができ、有力単位群の存在を暗示させる。同時期に複数の古墳を造営することは、一つには大規模な古墳造営主体であるが故の同世代の古墳への埋葬有資格者の増加を反映したものとも考えられるが、異なった機能を果たした古墳の集合とも理解できる。これはすなわち第一次葬と、改葬を伴った第二次葬とも考えられるものであるが、人骨の出土によって確認しなければならない。菅田古墳群のみではなく足利公園古墳群でも想定される類型であり、明治期調査の第一号墳からの人骨成人一体、第二号墳からの人骨成人一二体・小児二体の検出をもってすれば、改葬・集骨も十分に考えられるところである。

栃木県下においては、異なった類型の群集墳の存在も明らかになっている。佐野市に所在す

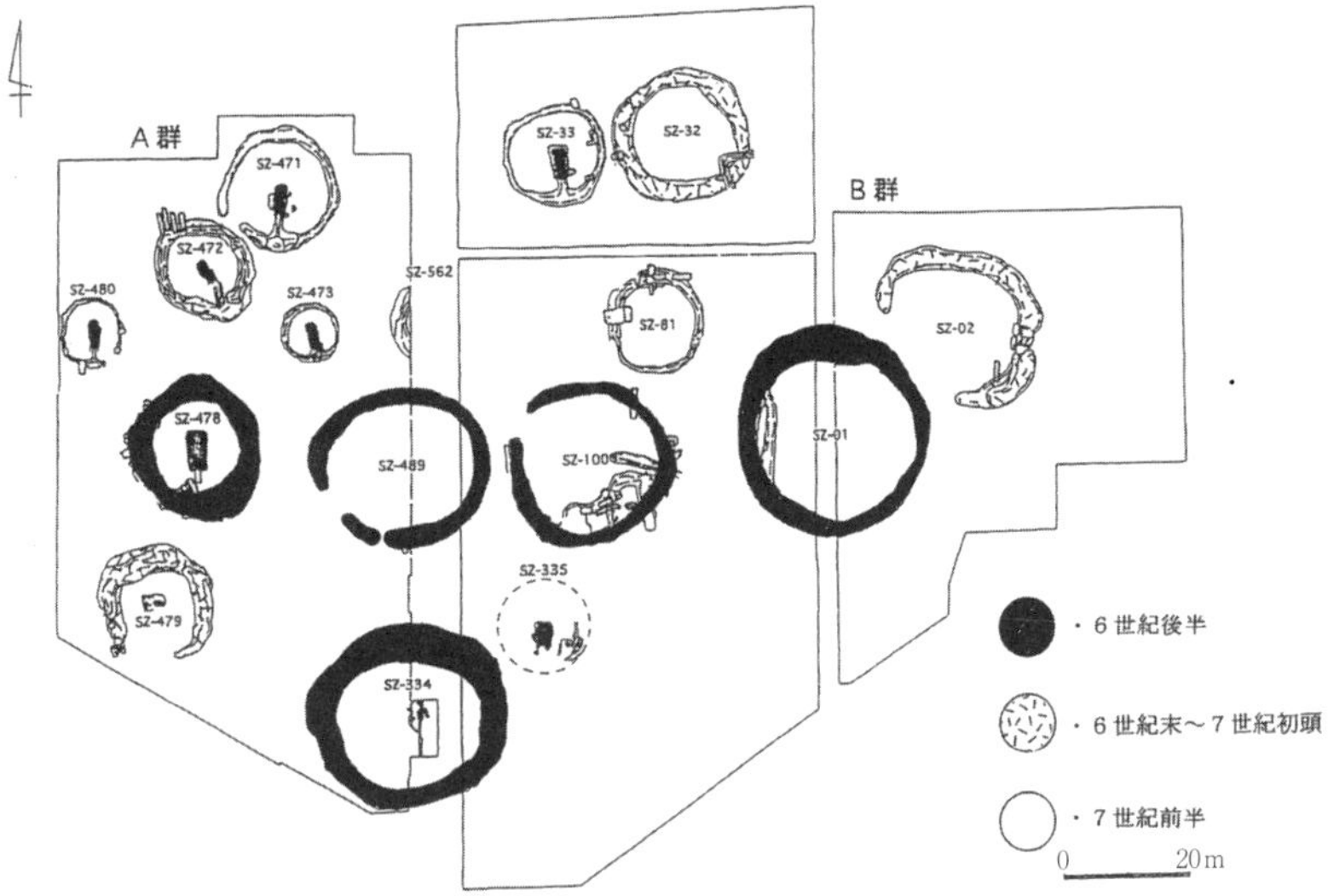


図2　四十八塚古墳群（栃木県佐野市）

る**四十八塚古墳群**は、一六基の古墳が調査されている（図2）。これらの古墳は、埋葬施設である横穴式石室の様相、埴輪の伴出状況から三期にわたって造営されたものと想定されている（栃木県教育委員会二〇一一）。

Ⅰ期は六世紀後半代の築造にかかる五基の古墳であり、周溝径一六～二六メートル規模の群中大形古墳が隣接して展開している。個別造営主体の墓域が明確ではない同時期併存の様相であり、B1類型として認識される。Ⅱ期の六世紀末～七世紀初頭に築造された四基の古墳は、周溝径一八～二〇メートル規模の中形古墳が先行する五基の古墳の周囲に展開している。Ⅲ期の七世紀前半代に築造された古墳はさらに小形化し、周溝径は八～一〇メートル規模である。七基の古墳が既存古墳の間隙に築造されている。

Ⅰ～Ⅲ期を通じての古墳造営の様相は、同時期に複数の古墳を築造したB2類型として認識されものであり、古墳造営集団内における個別造営主体の分立が認められない類型である。

また佐野市**黒袴台古墳群**は副葬品として直刀の刃関に近い部分に小孔を穿った刃関孔大刀の存在で著名であるが、古墳群の形成は極めて特徴的な様相を顕示している（図3、

栃木県教育委員会二〇〇一、池上二〇一一）。

三〇基の横穴式石室を構築した古墳が発掘されており、周溝の内径規模では、①三〇メートル以上、②二六～三〇メートル、③二一～二五メートル、④一二～二〇メートルに四区分でき、群中の西側と南側に大形古墳が集中する傾向を認めることができる。これらの古墳は横穴式石室の様相から、①類：埴輪を伴う長台形平面石室、②類：胴張り石室、③長方形平面石室の順番に変遷したものと想定することができる。Ⅰ期は六世紀末から七世紀初頭、Ⅱ期は七世紀前半、Ⅲ期は七世紀中葉を主体とする時期と考えることができる。

これを基にした時期区分と古墳配置状況からは、古墳群はA・B・Cの三単位群に区分できる。**A群**は径三〇メートル以上の大形の古墳を主体として、Ⅰ期に二基、Ⅱ期に四基、Ⅲ期に二基が造営されたものと考えられる。**B群**はⅠ期には古墳を造営しておらず、Ⅱ・Ⅲ期の古墳も径二〇メートル以下の規模で明確な周溝を伴わない古墳も多く、総体として個別造営主体の墓域も明確ではない集団墓の様相を明示している。古墳造営集団内では、劣勢の階層による造墓と理解できる。**C群**はⅠ期に一基、Ⅱ期に一基、Ⅲ期に三基の古墳が造営されている。A群ほどではないが比較的大形の古墳が構築されている。

この黒袴台古墳群に窺われる単位群の様相は、同時期に複数の大形古墳をもって造営されたA群が最有力のA2類型、同様相ではあるがやや小形の一→一→三基が構築されたC群もA2類型、明確な周溝を伴わない小形古墳が主体となって、Ⅱ・Ⅲ期に一一→五基の古墳が構築されたB群をB2類型の単位群と考えることができる。

すなわちこの黒袴台古墳群の特徴は、異なる様相の単位群の集合として形成された点であり、同時期に複数の古墳を造営したA・C群にB群が従属する状態を確認できる。古墳造営集団内における立場の違いを明確に墳墓に反映したものと考えることができよう。

埼玉県北部の深谷市に所在する**鹿島古墳群**は、南流する荒川の右岸に占地する群集墳であり、荒川に沿った広

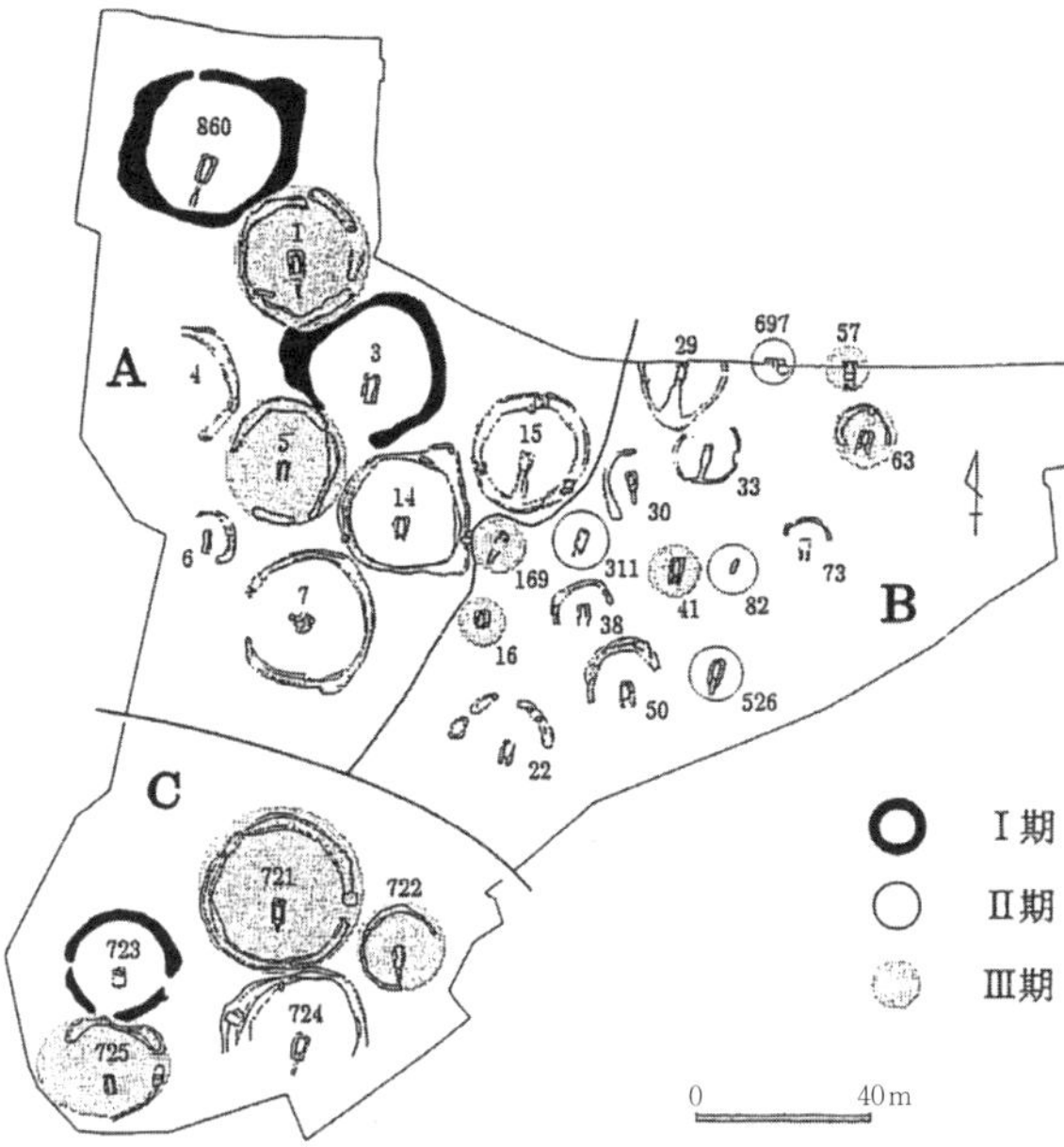


図3　黒袴台古墳群（栃木県佐野市）

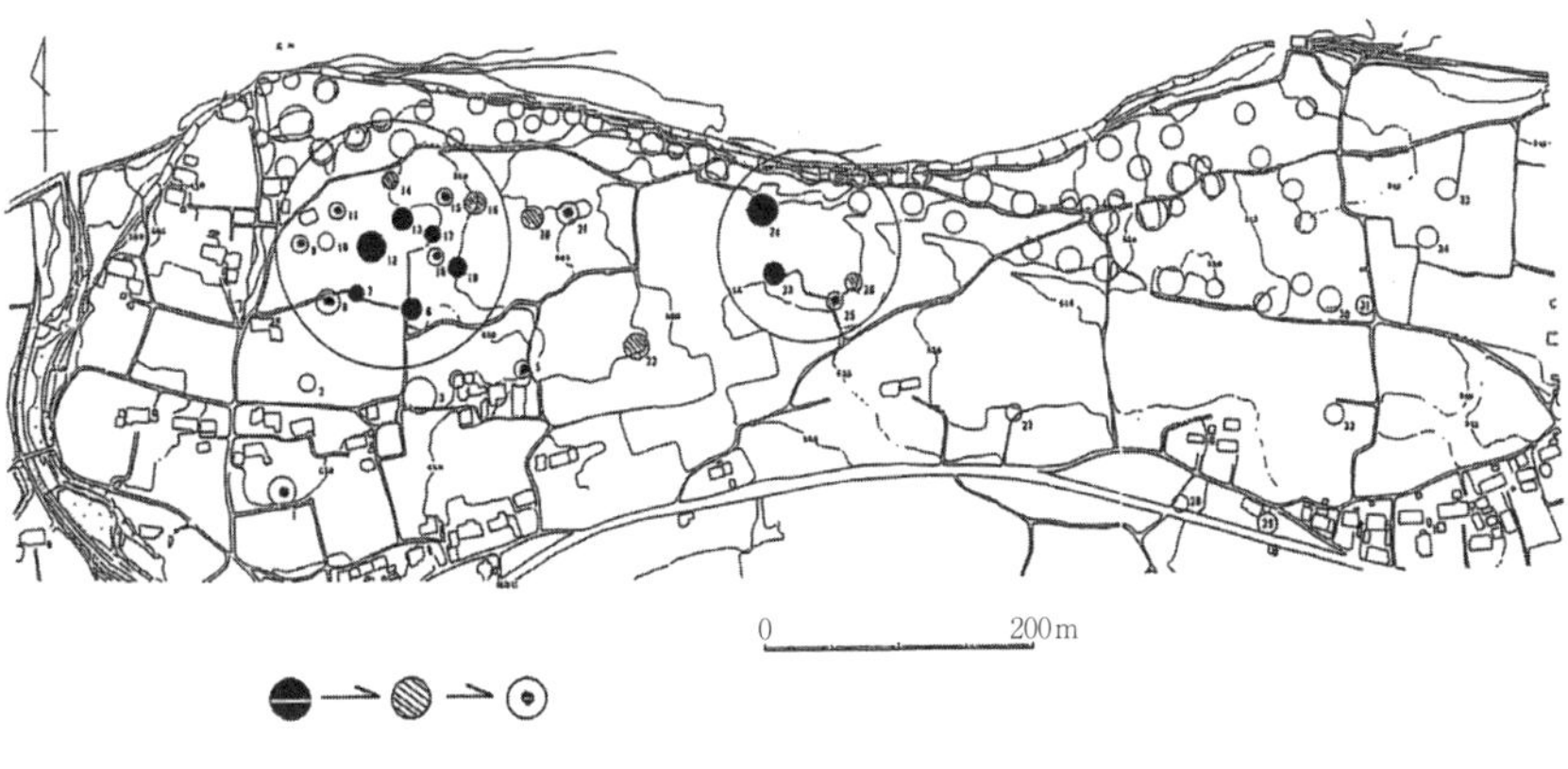


図4　鹿島古墳群（埼玉県深谷市）

大な範囲に一〇〇基以上の古墳が展開している（図4）。これらの古墳は荒川に面する崖の近くに密集して構築されており、多くの古墳が湮滅したことが想定される。荒川に面する崖から離れた地点に位置する三六基が調査されて、二五基の横穴式石室が確認されている。横穴式石室は、すべて河原石を用いた胴張り石室である（埼玉県教育委員会一九七二、池上一九八〇）。

埼玉県北部地域の終末期群集墳の主体部として構築された横穴式石室は、胴張り石室が主体的に展開しており、玄室側壁の曲線の創出企画により、①**類**：石室長を基準とした曲線の創出。②**類**：片側壁を石室長、他方を玄室長とする左右が歪な曲線を呈するもの。③**類**：玄室長を基準とした曲線の創出。④**類**：玄室長よりも短い単位を基準とした曲線の創出、に区分できる。

玄室側壁の曲線創出の違いは、横穴式石室構築技術の変化として確認することができるものであり、時期的変遷の結果と認識することができる。①類の石室長を基準とした緩やかな曲線の創出は、塚本山古墳群などの検討では埴輪を伴う段階に出現している。一方、③類の玄室長を基準とした顕著な曲線の創出は、七世紀中頃以降の年代が考慮されるところであり、①類と③類の間に左右側壁が歪な曲線を呈する②類を位置付けることができる。

胴張り石室の側壁曲線の創出企画を基準として、個別古墳の所産年代を想定して古墳群の構成を復元することが可能となる。すなわち、鹿島古墳群においてまとまって調査が行われた一～二二号墳が集中する地点においては、群中に個別造営主体ごとの限定された墓域を認めることができない。六基の胴張り①類の石室が群在して造営され、次期に②・③類石室がこの周囲に展開している。全体として複数の古墳が累代的に造営されたB2類型の単位群と考えることができる。

これに対して二四～二六号墳の四基では、やや広い墓域の中に二→一→一基の古墳が累代的に造営されており、A2類型と想定することもできる。これは古墳群の盟主的位置を占めた造営主体の累積活動の結果とも考えられる。

ここに窺われる事実は、群集墳は等質的に形成されたものではなく、中に盟主的な位置を占めた有力造営主体の墓域を包括する点である。

以上に検討した六世紀後半代に造営を開始した群集墳の内容は、古墳造営集団内における個別造営主体の分立が認められない類型が一つの特徴となっている。この類型は例示した群集墳以外にも多く確認されるところであり、後期群集墳から終末期群集墳へと連続して造営された群集墳の特徴となっている。

一方、特定の墓域の中における同時期の複数の古墳築造も認められる。個別造営主体による墓域の限定は古墳造営集団内における独立性の顕示であり、複数古墳の造営は被葬者集団の規模を反映した事象とも理解される。

## 二　関東地方におけるA1類型の特徴

従前に群集墳の基本として認識されてきた類型は、限定された墓域内における個別造営主体による一世代一基の累代的造営であるA1類型であった。関東地方における群集墳において、この類型は極めて限定された存在類型となっている。

埼玉県熊谷市の江南台地の縁辺に造営された立野古墳群は、二〇〇二年（平成一四）に調査されている（図5）。九〇×九〇メートルの範囲内に確認された一〇基の円墳が発掘調査されて、内容が明確になっている（埼玉県大里郡江南町教育委員会二〇〇五）。

調査古墳は、①類は周溝内径二一～二三メートル規模の一・一二・一四号墳の三基、②類は周溝内径一四メートル規模の一七号墳、③類は周溝内径一〇メートル以下の三・一一・一三・一五・一六・一八号墳の六基に区分できる。

この古墳規模の三区分と、主体部である横穴式石室の石材は関連しており、①・②類はすべて凝灰岩の切石使用であり、③類は凝灰岩切石と河原石が使用されている。凝灰岩切石使用の横穴式石室は胴張り石室と把握でき

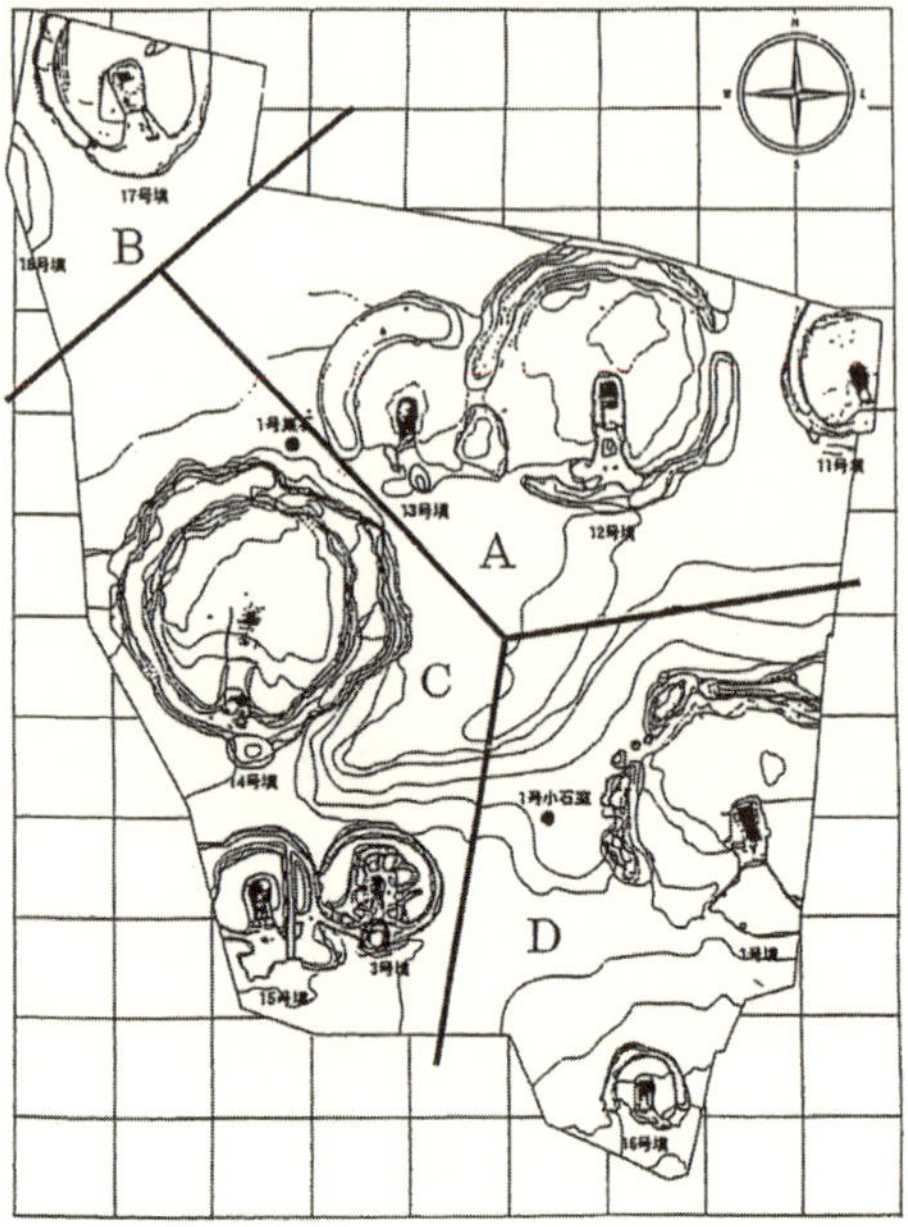


図５　立野古墳群（埼玉県熊谷市）

るものの、奥・側壁が僅かに張り出す程度に形骸化している。一方、河原石を使用する一一・一三・一五号墳の三基の石室は、奥・側壁が顕著に張り出す胴張り石室である。個別古墳の構築時期を、僅少な出土遺物から想定すると、凝灰岩切石使用の横穴式石室は七世紀中葉、小形の凝灰岩切石使用の石室と河原石使用石室は七世紀後半代となる。

立野古墳は、個別古墳の配置により、個別造営主体の単位群を明確に把握することができる。①・②類古墳と③類古墳が組み合わさった二～三基を基本とした単位を確認することができる。周溝内径二一～二三メートル規模の①類古墳である一・一二・一四号墳と、②類古墳である一七号墳の四基が群形成の端緒を担って造営されたものと想定できる。これらの古墳の周辺に、個別造営主体による造墓が果たされており、単位群間には間隙を意識している。

異なる四単位群は二～三基の古墳が累代的に築造されており等質的であるが、出土遺物からは金銅製毛彫り杏葉を出土した一二号墳を契機として造営された単位群の優位性が想定される。

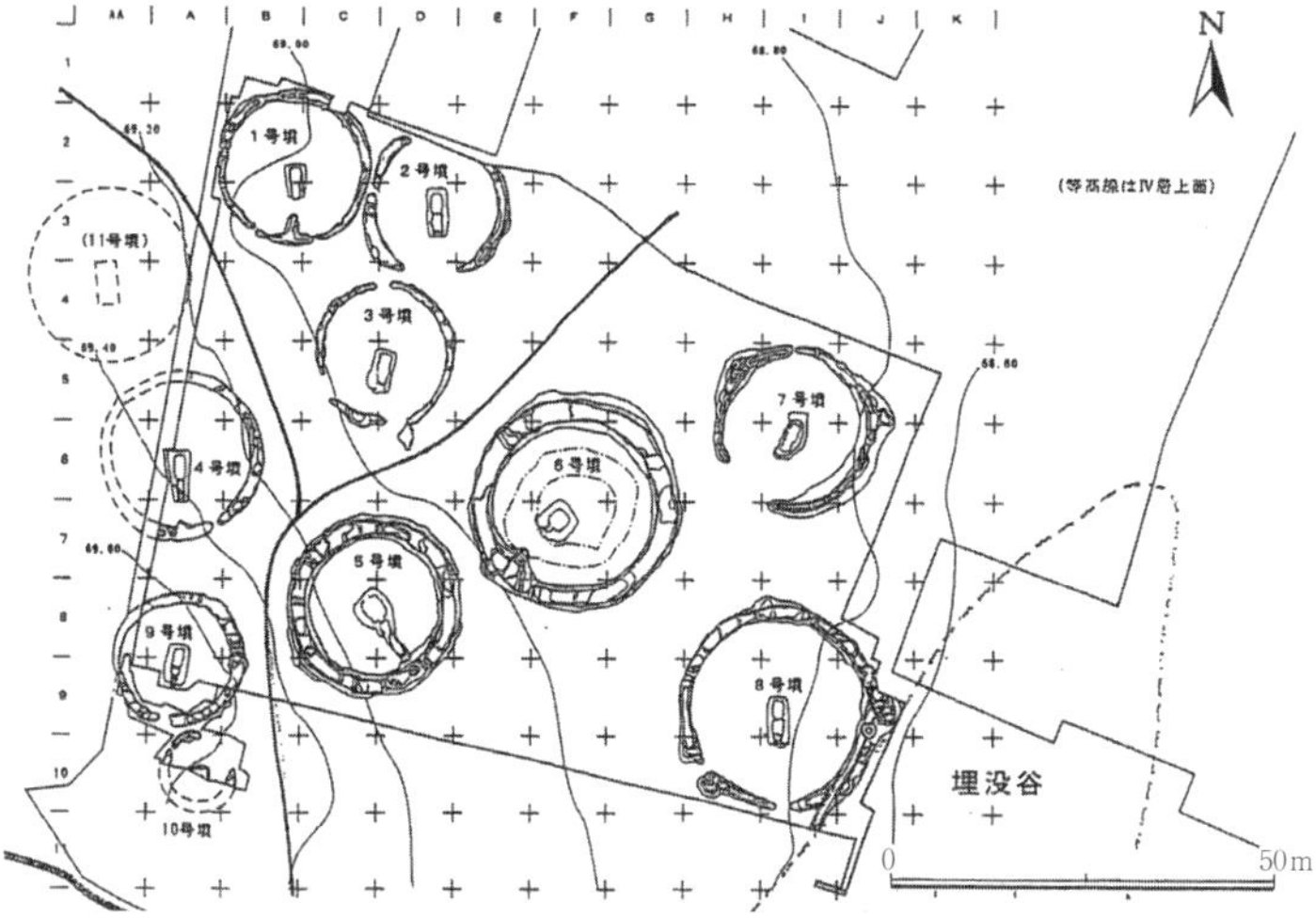


図6　四軒在家古墳群（東京都国立市）

以上に確認した立野古墳群の群構成は、A1類の単位群として把握できる。個別墓域の占有および石室規模に若干の格差を内包するとはいえ、基本的には等質的な個別造営主体の集合としての群集墳と理解することができる。

顕著な格差を有さない四単位の造営主体を有する古墳造営集団による七世紀後半代の造営であり、最有力の被葬者に金銅製毛彫り杏葉が副葬されており、この古墳群の性格を表している。

金銅製毛彫り杏葉は、全国で七世紀代の古墳などから六〇点ほどの確認例であり、稀少性が重視される。小形古墳からの出土が目立つが在地首長墓からも出土しており、出土古墳を地域の開発を主導した存在として位置づけることができよう。

東京都国立市に所在する**四軒在家古墳群**は多摩川に面する台地縁辺に立地する古墳群であり、東側を埋没谷により画された東西一〇〇メートル、南北八〇メートルの範囲に一〇基の円墳が発掘調査されている（図6）。古墳は周溝を巡らした円墳であり、主体部は土壙内に河原石を使用して構築された横穴式石室である（国立市教育委員会二〇〇五）。

円墳の規模は一二～二八メートルであり、築造時期の下降に従って小形化する点が確認できる。横穴式石室は四類型に区分される。Ⅰ類は正方形を基調とする玄室平面の奥壁と両側壁に胴張り様相を保持する狭小な羨道を付設する単室構造の石室、Ⅱ類は長方形を基調とする玄室平面の両側壁に胴張り様相を保持し、直線的な両側壁からなる羨道を付設する構造の石室、Ⅲ類は玄室と羨道ともに両側壁に胴張り様相を保持する構造の石室、Ⅳ類は玄室と羨道の両側壁に一体となった胴張り様相を保持する構造の石室である。

横穴式石室の区分は年代的変遷を反映しており、Ⅰ類石室は七世紀の初頭、Ⅱ類石室は七世紀の第１四半期頃、Ⅲ類石室は七世紀第２四半期頃、Ⅳ類は七世紀中頃の年代が想定される。

この石室年代をもとに群集群の形成過程を検討すると、三つの単位群が個別の墓域を占有してその内部で累代的に古墳を造営したＡ１類型と判断される。三つの単位群のうちでは、形成の端緒を担った五～八号墳の四基からなる単位群が立地・古墳規模から判断して盟主的位置を占めたものと考えられる。

## 三　群集墳の構造変遷

以上、近時の調査例を検討した六世紀後半～七世紀代の後期群集墳と終末期群集墳に窺われる群構成は、七世紀代に顕著な個別造営主体による累代的な形成過程を確認することができた。

一体に群集墳の造営は、独り群集墳造営集団の意思で果たされたものとは思われない。群集墳は地域の発展に基づく生産力増大の結果として現出したものではなく、群集墳を墳墓として造営する集団の地域定着によって現出している。武器の副葬を特徴とする武装した集団の地域への定着は、武器の供給を勘案すると、地域首長を介在した中央有力集団の意向を反映したものと思われ、列島規模で展開した支配体制を反映したものと思われる。

個別群集墳に確認できる群構成類型の違いは、地区支配者集団内部における個別群集墳造営集団の立場の差異に基づく個性として認識される。

前方後円墳体制下の末期における足利公園古墳群を典型例とする小形前方後円墳の築造を契機とする群集墳の造営は、地域支配体制の変革期に現出した一つの主要な群集墳の類型として認識されるが、この段階の群集墳の群構成は古墳造営集団内における個別造営主体の墓域の分割占有、その内部における累代的造営は認められない。この様相は六世紀前半代までの初期群集墳に確認できるところであり（大谷ほか一九九八）、集団的に造営する様相が東国群集墳の一般的特徴として認識される。

終末期において、ようやく墓域内における個別造営主体の分立が認められる。早く前方後円墳が終焉する東海地方においては六世紀後半代に顕著に認められる様相であり（渡辺一九九四）、支配体制を鋭敏に反映した類型と理解される。終末期には首長墓の形態と立地を大きく変化させている。

早くに首長墓として方墳を採用した上毛野地域では、地区首長墓としての方墳は従前の前方後円墳の創出基盤を継受していない。この様相に対して下毛野地域では、終末期になっても従前の前方後円墳の創出基盤を継受して首長墓としての大形円墳を築造している。

首長墓の様相の違いは、首長層を支えた群集墳造営集団にも連動しており、この結果として異なる群集墳構成が実践されたものと判断できる。A１類型として例示した立野古墳群、四軒在家古墳群の所在する武蔵地域は、終末期に首長墓の立地を大きく変えている（池上二〇〇七）。群集墳が時代を反映した墳墓として研究の対象とされる所以である。

## 引用・参考文献

足利市教育委員会二〇〇六『足利公園古墳と坪井正五郎』
池上　悟一九八〇「北武蔵に於ける胴張り石室に関する若干の考察」『中央考古』創刊号
池上　悟二〇〇四「群集墳としての横穴墓」『日本横穴墓の形成と展開』雄山閣

池上　悟二〇〇七「多摩川流域の首長墓の変遷」『季刊考古学』別冊一五、雄山閣
池上　悟二〇一一「東国後期古墳出土大刀の様相」『立正大学大学院紀要』二七
大谷　徹ほか一九九八『新屋敷遺跡Ｄ区』埼玉県埋蔵文化財調査事業団
国立市教育委員会二〇〇五『四軒在家遺跡Ⅱ』
近藤義郎一九五二『佐良山古墳群の研究』一
埼玉県大里郡江南町教育委員会二〇〇五『立野古墳群発掘調査報告書』
埼玉県教育委員会一九七二『鹿島古墳群』
進藤敏雄一九九〇「栃木県の群集墳の一様相」『古代』八九、早稲田大学考古学会
坪井正五郎一八八八「足利古墳発掘報告」『東京人類学会雑誌』三〇
栃木県教育委員会二〇一二『菅田古墳群』栃木県埋蔵文化財調査報告書三五一
栃木県教育委員会二〇一一『四十八塚古墳群』栃木県埋蔵文化財調査報告書三四〇
栃木県教育委員会二〇〇一『黒袴台遺跡』栃木県埋蔵文化財調査報告書二六一
広瀬和雄一九七八「群集墳論序説」『古代研究』一五、元興寺文化財研究所
立正大学博物館二〇一〇『第七回特別展・群集墳の時代図録』
渡辺康弘一九九四「群集墳の単位群について」『地域と考古学』向坂鋼二先生還暦記念論集刊行会

# 飯塚・藤井古墳群にみる首長墓と群集墳

秋元陽光

## はじめに

栃木県南部、小山市・下野市・壬生町にまたがる、思川・姿川にはさまれた南北二㌔・東西〇・六㌔の台地上には、古墳が多く分布することで知られる（図1）。しかしこれらは、南寄りを〝飯塚古墳群〟、北寄りを〝藤井古墳群〟と称して別の古墳群と捉え、二者の間に分布する古墳を含めて古墳群とすることはなかった。これは、古墳の遺存状況、行政区の相違、調査の経緯等の要因によるものであるが、巨視的には一連の古墳群と捉えられる。古墳群の全体像が初めて示されたのは、一九八七年（小森ほか一九八七）であるが、その後の調査により、さらに密な分布が知られるようになっている。

台地上の古墳群についてことさらに注目するのは、古墳の数のみではなく、①独立した台地上に墳墓のみ構築され集落形成がほとんどなされなかった、②古墳に県内有数の大型古墳が含まれる、③広範囲に群集墳が広がり、かつ、古墳に前方後円墳（帆立貝形古墳）が多く含まれるということにある。なお、台地上の古墳全体を一つの古墳群として示す名称はないため、本稿では学史的名称を優先し〝飯塚・藤井古墳群〟とする。

## 一　古墳の概要

### (一) 墳　丘 (図2)

現時点までに確認あるいは指摘される古墳は、墳丘（周湟）をもたず主体部のみ確認された例を含め二〇〇余基を数えるが、破壊された古墳も多く、実数はこれを大きく上回ると考えられる。墳丘の有無の内訳は、墳丘を

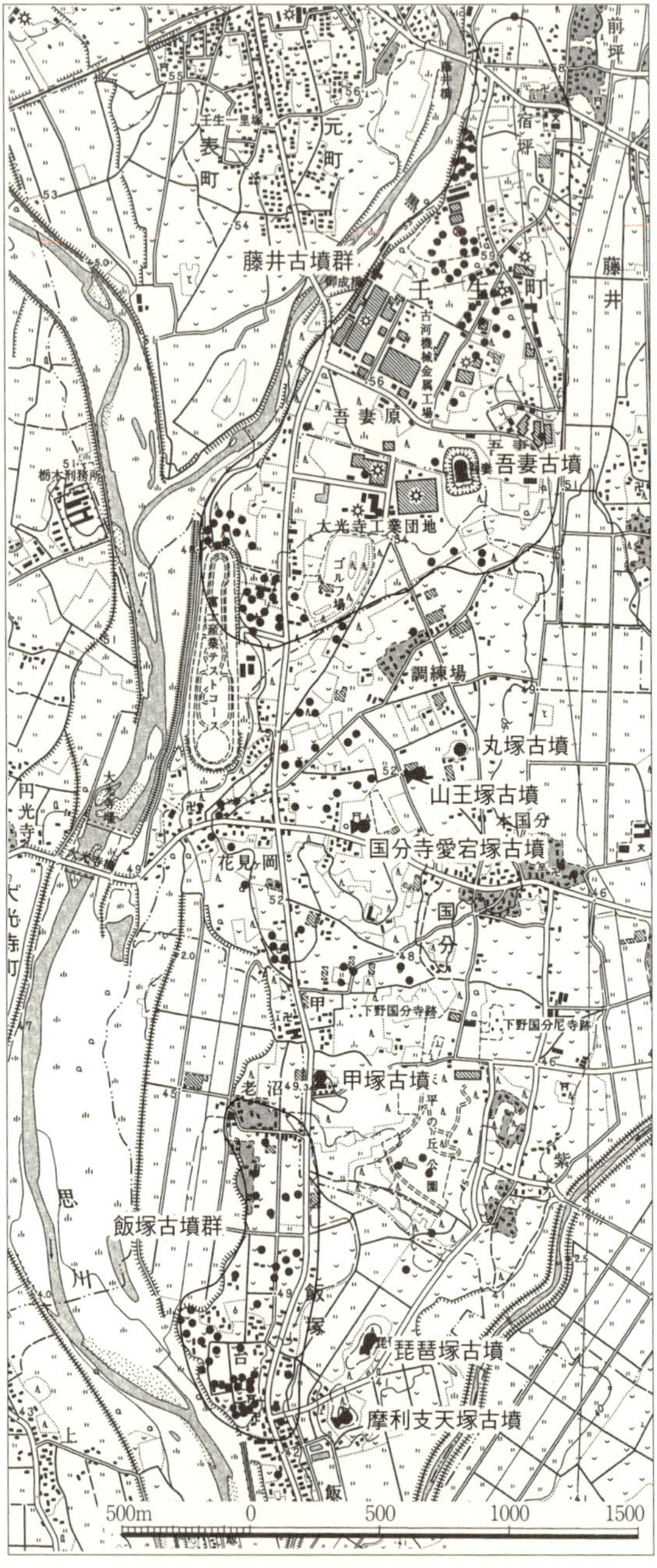


図1　飯塚・藤井古墳群の分布図

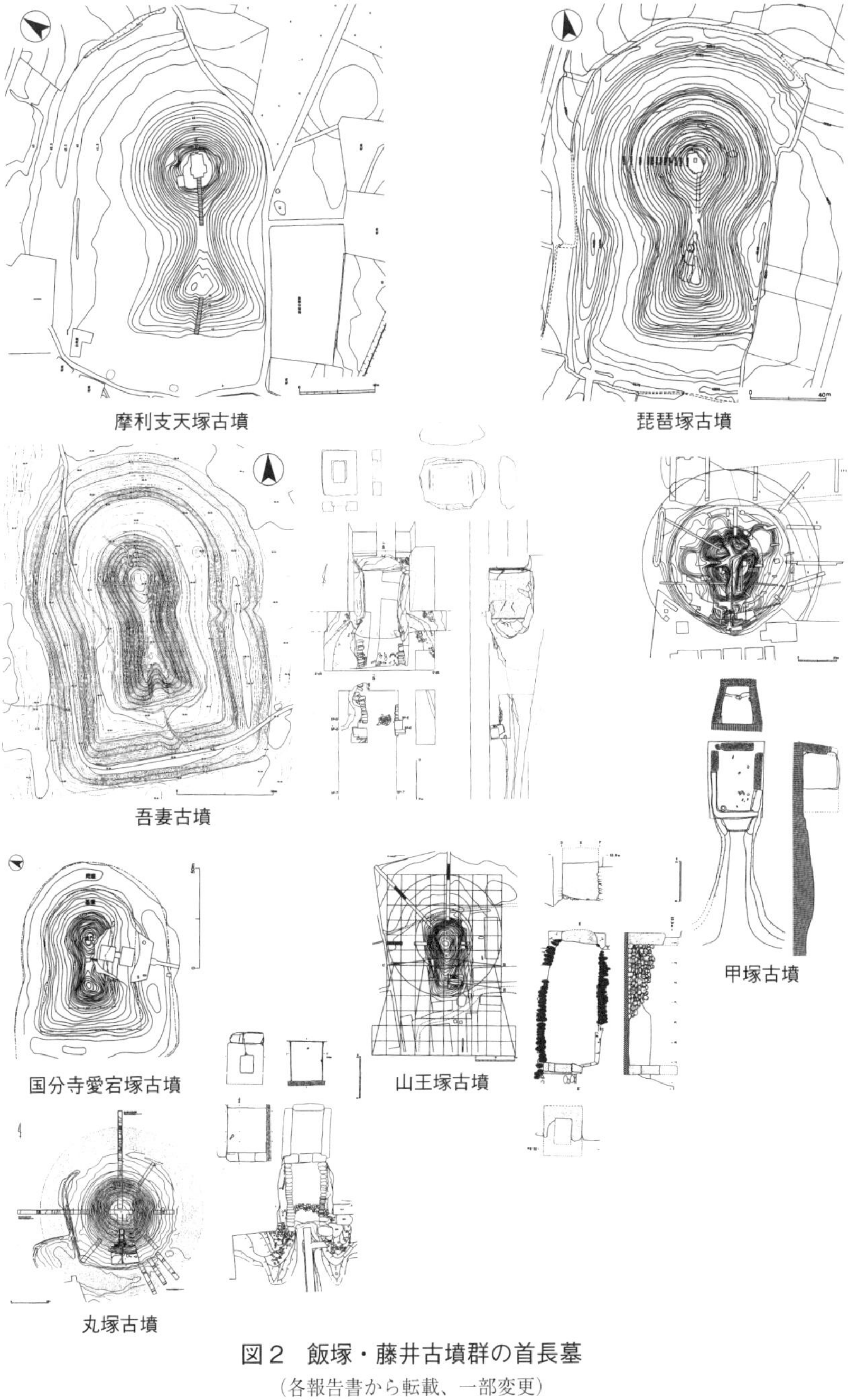


図２　飯塚・藤井古墳群の首長墓
（各報告書から転載、一部変更）

有する古墳一八七基、有しない古墳八基、有無不明九基である。墳丘を有する古墳のうち、墳形が確認あるいは推定されるのは、前方後円墳二九基、円墳一五五基である。規模については、前方後円墳で六〇メートル以上と、六〇メートル未満の間に規模の差があり、円墳では、四〇メートル以上とそれ以下に差が認められる。これらのうち、前方後円墳・円墳ともに六〇メートルを超える規模の古墳は、それ未満の古墳と埋葬施設に明らかな差があるため、六〇メートル以上の古墳を〝首長墓〟、それ未満を〝小古墳〟とする。

なお、本地域の古墳の墳丘に見られる特徴として、墳丘第一段がきわめて広い、いわゆる〝基壇〟を持つことがあげられる。

### (二) 埋葬施設 (図3)

埋葬施設は、墳丘を有するものでは木棺直葬・横穴式石室・横穴式木室、墳丘を持たないものでは横穴式石室・竪穴式石室・埴輪棺が認められる。その他、周湟側面に掘り込まれる土坑・周湟底面に掘り込まれる礫床墓(木棺?)が認められるが、墳丘を持つ古墳の主体部として用いられる例はない。

主体となる埋葬施設は木棺直葬と横穴式石室である。木棺直葬は棺の形状から舟形木棺と箱形木棺に大別される。舟形木棺の据え方を見ると、四周に粘土を用いるものと、小口部にのみ粘土を用いるものが認められる。横穴式石室は、玄室に大型切石を用いる石室と、河原石を用いる石室に大別され、大型切石を用いる石室は、首長墓にのみ採用される。首長墓の埋葬施設は、横穴式石室導入後の古墳において、一定程度明らかになっている。吾妻古墳は玄室の四壁を大型一枚石で築き、南壁に縦長の孔を穿ち玄門とする。内法は奥行二・四メートル、幅一・七メートル、高さ二メートル。報告では、玄室(奥室)前に前室・羨道がつく複室構造の石室とされ、前室・羨道の側壁は河原石を小口積みにして築く。ただし、前室と羨道を仕切る施設は確認されておらず、河原石小口積みで構築された部分をすべて羨道と見做すことも不可能ではない。甲塚古墳の玄室は四壁を凝灰岩一枚石で構築したと推定され、南壁

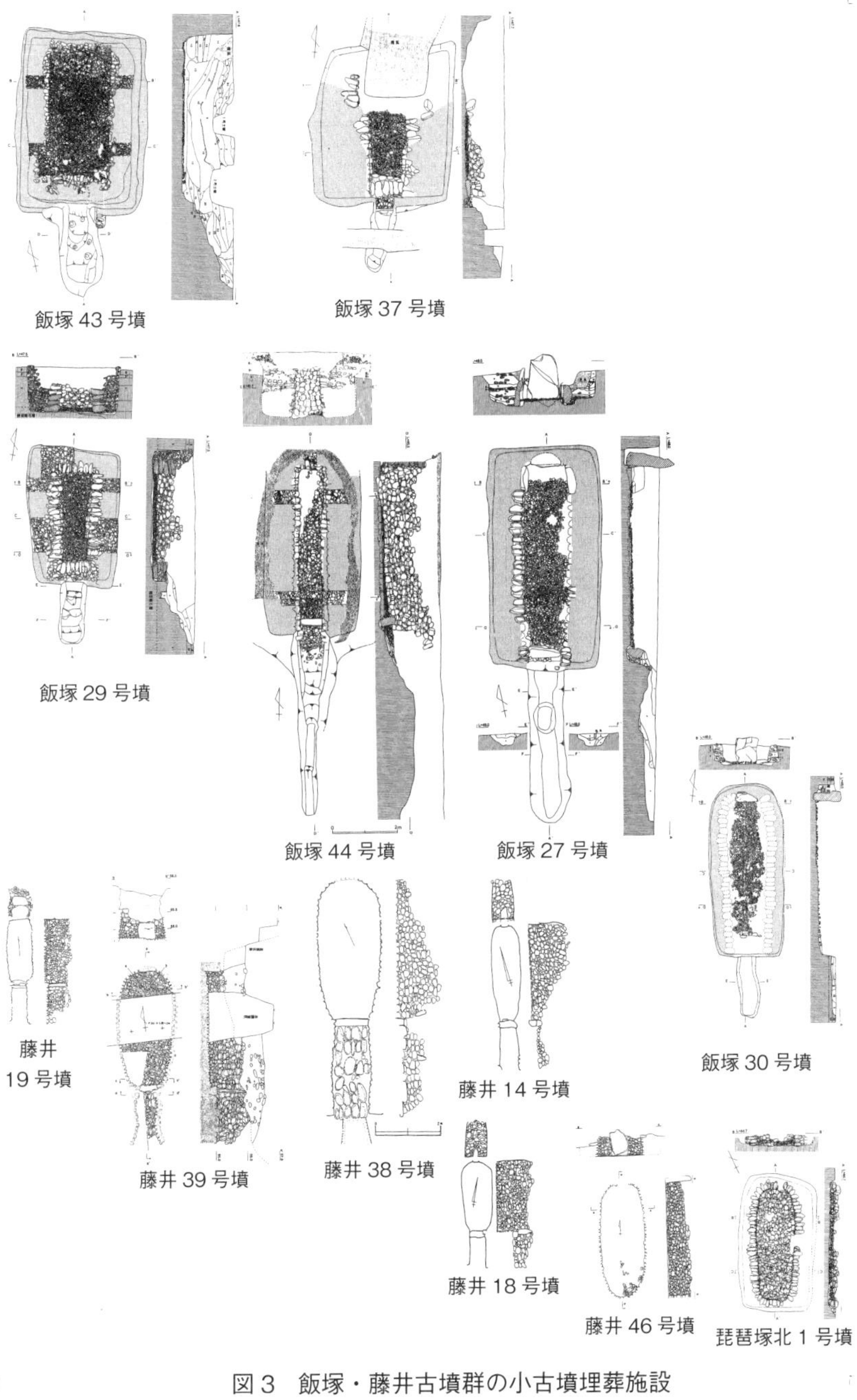


図３　飯塚・藤井古墳群の小古墳埋葬施設
（各報告書から転載、一部変更）

中央を刳り抜いて玄門とする。内法規模は長さ三・〇《メートル》、幅二・〇《メートル》、高さ（推定）一・九《メートル》。玄室前には〇・六《メートル》の閉塞部が、さらにその前には素掘りの墓道が周湟へ続く。山王塚古墳の玄室は奥壁および玄門は凝灰岩一枚石で造られ、玄門は中央を刳り抜く。側壁は河原石で構築され、やや胴張りをもつ平面形を呈する。規模は長さ六・一《メートル》、最大幅二・八《メートル》、高さ一・九《メートル》以上。玄室より前の調査は行われていない。国分寺愛宕塚古墳は調査により玄門に切石が用いられていることが確認されている。丸塚古墳は玄室は四壁・天井を凝灰岩一枚石で刳り抜いて玄門とする。規模は長さ二・二《メートル》、幅一・六《メートル》、高さ二・一《メートル》。玄門前面には河原石小口積みの前室が、さらに、その前面に閉塞部と素掘りの墓道がつく。

　小古墳の横穴式石室については、大橋泰夫により基礎的な分類が行われている（大橋一九九〇）。大橋は「石材は奥壁も河原石を使用し」「羨道から玄室への段差がきつく」「極めて羨道が短い石室」を〝飯塚A型〟、「鏡石を据え」「玄室にやや胴張り化が窺え」「羨道が長く」「羨道から玄室への段差がゆるい」石室を〝飯塚B型〟とする。さらに「框石の上に方立石を立てる、羨道が長く胴張りの傾向」のある石室を〝藤井型〟とし、「奥壁に一枚石の鏡石を使い、玄室の平面形が長方形を呈し、羨道から玄室への段差をもつ」石室を〝藤井A型〟、「玄室に胴張りを持ち、羨道から玄室への段差がきわめて少ない石室」を〝藤井B型〟とした。大橋は飯塚型と藤井型の関係を一系統としたうえで、飯塚A型→飯塚B型・藤井A型→藤井B型という変遷観を示した。

　大橋の見解は基本的にはなお有効と考えるが、大橋がその存在を予想した藤井A型が本台地上で確認されていないことや、飯塚型と藤井型の差が「框石の上に方立石を」立てた玄門の差のみではなく、石組羨道の有無におよび、両者の懸隔は著しい。このため、両者は別系譜と捉えるべきであろう。なお、大橋の分類には示されない形態の石室として、玄室と墓道の段差が大きく、平面形が胴張りを呈する石室も認められる。

### (三) 埴　輪（図4）

埴輪を有する古墳は、前方後円墳で一五基、円墳で二二基を数える。ただし、円墳において埴輪が出土したとされる例の大半は表採によるものであり、発掘調査により伴うことが確認された飯塚三七号墳の埴輪も、他の前方後円墳（飯塚四四号墳）と接合関係が認められることにより、同墳からの移動と考えられることから、現時点で円墳への採用が明らかなものはない。前方後円墳の場合、首長墓である国分寺愛宕塚古墳・山王塚古墳が埴輪を採用しなくなってからの築造と考えられることから、四〇メートル以上の前方後円墳では、基本的にはすべてに採用されていたことになる。四〇メートル未満の前方後円墳においても、採用率が五〇％とかなり高率の採用が見られる。

首長墓における埴輪は、摩利支天塚古墳では墳丘第一段に密な状態で立てられる。円筒埴輪は四条突帯で、器高は七一・六〜七七・二センチ。形象埴輪としては人物埴輪が見られる。琵琶塚古墳では、墳丘第一段に密な状態で立てられる。円筒埴輪は器高五五・五〜五八・八センチとほぼ均一であるが、四条突帯・五条突帯が見られるなど、器形にバラつきがある。形象埴輪は人物・馬・鳥の出土が確認されており、前方部南東中堤上に配されたと推定される。吾妻古墳では、立てられた状態は不明だが、密な立て方は想定できない。円筒埴輪は五条突帯以上の個体が見られる。形象埴輪には人物・動物・器材がある。甲塚古墳では、西側に形象埴輪および円筒埴輪が密に、東側に円筒埴輪を疎に立てる。円筒埴輪は器高・条数ともに不明だが、低位置突帯を持つことが知られる。形象埴輪は人物・馬が出土している。

小型古墳における埴輪は、桑五四号墳では立てられた状態は不明。二条以上の突帯を持つ。形象埴輪として人物・鳥が出土している。飯塚三一号墳では円筒埴輪は墳丘を全周するように、形象埴輪は前方部に立てられていた。円筒埴輪は二条突帯で、器高は四〇センチ前後。形象埴輪には人物・馬・器材がある。花見ケ岡五号墳（旧国分寺村四四号古墳）では立てられた状態は不明。円筒埴輪は二条突帯であり、器高四〇センチ前後。飯塚四三号墳では前方部前端に一〇個体に満たない円筒埴輪が立てられる。三条突帯であり、器高は六二・五センチ。飯塚三五号墳では立

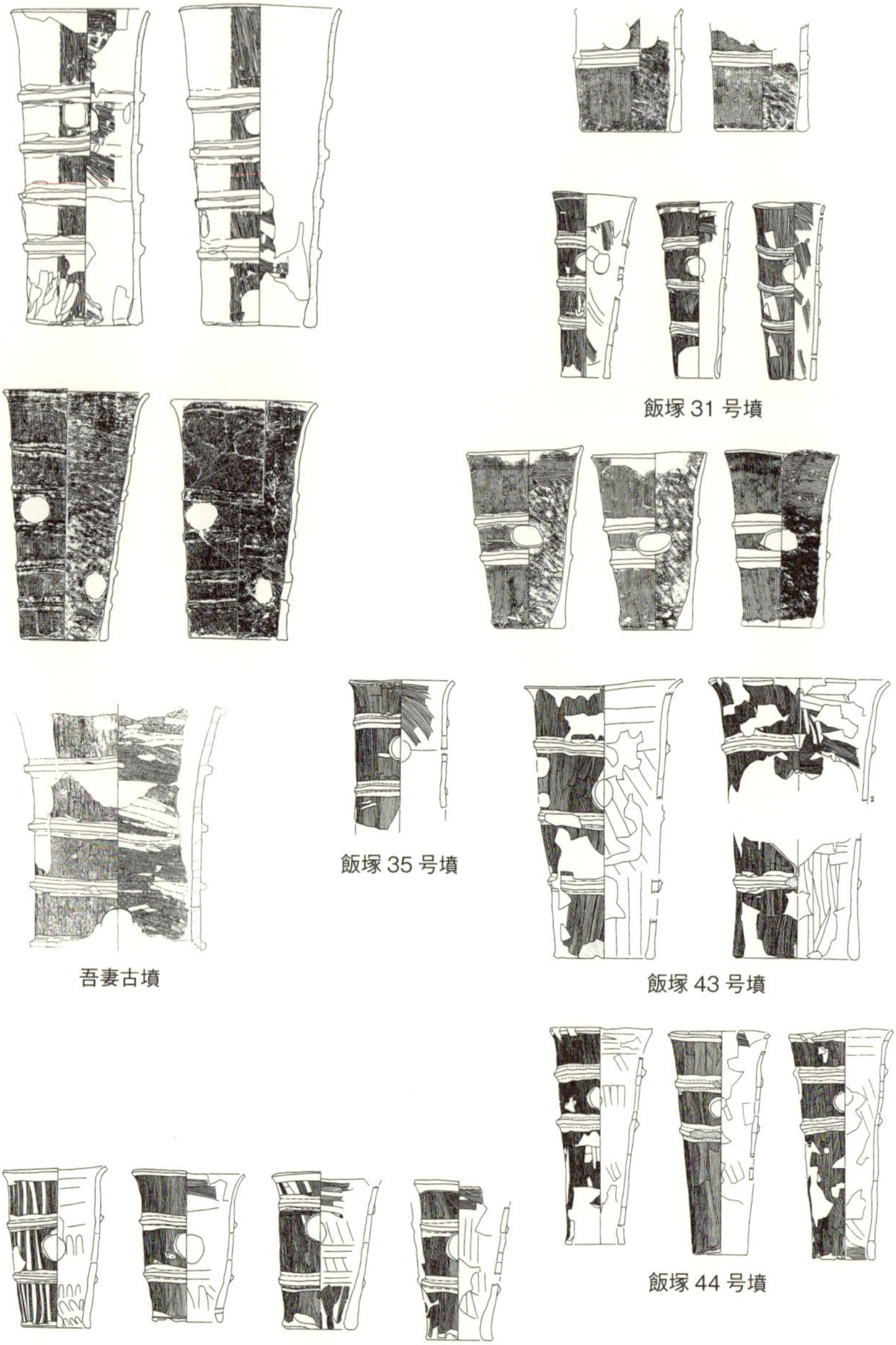


図 4　飯塚・藤井古墳群の出土埴輪

てられた状況は不明であるが、円筒埴輪は、器高五三センチ程度の三条突帯と推定され、盾持人が出土している。飯塚四四号墳では前方部前端に立てられ、円筒埴輪は二条突帯で、器高は約五〇センチ。形象埴輪には人物・馬・盾・靫・翳・大刀がある。一号埴輪棺は本来立てられていた古墳は不明であるが、二条突帯の円筒埴輪を用い、器高は三五・〇～三七・〇センチ。

## 二　古墳群の変遷（表1）

**一期**（TK四七）　群集墳の築造は、首長墓である摩利支天塚古墳の築造を契機とし、小古墳の築造もこれと同時期に開始される。ただし、両者は立地を異にし、前者が台地東側先端に立地するのに対し、後者は台地西側の低位面に立地する。摩利支天塚古墳には竪穴系の埋葬施設が予想される。埴輪を全周させる。基壇はない。小古墳については不明な点が多いが、桑五四号墳の埴輪が五世紀に遡る可能性を考え、群集墳の出現も首長墓と同じころであったと推定する。

**二期**（MT一五）　首長墓として、琵琶塚古墳が前代の摩利支天塚古墳と隣接して築造される。埋葬施設は不明であるが、埴輪等から推定される時期から、竪穴系の主体部と推定される。埴輪を密に全周させるが、摩利支天塚古墳の埴輪がきわめて画一的（安定的）であるのに対し、琵琶塚古墳では多様な円筒埴輪が用いられ、埴輪の受容の変質が認められる。小古墳については木棺直葬を埋葬施設とした一群が併行する時期に築造された。

**三期**（TK一〇）　首長墓は見られないが、群集墳は継続して築造される。首長墓の断絶についてこの地域だけの問題であるのか、他地域との関連で理解すべきかは検討の余地がある。小古墳には前方後円墳と円墳が認められ、六世紀前葉までは木棺直葬、中葉には横穴式石室が採用された。木棺直葬の古墳のうち飯塚三一号墳は、他の古墳の規模を凌駕するとともに、墳形も短いながら造り出しをもち、さらに埴輪の採用、馬具の出土というように上位に位置付けられる要素を持つ。横穴式石室は基本的に飯塚A型が採用されるが、その他横穴式木室（飯

表１　飯塚・藤井古墳群の編年表

| | 首長墓 | | | | | 中小型墳 | | | | | | | | | | | | | | |
|---|---|---|---|---|---|---|---|---|---|---|---|---|---|---|---|---|---|---|---|---|
| | 要素 | | | | | 前方後円墳 | | | | | | 円墳 | | | | | | 墳丘無 | | |
| | 墳形 | 基壇 | 主体部 | 埴輪 | 古墳 | 木棺 | 横穴式木室 | 横穴式石室 飯塚A | | 飯塚B | 藤井B | 木棺 | 横穴式石室 飯塚A | 飯塚B | 藤井B | 小判型 | 埴輪棺 | 竪穴式石室 | 横穴式石室 |
| TK47 | | | | | 摩利支天塚 | | | | | | | | | | | | | | |
| MT15 | | 無 | | | 琵琶塚 | | | | | | | 飯塚40号 | | | | | | | |
| TK10 | | | | 有 | | 飯塚31号 | | | | | | 飯塚34・39号 | | | | | 飯塚1号埴輪棺 | | |
| | 前方後円 | | | | | | 飯塚42号 | 飯塚28・29・43・44号 | 花見が岡3号 | | | | 飯塚37号 | | | | | | |
| TK43 | | | | | 甲塚<br>吾妻 | | | | 飯塚1・2号 | | | | | | | | | | |
| TK209 | | 有 | 切石・横穴式石室 | | 山王塚<br>国分寺愛宕塚 | | | | | 飯塚27号・オトカ塚 | 藤井19号 | | | 飯塚30・32号 | 藤井17・38・39・51号 | | | | |
| TK217 | 円 | | | 無 | 丸塚 | | | | | | | | | 藤井13・14・18号 | 琵琶塚北1号 | 藤井46号 | | | 藤井78号 |

塚四二号）、T字形平面を持つ横穴式石室（飯塚三七号）等が認められ、主体部の構築が安定していなかった様相が認められる。前方後円墳における埋葬施設の位置は、くびれ部に開口するように後円部に設けられる。小古墳の前方後円墳には原則として埴輪を伴うが、全周するわけではなく、前方部に限定される傾向がある。

**四期**（TK四三） 台地北端近くに吾妻古墳が築造される。吾妻古墳は全長一二八メートルと、栃木県最大の規模をもつが、前代の摩利支天塚古墳・琵琶塚古墳とは大きく異なる特徴を持つ。それは、段築第一段がきわめて広い平坦面（基壇）を有すること、前方部前端に埋葬施設を持つこと、埋葬施設は大型切石を用いる横穴式石室であることの三点が挙げられる。このような特徴を持つ古墳を〝下野型古墳〟と呼ぶが、吾妻古墳はその初現と考えている。ほぼ同時期に甲塚古墳が築造されるが、本墳は円形の基壇に前方後円形の第二段を載せる。規模は吾妻古墳より小さいが、やはり前方部前端に大型切石を用いる横穴式石室を構築する。両者については、吾妻古墳から甲塚古墳へという変遷を予想してきたが、近年の調査により両者の築造年代が近いことが明らかとなったため、前後関係で捉えるより、並列した首長系譜の存在も視野に入れ検討すべきかもしれない。この時期の小古墳には前方後円墳と円墳が見られ、前方後円墳の石室は前方部に構築された。現時点では、飯塚二号墳に横穴式石室・埴輪の採用が認められるのみであり石室の位置については今後の調査に委ねるところが大きい。石室の形態は飯塚A型である。

**五期**（TK二〇九） 首長墓として国分寺愛宕塚古墳・山王塚古墳が、吾妻古墳と甲塚古墳の中間付近に築かれる。墳形は前方後円墳であり、基壇を持つ。埋葬施設は切石を用いた横穴式石室であり、前方部側面に開口する。国分寺愛宕塚古墳の詳細は不明であるが、山王塚古墳では石室空間の拡大が認められる。埴輪は用いられない。小古墳には前方後円墳が認められる一方、小古墳の中でも相対的に大型の円墳である藤井三八号墳が築かれる。これまで小古墳の中で上位に位置付けられてきた墳形が、前方後円墳から円墳に転換した様子がうかがえる。

**六期**（TK二一七） 首長墓としての前方後円墳は築造されなくなり、基壇を持つ円墳である丸塚古墳が認められる。石室は切石を用い、玄室前に側壁河原石の施設を構築する。小古墳も円墳のみとなり、墳形・規模による差は認められない。埋葬施設は藤井型および、玄室と墓道の段差が大きく、平面形が胴張りを有する石室（琵琶塚北一号墳）が用いられる。

## まとめ

古墳群は台地南寄りにおける首長墓の築造を契機として開始され、小古墳の築造も軌を一にするように開始する。首長墓の築造は一時途絶するが、その間も小古墳の築造は継続し、北寄りで首長墓の築造が再開されると、小古墳の築造も北寄りで活発となる。首長墓と小古墳の間には墳丘規模・石室構築に明確な差が認められるが、両者は無関係に築造されたわけではなく、首長墓は小古墳に影響を与えた。一方、小古墳の中でも、規模・墳形・埴輪の有無などで格差が認められ、上位に位置付けられる古墳は他地域なら首長墓として扱われる内容をもつ。

これらの内容について、従来、台地上の古墳を一括して古墳群として理解できること、台地上の首長墓は継続して築造されることが指摘されてきた。しかし、実際には古墳群としては、飯塚古墳群・藤井古墳群という枠の中での研究・紹介に終始することが多く、両者を包括した検討は大橋の研究以降あまり行われてこなかった。

今回あらためて台地上の古墳を通観すると、特に首長墓が北寄りに移動した時期以降の小古墳の横穴式石室からは、南と北では石室形態が大きく異なる集団が同一台地上において造墓活動を継続していたとみることも可能である。そして、その結果として県内でも屈指の群集墳が形成されたと考える。無論、二つの集団は対立関係にあるものではなく、造墓の地を同じ台地に置くということからも近縁関係にあったものと推定される。また、北寄りの集団に首長墓が認められるのに対し、南寄りの集団に首長墓が見られない点については、台地上以外に所在する古墳群も含め検討すべき課題である。いずれにせよ、複数集団が同一台地に墓域を求め、首長墓が下位に位置付けられる古墳に影響を与えながら、重層的に古墳が築造されていった姿を本台地上の古墳は示しているといえる。

## 補遺

栃木県における首長墓の変遷と、これに連動するように築造された群集墳の様相について概観した。しかし近年、近接する首長墓が認められない群集墳の報告が相次いでなされた。栃木県小山市に所在する牧ノ内古墳群と西高椅遺跡である。両遺跡は近接して首長墓が存在せず、小古墳のみで構成するとともに、多数密集の状態が確認されている。以下、前述した首長墓と連動する群集墳とは異なる例として紹介する。

牧ノ内古墳群は小山市間々田に所在し、思川左岸台地上に立地する。南側に隣接する八幡古墳群を含め、南北一・二キロ・東西〇・四キロの範囲に一〇〇基以上存在したと推定される古墳群であり、これまでに六七基の古墳が調査されている。古墳の築造は前期の方墳築造に始まるが、中期前半には様相が明らかではなくなり、中期後半になって造墓活動が再開され、後期後半まで築造される。中期後半以降の墳形は原則として円墳のみで構成され、前方後円墳を含まない。墳丘規模は終末期と推定される千駄塚古墳（円墳・七〇メートル）を最大として、ほかの古墳は四〇メートル以下である。規模からは千駄塚古墳が首長墓として傑出した規模を有するものの、ほかの古墳では一定数有力古墳が想定されるものの隔絶した存在とはなっていない。

西高椅遺跡は小山市西高椅に所在し、鬼怒川西岸に立地する。南に位置する小山市梁古墳群・寺野東遺跡、茨城県結城市松木合古墳群まで一連の古墳群と捉えられ、南北二・五キロ・東西〇・五キロの範囲に二〇〇基以上の古墳が築造されたと推定される。古墳の築造は前期後半に始まり、中期前半には限定的になるが、中期後半から後期末葉にかけて地点を異にしながら一定数継続的に築造され終焉を迎えるという変遷が示されている。中期後半から終末期の墳形は墳丘長四〇メートル台の前方後円墳が三基認められるが、突出した規模を有さず、大半は円墳である。

以上、二つの古墳群を紹介したが、一〇〇基以上の古墳が密に存在する群集墳でありながら、近接して累代の首長墓が近接して存在しないことは、前述した飯塚・藤井古墳群とは異なる。これら、二相については今後検討すべき課題と考える。

## 引用・参考文献

秋元陽光・大橋泰夫 一九八八『栃木県南部の古墳時代後期の首長墓の動向』『栃木県考古学会誌』九
内山敏行 二〇一一「中期後半から後期前半の下毛野」『古墳時代毛野の実像』雄山閣
内山敏行・篠原浩恵編 二〇一八〜二〇『西高椅遺跡一〜三』小山市
大橋泰夫 一九九〇「下野における古墳時代後期の動向」『古代』早稲田大学考古学会
君島利行編 二〇一一『しもつけ古墳群』壬生町歴史民俗資料館
小森哲也 二〇一〇「栃木県」『前方後円墳の終焉』雄山閣
小森紀男ほか 一九八七「旧国府村三四号墳墳丘測量調査報告」『栃木県立しもつけ風土記の丘資料館年報』一、しもつけ風土記の丘資料館
中村享史 二〇一一「後期後半から終末期の下毛野」『古墳時代毛野の実像』雄山閣
広瀬和雄 二〇一一「下野地域の後・終末期古墳の歴史的意義」『国立歴史民俗博物館研究報告』一六三
安良岡伸之ほか 二〇二三『牧ノ内古墳群』小山市教育委員会

# 群馬県における首長墓と群集墳

加部二生

## はじめに

一九八二年元日の朝に報道された、群馬県子持村（現、渋川市）黒井峯遺跡の調査成果はあまりにも衝撃的であった。古墳時代後期に噴火した榛名山の火山災害によって完全に埋没した村落の状況からわかったことは、これまでの集落遺跡の発掘成果については、溝や建物遺構の上半部はすでに失われたものであり、従来我々が見ていた風景は、村落全体の半分にも満たない基底部付近のみの情報量であったことが明らかになった。これらの発見は、これまで積み重ねられてきた幾多の「集落論」について見直しを余儀なくされる内容であり、考古学研究史における大きな画期をなしていると言っても過言でない。

当然のことながら、こうした状況は、「群集墳論」についても再考の余地を与える結果となっている。一般的な発掘調査で検出される古墳群は、旧表土上もしくは地表近くに構築されていた小石槨墓、埴輪棺、土器棺、集石墓、土壙墓といった極小墳墓はすべて消失している可能性が高い。あまりにも簡素な構造であるが故に、開墾や耕作などで人力でも簡単に取り除くことができる（図1）。全国各地の調査事例を隈なく検討した時に、古墳築造当時の風景を忠実に現在まで伝えている遺構として、長野県森将軍塚古墳の調査事例をあげたいと思う（図2）。

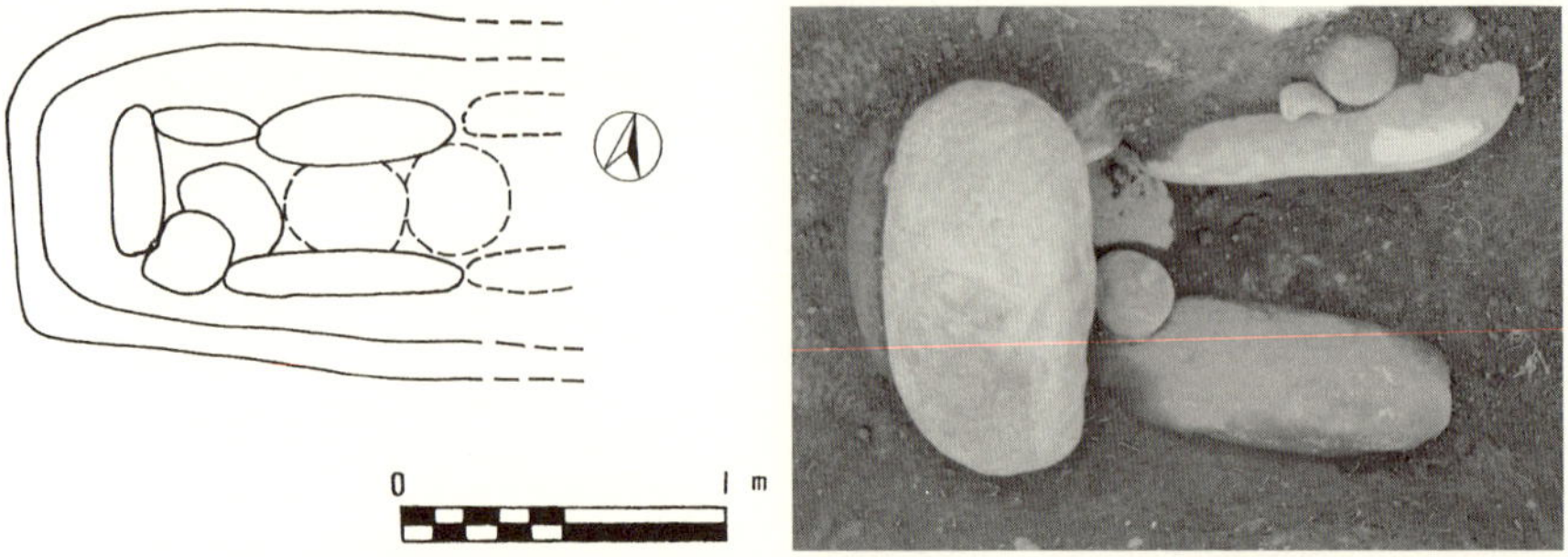


図１　破壊途中の竪穴式石槨（高崎市正観寺村前１号墳、著者写真撮影）

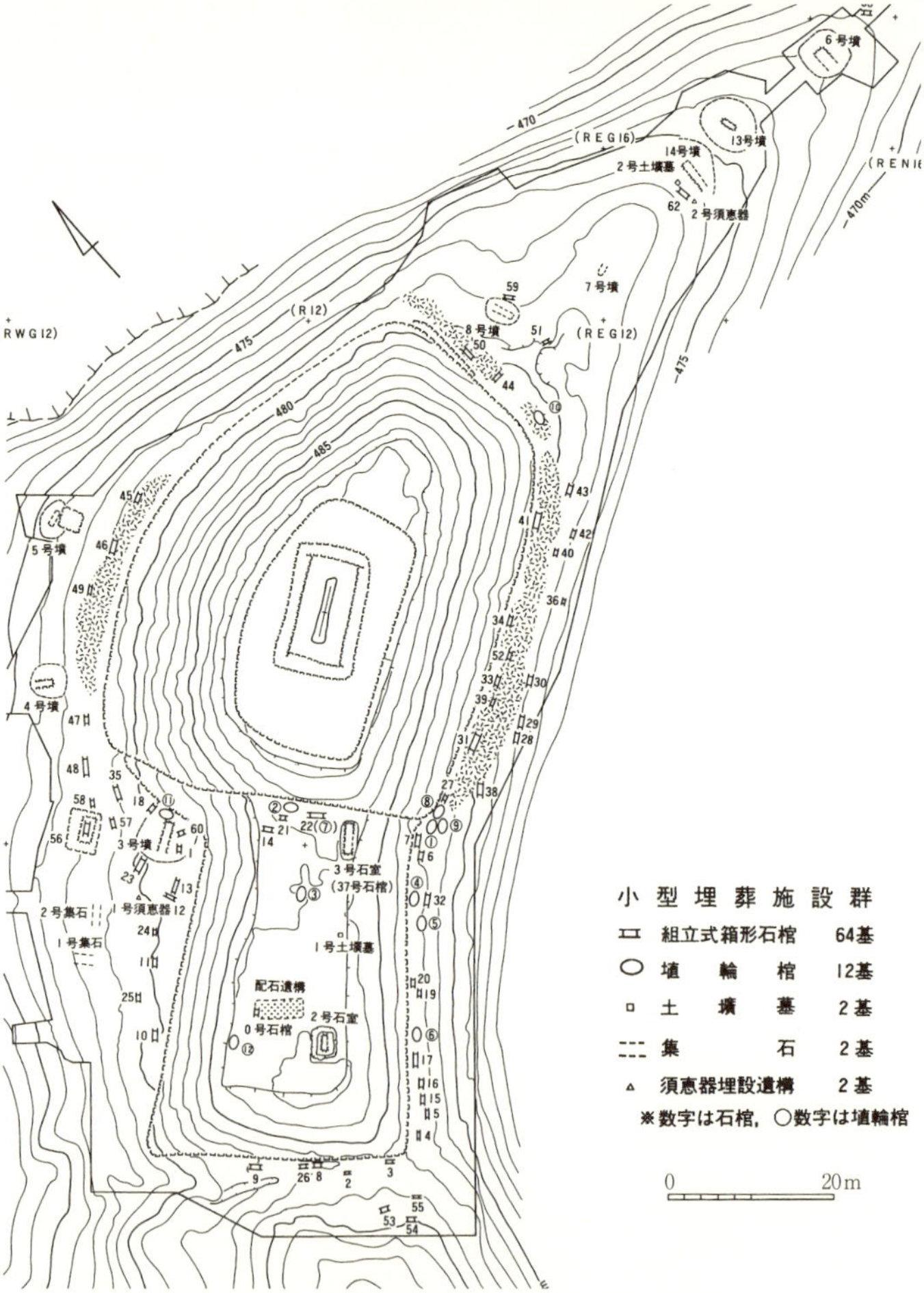


図２　森将軍塚古墳と周辺の小古墳

森将軍塚古墳は狭い痩せ尾根の頂部に構築された九八メートルの前方後円墳で、古墳の周りに六六基の小石槨（棺）墓、一二基の埴輪棺、土壙墓二基、土器棺二基、小円墳一三基などが構築されていた。報告書では、「すでに破壊されたものも多い」と記載されていることから、本来はさらに多くの小墳墓が墳丘周囲に寄生するように構築されていたことがうかがえる。こうした調査事例は決して限定された丘陵上に墓域が形成された特殊な事情ではなく、平野部に構築されている群集墳においても元来は同様の状況を呈していたと考えられる。

実際に群馬県北部で厚い火山灰層下の調査では、径五《メートル》程度の小円墳に寄り添って径一《メートル》程度の極小古墳が複数構築されており、従来周溝内埋葬と呼ばれているような、古墳の周溝底部に構築された小型の竪穴系主体部についても、それらを被覆するような小さい盛土あるいは積石を伴っていることが明らかにされている（図3）。なお、極小古墳の場合、必然的に埋葬主体部は竪穴系主体部に限られるのであり、同様の埋葬形態は縄文時代石棺墓以来、奈良・平安時代以降に至るまで継承されている。換言すれば、古墳時代全般をとおして構築された埋葬形態であったといえる。さらに、火山灰層下で盛土あるいは積石があっても周溝は有さない古墳がある。このほか、小円墳の墳頂部に追加された竪

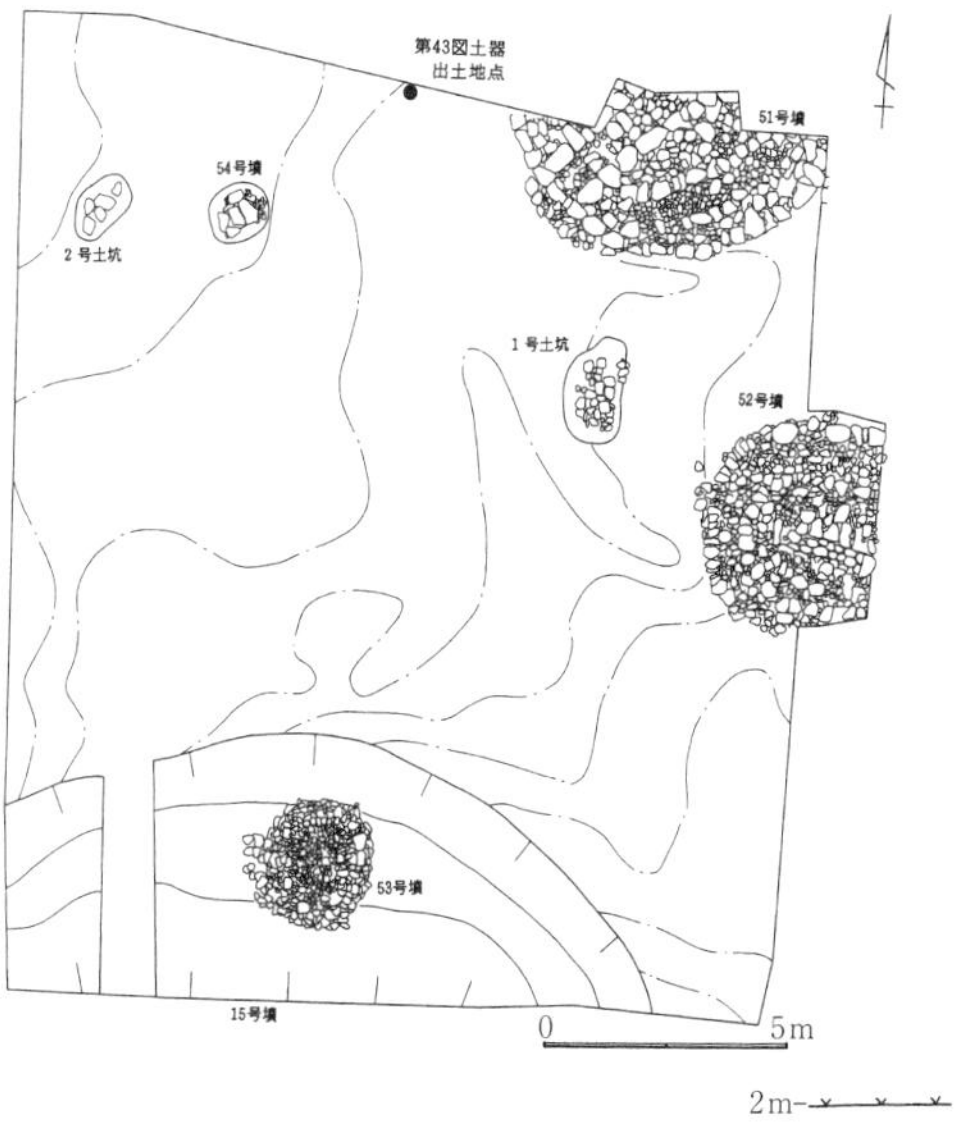


図3　周溝内埋葬の空沢53号墳と周溝のない空沢51号及び52号墳

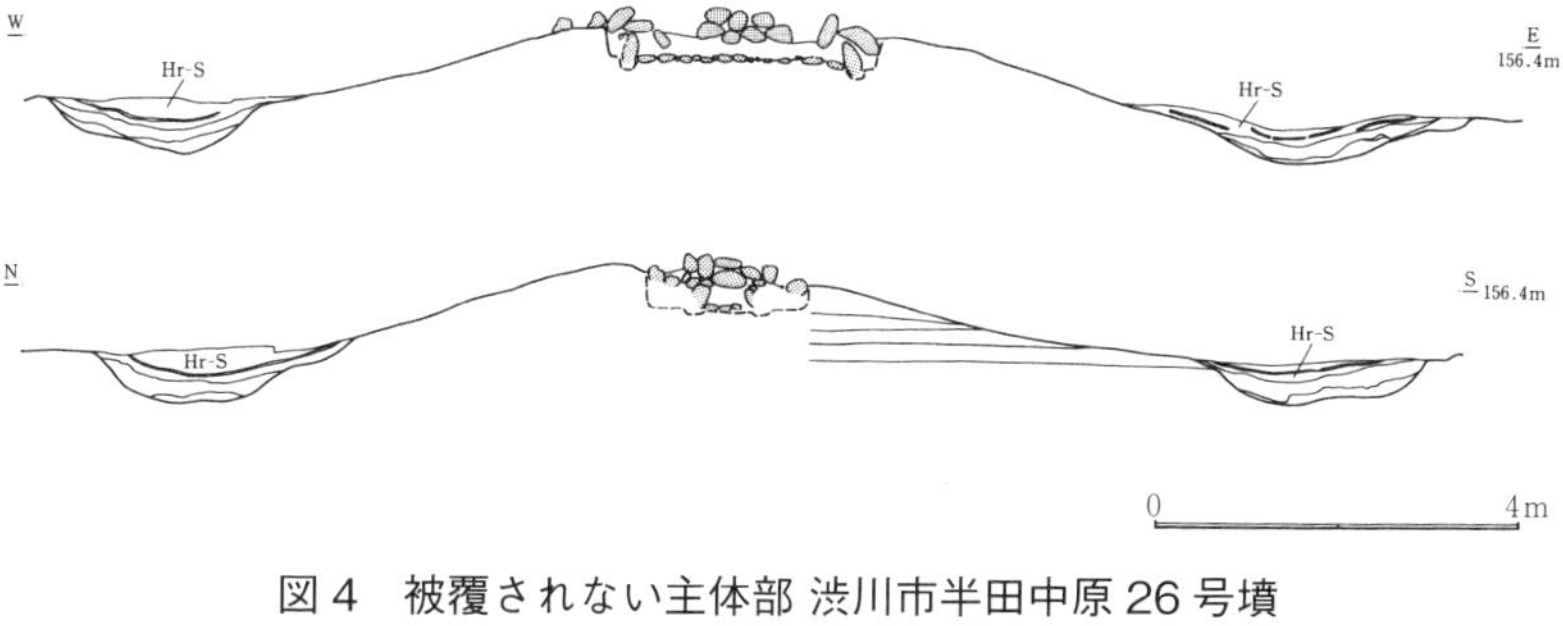


図4　被覆されない主体部 渋川市半田中原26号墳

穴系主体部は天井石が露出した状態で発見され、元来被覆されていない事例も確認されている（図4）。従来、こうした元々あった墳丘を利用して構築される埋葬主体部については、すべて追葬と解釈されてきた傾向があるが、あるいは重複遺構と捉えるべき事例が多いのではないだろうか。

群集墳を研究するに際しては、こうした見えない背景があることを常に留意する必要性があるだろう。

## 一　大型首長墳を取り巻く群集墳

首長墳を取り巻く位置に同時期の群集墳が構築された事例として『講座』編年（以下略）八期の保渡田古墳群の状況が被葬者の階層性を示唆する好例として頻繁に引用される。同古墳群では三基の大型墳に井出北畑遺跡や墳長四〇メートル程度と考えられる保渡田Ⅶ遺跡の帆立貝形古墳が付随し、さらに円墳群が構築されている。また、群内には、埴輪棺や石槨墓といったさらに低階層の極小墳墓が存在しており、顕在化したヒエラルキーを読み取ることができる。

ここでは、群馬県下の墳長一〇〇メートル以上の大型首長墳に焦点をあてて、同時期の円墳で構成される群集墳との位置関係について調べてみた。その結果、群馬県内で古墳時代全般を通して確認された二九基の墳長一〇〇メートル以上の前方後円（方）墳をすべて検討すると、保渡田古墳群の例はむしろ珍しく、一般的には大型前方後円（方）墳に隣接して同時期の群集墳は伴わない事例の方が多いことが明らかになった。

伴う事例を通史的に見ると、四期の浅間山古墳を中心とした正六古墳群の、大鶴巻古墳前面にある万福寺遺跡で同時期の円墳群が確認された。また河川を隔てた西側には帆立貝形古墳の大山古墳（墳長七五メートル）や、下佐野茶臼山古墳、亀甲庚申塚古墳などの径四〇メートル以上の大型円墳が控えており、保渡田古墳群で認められた首長墳と群集墳の墓域の一体化はこの段階で具象化されている。万福寺遺跡で調査された中では五基の古墳が同時期と考えられ、九号墳では長胴化した底部穿孔二重口縁壺型土器が出土している。『高崎市史』では、これらの土器は混入品で、葺石をもつことを理由に五世紀後半代の古墳としている（関口一九九九）。しかし、その時期のⅠ－1号墳、Ⅱ－3号墳等は葺石を有していない。大鶴巻古墳に最も近接したⅠ－九号墳とⅠ－一七号墳は、これら群集墳の中では大きく、陪塚的な位置に構築されている。なお、群内で埴輪棺が調査されているが、これらについては七期以降と考えられる。注目されるのは本古墳群では、埴輪の使用は帆立貝形古墳の大山古墳までで、大型円墳の亀甲庚申塚古墳とやや後出する下佐野茶臼山古墳以降、小円墳、方墳等の階層では土器供献は確認されるが埴輪配列は無い。このほか、下郷遺跡では墳長一〇二メートルの下郷天神塚古墳を中心に、八基程度の方墳と円墳が伴う。先行する前方後方墳の下郷一〇号墳も四期段階まで下がると考えられる。

一方、東毛地域では、五期の太田天神山古墳の周辺において、同時期に墳長一〇〇メートルの造出し付き円墳である女体山古墳や径二一メートルの目塚一号墳、天神山A陪塚と呼ばれる径三五メートルの九合六七号墳が構築され、その北側に接して一〇基程度の小円墳で構成された群集墳がある。六七号墳は単独墳ではなく、むしろ小円墳群と一体を成す群中の一基と考えられる。現状ではそれらの群集墳が未調査のために確定はできないが、保渡田古墳群に代表される規範に共通する様相を呈している。前代の正六古墳群と異なる点は、太田の事例では円墳においても埴輪配列が認められる点で、円墳構築に当たって主墳の太田天神山古墳と同一工人集団の手による埴輪製作が行われていることが指摘されている。

八期には、冒頭で述べた保渡田古墳群が構築される。本古墳群では、三基の前方後円墳に付随する形で帆立貝形古墳三基、円墳七基が調査された。当初は井出二子山古墳の外部施設と捉えられていた保渡田Ⅶ遺跡一号墳の形象埴輪器種組成は、一般的な帆立貝形古墳の内容と比較して種類・数量ともに秀でている。この点については、大型前方後円墳被葬者勢力に付随することで生じる格差ではなかろうか。なお、本古墳群も小円墳まで埴輪配列は有している。

九期では赤城山南麓地域で、小型の前方後円墳もしくは帆立貝形古墳の盟主墳が率先して横穴式石室を導入している事例が轟山古墳群や洞山古墳群等で認められている。構成される群集墳は竪穴系主体部をもつ円墳であるが、盟主墳は丘陵頂部に占地しており、同時期の中でも竪穴系の円墳群よりも良好な立地に構築されている。

一〇期では、地蔵山古墳群内の後期群集墳が該当する。この古墳群は三期と考えられる丘陵頂部の地蔵山古墳を嚆矢として以降、四〜一一期にかけて構築されている。一〇期では丘陵最下部の東側に墳長一〇〇メートルの前方後円墳で、巨石巨室墳の五目牛二子山古墳が構築される。当該期の円墳は五基以上あると考えられ、散在するものの同一丘陵の南側斜面部に立地している。

また前期から構築される広瀬古墳群では山王支群で一〇四メートルの大屋敷古墳、九〇メートルの上両家二子山古墳を中心として七〇メートルの上川淵一一一号墳、五四メートルの金冠塚古墳などの中規模前方後円墳が続き、さらに帆立貝形古墳の山王若宮Ⅳ一号墳と小円墳群の階層構造が看取される。ここでは大型墳から小円墳までいずれも榛名火山噴出角閃石安山岩の削石互目積横穴式石室を有することで共通している。

古利根川流域の氾濫原周辺では、榛名火山に起因する角閃石安山岩使用古墳が九・一〇期段階の古墳に使用される例は多い。淵名古墳群では、墳長九〇メートルの上淵名雙児山古墳、三〇メートル程度の小型前方後円墳である小雙児古墳を中心として、下谷から上淵名にかけて連綿と七〇基あまりの円墳が構築されており、周知されている主体部はすべてこの石材を用いている。このほか主墳が七三メートルの安堀古墳で二〇基からの円墳が伴うお富士山南古墳群も同様である。

西毛地域では、九期から構築される大道東古墳群で、一〇期には四〇メートルの前方後円墳である土手二子古墳を中心として五〇基程度が構築される。一方、五期段階に大型円墳の築造が認められる山名古墳群では九期に築造が再開され、一〇期にピークを迎える。主墳の山名伊勢塚古墳は墳長六五メートルの前方後円墳で、一二基がこの時期に築造される。

一一期の事例としては、西大室伊勢山古墳群が該当する。主墳の伊勢山古墳は墳長五四メートルの前方後円墳で、埴輪を配列されないことから七世紀代に比定している。周囲の円墳群は一部に埴輪をもつ古墳があるが、ほかの一四基はいずれも同時期か、それ以降の終末期古墳である。

## 二　大型首長墳を伴わない群集墳

前期方墳群の場合、前方後方墳を中心とした一群がある一方、方墳のみで構成される事例も知られている。こうした系譜は五期の見立溜井古墳群や黒井峯古墳群で確認される。これらはいずれも北毛地域の事例であるが、地域的な要因ではない。平野部で検出された方墳群も同時期と考えられるからである。従来、方墳群を調査すると無条件に前期に比定している傾向があるが、出土土器や堆積土層などを再検討すると、かなりの例が中期まで下がる可能性が指摘される。なお、円墳のみで構成される事例も五期段階に登場する。大泉町と太田市にまたがる間の原遺跡では五基が調査されており、これらについては、埴輪は伴わないものの、出土土器がすべて和泉期である。同様の事例は成塚住宅団地遺跡でも検出されたが、こちらは単独で発見された。七・八期段階に激増する古式群集墳についても、群馬県内では嚆矢の古墳は五期まで遡る事例が多く、上栗須古墳群、少林山台古墳群、高林古墳群、西野諏訪神社丘古墳群等で川西Ⅲ期の埴輪を出土する古墳が調査されている。なお、この段階では一般的には小円墳に埴輪を配列しないことから、そのために時期同定を誤って新しく位置付け、実際の基数よりも過小評価されている可能性が高い。

七期には、高崎情報団地遺跡で造営が開始される。帆立貝形古墳を中心として、七期に四基、八期に一四基、九期に三基、一〇期以降に六基が構築されている。世良田諏訪下古墳群もこの時期から構築が開始される。墳長二九メートルの造出し付き円墳である一号墳を中心に五基が構築され、その後の八期には一八基、九期には四二基が構築されている。八期の一一号墳は帆立貝形古墳であり、九期の三二号墳は中規模の前方後円墳と、盟主墳の推移も想定される。一〇期段階には付近の小角田前に一〇〇メートル級の前方後円墳が築造される地域である。

横穴式石室導入段階では、九期に築造開始される宇津野有瀬古墳群、多田山古墳群がある。火山灰層下の宇津野有瀬古墳群では、円墳に寄り添って径二メートル、高さ一メートルの極小古墳が構築されている。主体部は竪穴式石槨（箱式棺状内部主体）である。これらは構築面の地表下に築かれたもので、従来、石槨墓と呼ばれる遺構と同様である。周溝は無いが、本来は小さいながらもマウンドがあったことが火山灰層下の調査で明らかにされている。また、それらが周溝内に構築される場合は周溝内埋葬と呼ばれているが、空沢遺跡や宇津野有瀬古墳群ではそれらにもマウンドが存在する。

荒砥下境古墳群や粕川西原古墳群は一〇期に構築が開始される。また、和田山古墳群では二六基の円墳を発掘しており、五基が一〇期、一九基が一一期の所産とされている。しかし、本古墳群には方格規矩四神鏡を出土した桜塚古墳や四獣鏡を出土した五世紀代の古墳が含まれており、築造の初源は古いと考えられる点で注意を要する。

終末期の群集墳については、同時期の高密度型群集墳が知られており、奈良古墳群、塚原古墳群、東浦古墳群、日野金山下古墳群等が知られる。こうした中にも他よりもやや規模が大きい盟主的な存在の円墳が含まれており、副装品では装飾大刀や飾られる馬具類などが出土している。

## 三　群集墳にみる階層性の変遷

前述したとおり、四期段階では埴輪の使用が帆立貝形古墳までしか認められていない。五期になると大・中型円墳での使用が確認される。しかし、七期段階までは群集墳被葬者中でもリーダー的な盟主墳のみ埴輪が配列できるようである。それが八期段階には小円墳まで波及する。このことは、当地への埴輪の普及状況を密接に反映したものであり、大型墳から徐々に浸透していくという方向性に矛盾はない。埴輪の器種については八期までの群集墳では基本的に、普通円筒埴輪と朝顔形埴輪で構成され、形象埴輪が加わる場合は家、人物、馬形、鳥形、器財では盾、蓋が確認されている。円筒埴輪の段数は、一般的に五期までは円墳も含めて三条四段に統一され、六期から帆立貝形古墳にも二条三段が出現する。八期になると円墳の中でも盟主的な中型墳には三条四段も残存するが、群集墳の多くは二条三段が採用されている。

形象埴輪の器種組成は階層性に影響を及ぼすと考えられ、九期までは規制があるようである。一〇期段階になってはじめて小円墳でもすべての器種を配列することができる。なお、大型墳を取り込む群集墳では、埴輪の器種、数量ともに取り込まない群集墳よりも多い事例があり、ヒエラルキーの傘下に直接的に与することで生じるヘゲモニーが垣間見える。

ただし、単純に周囲の群集墳のみが大型墳の傘下に属するピラミッド構造の底辺部分に相当するのではないことが予想される。群集墳の構成基数が古墳の規模に比例して必ずしも大きくならないからである。

一般的に古式群集墳の副葬品については、貧弱で鉄鏃や刀子程度の小型武器・工具程度しか出ないという指摘がある（右島二〇〇四）。しかし、群馬県内では八期の群集墳から甲冑類を出土した事例が一二基あり、馬具類に関しては九基で確認されている。大刀・剣・鉾などの大型武器類は最低でも三九基、鏡も八基で確認される。九期になると甲冑類六基、馬具類一八基、大型武器類二八基、鏡も六基で確認される。一〇期では、甲冑類二四基、馬具類四一基、大型武器類三一基、鏡も三基から出土している。

若宮古墳群や少林山台古墳群では、石槨墓と呼ばれる極小古墳から大刀やその他鉄器が出土しているし、装飾大刀、鉄斧、コロク金具なども小円墳からの出土例がある。未盗掘古墳はほとんどないので大型武器類はより盗掘されやすいという負数を差し引いても、これだけの残存遺物があることから、今後、その数はさらに増加の一途をたどると考えられ、地域的な偏りは認められない。また、主長墳周辺の群集墳と一般群集墳の副葬品保有率の比較検討についても、八期以降で顕著な格差は認められなかった。威信財のあり方については、八期の本関町古墳群では、大型古墳ではすでに廃れている横矧板鋲留短甲を径一二メートル《メートル》の小円墳で副葬していた。型落ち品を拝領したか、あるいは前代の伝世品を副葬したものであろうか。

九期の横穴式石室の導入に関して、中小の帆立貝形古墳が同一群内の小円墳に先行して新来の埋葬形態を導入している。さらに榛名ＦＰ層下の事例では、径一二・七メートルの有瀬五号墳は横穴式石室をもつが、周囲に隣接する径二メートル程度の極小古墳はいずれも竪穴系主体部である。これらの現象は階層差から生じる格差に他ならない。また、一〇期段階の横穴式石室では用材は同じであるが、首長墳は両袖型、小円墳は無袖型の差がある地域も確認される。

## 四　群集墳研究の問題点

従来の群集墳研究は、先入観念に捉われ、七・八期以前に断絶があるかの通説が支配的であった。しかし、個々の事例について検討していくと、弥生時代後期以来の墓制と視覚的な外部構造は差異がないのが現実である。七期以前に断絶があるかのように論拠されていたのは、区分する何の根拠も示さずに七期以前の群集墳は周溝墓と呼び変えて、あたかも異質な存在であるかのように仕立て上げられた結果である。

こうした瓦解の契機となった一因として、埴輪の有無が古墳の年代観に大きく影響している功罪が指摘される。前述したとおり、七期以前では、盟主墳にしか埴輪が配列されないことから、その時期以前の群集墳は少ない土器類が唯一の年代指標の手がかりであった。土器類が出ない場合は時期不明にするか、あるいは埴輪が無いことを理由に七世紀以降に比定され、実際には遺物が出ていても混入品として処理される場合が多い。さらに、群馬県地域は火山灰の年代を利用できることから、五世紀後半段階については遺物が無くともかなりの古墳が時期決定されている。皮肉にも、そのことが七・八期の古墳数を助長させる結果となっている点も否めない。周溝内にＦＡ層が降下しているものに関しては、遺物があっても七・八期にしている傾向がある。

七期以前については過小評価され、それ以降は過大評価されていることが、大きな断絶と見紛った要因といえる。ただし、七・八期において、古墳数が急激に増加している点は正鵠を得ており、画期となりうる事実までを否定するものではない。

また、調査範囲だけでその群集墳を論ずる早計な研究が多い点についても注意を要する。一〇・一一期に盛行する和田山古墳群については、桜塚古墳や四獣鏡出土古墳、初期横穴石室墳といわれる椿山古墳といった群内の動向を加味していない。

調査方法にも問題がある。重機の導入によりローム層まで下げてしまうため、実際には周溝があったものが無いと報告され、浅い部分が土橋状に残る表現とされる。

七世紀段階に新たに構築が開始される群集墳は想像以上に少ないことが指摘される。北毛の奈良古墳群や、日野金山下古墳群、東浦古墳群など、山間部の段丘面や狭い丘陵上といった閉鎖的空間に高密度に構築されるものであり、平野部ではほとんど確認されない。

## 五　群馬県地域における群集墳の特徴

群馬県地域における群集墳の出現は弥生時代以来の周溝墓群の系譜を引き継ぎ、円形墳と方形墳が混在するかたちで、古墳時代に突入したと考えられる。これらは基本的に埋葬主体部を構築時の表土よりも上位に設置することから、小さいながらもそれらを被覆するための盛土を有していたと考えられ、その状況は時期差による消長はあったものの古墳時代終末期まで継続する。方墳のみで構成される群集墳については弥生時代以来伝統的に残る墓制であり、九期までは確認される。しかし、七世紀代に小方墳群が形成されない点は畿内地域と最も異なる地域性と考えている。また、円墳だけで構成される一群は現状では五期には成立しており、弥生時代後期にはあるので、今後つながる可能性も否定できない。七～八期に古墳数が急激に増加する。しかし、これらの群集墳は新たに墓域として新設されたのではなく、群中の嚆矢となる古墳は四、五期段階まで遡る事例が多い。

埋葬主体部については五期に竪穴式石槨（箱式棺状内部主体）が出現して、以降には主流となる。その点で畿内地域をはじめとする円墳に木棺直葬が盛行するのとは異なっている。また、方墳の場合は木棺直葬（粘土床）墓が多い傾向にある。

このほか、前方後円墳や、帆立貝形古墳、中・大型円墳などの埋葬施設でみられる舟形石棺や礫槨（木棺礫床墓）等は使用されないという意見（右島一九九四）もあるが、地蔵山古墳群や蟹沼東古墳群、甘楽町周辺の群集墳に舟形石棺が多用されており、木棺礫床墓は太田・大泉周辺地域では一般的に認められる埋葬施設である。これらは地域色と捉えられる。また、副葬品については、前述したとおり、主体部が残存している場合はかなり高い比率で大型武器をはじめとした副葬品が埋葬されている。

**引用・参考文献**


甘粕　健編　一九八二『東日本における群集墳の総合的研究』新潟大学人文学部
加部二生　二〇〇四「群馬県における中期古墳出土埴輪の分布と系譜」『埴輪研究会誌』八、埴輪研究会
加部二生　二〇一三「群馬県地域における中期古墳の様相」『中期古墳の再検討』第一八回東北・関東前方後円墳研究会シンポジウム発表要旨資料
加部二生・橋本博文　一九九六「上野の前方後円墳」『東北・関東における前方後円墳の編年と画期』第一回東北・関東前方後円墳研究会シンポジウム発表要旨資料
関口　修　一九九九「倉賀野万福寺遺跡古墳群」『新編高崎市史』資料編1　原始古代Ⅰ
広瀬和雄　一九九八「群集墳研究の現状と課題」『古式群集墳の様相』群集墳研究会
右島和夫　一九九四『東国古墳時代の研究』学生社
右島和夫　二〇〇四「群集墳の築造背景―竪穴式石槨墓から横穴式石室墳への移行過程―」『福岡大学考古学論集』小田富士雄先生還暦記念、三六五頁


**図出典**

図1：高橋茂樹・渋沢　空一九八五「高崎市正観音寺村前1号墳調査概報」『礎』一〇号、東雲倶楽部　図2：森将軍塚古墳発掘調査団編一九九二『史跡森将軍塚古墳保存整備事業発掘調査報告書』更埴市教育委員会　図3：小林良光・荒木勇次一九九三「空沢遺跡第12次調査Ⅱ地点」『市内遺跡Ⅵ』群馬県渋川市教育委員会　図4：大塚昌彦一九九四「初期群集墳」『半田南原遺跡』群馬県企業局・渋川市教育委員会

# 第4章

# 群集墳の被葬者

# 群集墳の被葬者層
## ―東京・神奈川―

柏木善治

## はじめに

東国の群集墳に埋葬されたのは、どのような範囲の人々であろうか。横穴墓を中心に研究史をみると、菊池義次により、横穴墓の被葬者は庶民という階層が想定されていた（菊池一九五五）。しかし、阿部黎子は相模国の郷域における埋葬人数について、横穴墓を対象に存続年数を二〇〇年と想定し、郡司・里長などの在地豪族や、そのほか朝廷によって東国に移入された氏集団とし、ごく限られた数世帯の人々であるとした（阿部一九六六）。

また、佐竹茂は福岡県の竹並横穴墓群の分析を通して、埋葬人数からその構成に幼児を含む点を考慮し、埋葬人骨の組成が戸籍にみる年齢構成と類似することから、家族墓としての性格が強いとみた（佐田一九七二）。鈴木敏弘は、東京都の赤羽台横穴墓群の被葬者について、埋葬人骨の組成と大島郷戸籍との対比をし、横穴墓の埋葬単位が房戸であるとした（鈴木ほか一九八九）。

その他、梶ケ山真理は武相地域の横穴墓出土人骨について埋葬を六類型に分け、改葬に伴うそれぞれの段階を理解する。一世代一横穴墓の単位群を否定し、改葬による埋葬が行われたことを推定した（梶ケ山一九八九）。また、梶ケ山は松崎とともにさらに考察を重ねた。横穴墓の築造契機は被葬者の性別や年齢に左右されず、南武蔵地域の出土人骨の形態は様々で、双系的な論理性と多様性にもとづく埋葬様式が施行されたと判断する。横穴墓被葬者においても、mtDNAのハプログループの種類から大陸や朝鮮半島との関連が示せるとしながらも、単純に出自などは括れず、地域や横穴墓ごとのデータベース化と埋葬様式の分析が不可欠であると提言した。

人口推計については、澤田吾一の研究が著名である。推計の中心になるのは、弘仁主税式に記載された出挙稲数を基準とする方法で、当時の人口については次のような数が示されている。郷平均は一、三九九人、和名類聚抄記載の郷数四、〇四一郷から全国総人口を五六〇万人とし、賤民や雑民等を加え、六〇〇～七〇〇万人と推計している。武蔵国の郷の平均人数は一、一〇〇～一、二〇〇人、下総国の郷の平均人数は一、二〇〇～一、三〇〇人とし、戸は五〇戸で郷をなし、それゆえ、戸の平均人数は二五人前後となり、それが主戸・房戸で構成していたとする（澤田一九二七）。また、一〇世紀初頭の倭名類聚抄から、郷戸五〇戸、一戸は戸籍・計帳から平均二五人の成員、一郷あたりの平均は一、二五〇人、これを各国郷数に乗じて国別人口を求めるという方法による算出がある。良民人口は五二三万人、奴婢人口を全体の五～一〇％として加え、八世紀代の総人口を五五〇～五八〇万人と推計する（社会工学研究所一九七四）。そのほか、大淵寛・森岡仁には時代ごとの列島における人口を研究史をふまえて整理している（大淵・森一九八一）。古墳時代は小山修三の研究成果（Koyama1978）を引用し、次のように示した。澤田の出挙稲をもとに推計した良民人口を推計の基礎値とし、土師器文化期（一、二〇〇年前）を一として、時代ごとに比例定数を決めて土師器文化期の人口は、関東九四三、三〇〇人とし、全国では、五、三九九、八〇〇人とする。小山の人口推計は、弥生時代が約六〇万人、土師器時代には約五四〇万人とされ、弥生時代の約九倍に急増したとされている。

埴原和郎は、この理由を食糧生産技術の革新だけではないとして渡来人の移住にみる。ラフな推計との前置きで、世界の人口増加率は〇・〇四％／年（紀元元年から一六〇〇年頃）と推定され、同時代の世界的平均値の一〇倍余りに達する。弥生及び古墳時代の渡来者は予想以上に多く、一〇万の単位で数えるほどに達したとみなし、古墳時代に関してはその増加時期を五世紀前後、五世紀後半～六世紀初頭と想定している（埴原一九八六）。

## 一　一基あたりの平均被葬者数

玄室内の埋葬人数を分析したものとして、広瀬和雄による群集墳の分析がある。そこでは、横穴系内部主体を有する一基の古墳（一石室内）に埋葬された被葬者数の平均的数値が三～五体とされる（広瀬一九七八）。

神奈川県下の横穴墓の被葬者数をみると、一〇八基に対して三一二人が集計でき（表1）、一基あたりの被葬者

**表1　神奈川県の横穴墓埋葬人数**

| | 市町 | 横穴墓名 | | 被葬者人数 |
|---|---|---|---|---|
| 1 | 大磯 | 愛宕山下 | 8号 | 1 |
| 2 | | 北中尾 | 14号 | 1 |
| 3 | 中井 | 比奈窪 | 10号 | 2 |
| 4 | | | 11号 | 2以上 |
| 5 | 二宮 | 倉上 | 12号 | 1 |
| 6 | 秦野 | 岩井戸 | 旧1号 | 1 |
| 7 | | | 28号 | 1 |
| 8 | | | A2号 | 6 |
| 9 | | | A4号 | 4 |
| 10 | | | A5号 | 3 |
| 11 | | 鶴巻大椿 | H2号 | 1 |
| 12 | 平塚 | 万田八重窪 | 41号 | 1 |
| 13 | | | 1号 | 1 |
| 14 | 松田 | 唐沢 | 1号 | 1 |
| 15 | | | 2号 | 1 |
| 16 | | | 5号 | 1 |
| 17 | | | 8号 | 4以上 |
| 18 | 伊勢原 | 三ノ宮・下尾崎 | 1号 | 1 |
| 19 | | | 2号 | 2以上 |
| 20 | | | 4号 | 15以上 |
| 21 | | | 5号 | 6以上 |
| 22 | | | 6号 | 3以上 |
| 23 | | | 11号 | 11以上 |
| 24 | | | 19号 | 12以上 |
| 25 | | | 20号 | 4以上 |
| 26 | | | 21号 | 2以上 |
| 27 | | | 23号 | 6以上 |
| 28 | | | 24号 | 1以上 |
| 29 | | | 26号 | 13以上 |
| 30 | | 上粕屋・川上 | − | 3 |
| 31 | | 東富岡・北三間 | 3号 | 7以上 |
| 32 | | 三ノ宮・上栗原 | 4号 | 2以上 |
| 33 | | | 5号 | 1以上 |
| 34 | | | 9号 | 5以上 |
| 35 | | | 11号 | 2以上 |
| 36 | 綾瀬 | 堀ノ内 | 4号 | 1 |
| 37 | 海老名 | 上今泉 | 5号 | 1 |
| 38 | | | 6号 | 1 |
| 39 | 座間 | 大下 | 4号 | 1 |
| 40 | 大和 | 下草柳九番耕地 | 2号 | 1 |
| 41 | | | 4号 | 1 |
| 42 | | 浅間神社西側 | 1号 | 2 |
| 43 | | | 3号 | 1 |
| 44 | | | 4号 | 3以上 |
| 45 | | | 5号 | 2以上 |
| 46 | | | 6号 | 2 |
| 47 | | | 7号 | 3以上 |
| 48 | | | 8号 | 3 |
| 49 | | | 9号 | 3 |
| 50 | | 南善ヶ谷 | 1号 | 2以上 |
| 51 | | | 2号 | 1 |
| 52 | 逗子 | 新宿 | 19号 | 4 |
| 53 | | | 20号 | 1 |
| 54 | | | 22号 | 3 |
| | | | | 164 |
| 55 | 逗子 | 逗子駅裏山 | 1号 | 1 |
| 56 | | | 3号 | 2 |
| 57 | | 久木(5丁目) | 2号 | 1以上 |
| 58 | | | 3号 | 1 |
| 59 | | | 9号 | 3以上 |
| 60 | | | 10号 | 5以上 |
| 61 | | | 11号 | 7以上 |
| 62 | 鎌倉 | 一ノ谷 | 3号 | 5以上 |
| 63 | | 室谷 | 3号 | 3以上 |
| 64 | 三浦 | 窪がり | 3号 | 1 |
| 65 | | | 7号 | 1 |
| 66 | | | 8号 | 2 |
| 67 | | | 9号 | 1 |
| 68 | | | 12号 | 10 |
| 69 | | | 14号 | 3以上 |
| 70 | | | 16号 | 1 |
| 71 | | | 17号 | 1 |
| 72 | | | 18号 | 1 |
| 73 | | | 22号 | 1 |
| 74 | | 坂の下海岸 | 5号 | 1 |
| 75 | | | 6号 | 1 |
| 76 | | | 8号 | 1 |
| 77 | | | 9号 | 5 |
| 78 | 横須賀 | 鳥ヶ崎 | A号 | 8以上 |
| 79 | | | B号 | 9以上 |
| 80 | | | C号 | 3以上 |
| 81 | | | D号 | 3以上 |
| 82 | | | H号 | 1以上 |
| 83 | | 高山 | 4号 | 1以上 |
| 84 | | | 6号 | 1以上 |
| 85 | | | 9号 | 6以上 |
| 86 | | | 10号 | 1以上 |
| 87 | | | 17号 | 2 |
| 88 | | | 18号 | 3以上 |
| 89 | | | 20号 | 3以上 |
| 90 | | | 23号 | 1以上 |
| 91 | | | 24号 | 1以上 |
| 92 | | 佐島 | 3号 | 2 |
| 93 | | 沼田城山 | 中 | 1以上 |
| 94 | | 馬堀 | 2号 | 3以上 |
| 95 | | 吉井 | 1号 | 2以上 |
| 96 | 川崎 | 夢見ヶ崎 | − | 2 |
| 97 | | 新作 | 1号 | 2 |
| 98 | | 西田原 | 1号 | 1 |
| 99 | | 久地西前田 | 2-2号 | 10以上 |
| 100 | | | 2-3号 | 6 |
| 101 | | 久本桃之園 | 5号 | 1以上 |
| 102 | | 久末楸谷 | − | 2 |
| 103 | 横浜 | 諏訪下北 | A5号 | 1以上 |
| 104 | | 馬場3丁目 | 1号 | 5 |
| 105 | | | 3号 | 5 |
| 106 | | 浅間下 | 6号 | 1 |
| 107 | | | 8号 | 1 |
| 108 | | 天ヶ谷 | 1号 | 2 |
| | | | | 148 |

表２　東京都大田区内横穴墓埋葬人骨の属性

| 横穴墓名 | 埋葬遺骸の属性 | | | | 合計 |
|---|---|---|---|---|---|
| | 成人男性 | 成人女性 | 不明成人 | 小児～少年 | |
| 山王 1-34・35 | 4 | 2 | 1 | 1 | 8 |
| 久ヶ原 5-17 | 1 | 0 | 1 | 0 | 2 |
| 千鳥 3-1 | 2 | 0 | 0 | 0 | 2 |
| 中央 5-20 | 0 | 2 | 0 | 1 | 3 |
| 山王遺跡 1 号墓 | 0 | 1 | 1 | 0 | 2 |
| 山王 1-41 | 0 | 1 | 0 | 1 | 2 |
| 北千束 3-10 | 1 | 0 | 2 | 1 | 4 |
| 南馬込 1-44(久保群) | 1 | 1 | 0 | 0 | 2 |
| 池上 1-6(本門寺裏)1 号墓 | 3 | 1 | 0 | 1 | 5 |
| 池上 1-6(本門寺裏)2 号墓 | 1 | 1 | 0 | 1 | 3 |
| 池上 1-6(本門寺裏)3 号墓 | 0 | 1 | 0 | 1 | 2 |
| 池上 1-6(本門寺裏)4 号墓 | 1 | 1 | 1 | 0 | 3 |
| 池上 1-6(本門寺裏)5 号墓 | 0 | 1 | 0 | 0 | 1 |
| 上池台 5-5 | 2 | 2 | 0 | 1 | 5 |
| 山王 4-2(新井宿)1 号墓 | 2 | 2 | 1 | 0 | 5 |
| 山王 4-2(新井宿)2 号墓 | 3 | 1 | 1 | 2 | 7 |
| 山王 4-2(新井宿)4 号墓 | 2 | 3 | 0 | 0 | 5 |
| 山王 2-27(大森射的場) | 1 | 0 | 1 | 3 | 5 |
| 上池台 5-29(塚越群) | 2 | 1 | 0 | 2 | 5 |
| 山王 1-26(山王群) | 1 | 1 | 0 | 0 | 2 |
| 久ヶ原グリーンハイツ 2 号墓 | 1 | 0 | 0 | 0 | 1 |
| 久ヶ原グリーンハイツ 3 号墓 | 1 | 1 | 1 | 1 | 4 |
| 久ヶ原グリーンハイツ 4 号墓 | 4 | 1 | 1 | 1 | 7 |
| 山王 3 丁目(熊野神社)2 号墓 | 2 | 1 | 0 | 2 | 5 |
| 山王 3 丁目(熊野神社)3 号墓 | 2 | 0 | 3 | 0 | 5 |
| 山王 3 丁目(熊野神社)4 号墓 | 3 | 1 | 0 | 1 | 5 |
| 合計 | 40 | 26 | 14 | 20 | 100 |

(2013 年 1 月：東国古墳研究会松崎元樹発表資料)

の平均は約三人、ただし人数がそれ以上とみなせるものが多くあることから、三～四人程度とできる。松崎元樹による東京都大田区の集計では二六基に対して一〇〇人を数え、平均では四～五人、赤羽台横穴墓群では一五基で三五人、平均で二～三人程度である（表2）。玄室内から何も出土しなかった横穴墓を考慮すれば人数が減ることになるが、すでに開口している横穴墓の多さを併せみると、三～四人という人数は概ね妥当な数値とみなせる。

相模地域における横穴式石室の棺体配置を検討した近野正幸の推計では、総世寺裏古墳は無袖式横穴式石室で下部棺床に三棺、上部棺床に二棺の埋葬を想定する（近野一九九八・二〇〇六）。玄室規模は、長さ六・〇メートル、幅一・三メートルである。無袖式は幅が狭いため、奥壁から順次縦列状態で埋葬されたとみられる。また、同じく無袖式横穴式石室の久野二号墳では四棺、久野四号墳では三棺（三人以上）、久野森下古墳でも三棺（三人以上）、天神山一号墳では五棺の数値があげられている。

このように、被葬者数の平均値は古墳・横穴墓共に似た数字となる。しかし多数埋葬によるものもあり、例えば川崎市第六天古墳（六世紀末）では横穴式石室にあった組合式石棺内に伸展葬で一一人、伊勢原市三ノ宮・下尾崎二六号墓（六世紀末～七世紀初頭）では集積による改葬を主体に一三人以上が埋葬される。

横穴墓では、人骨が納められる玄室と、玄室の内部からは副葬品や人骨がほとんど出土しないものもあり、群内での配置や細かな骨のみが出土することを評価すれば、改葬などのために、結果として複数基により機能していたことも窺える。人骨が出土したものに限れば、横穴墓被葬者の平均人数は増えていく。

一基あたり四〜五人という被葬者数をもとに、赤羽台横穴墓群全一九基のうち、何も発見されていない横穴墓の割合をみると、四基／一九基で約二一％を占める。造営開始は少し遡るが、群の規模が知られる二宮町諏訪脇横穴墓群五二基を二一％に比せば、一一基が無遺物で、それを差し引いた四一基に四人を乗じると一六四人の被葬者がある。これも参考数値としてあげられよう。

被葬者階層の底辺への拡大とともに、改葬が多用されたという現象もみられる。埋葬のありかたには別の古墳・横穴墓を造ること、同一玄室内に埋葬をし続けることなど、対応は多岐にわたる。しかし被葬者数に関しては、古墳・横穴墓でその差異がみられない。

## 二　一世代あたりの横穴墓築造数

横穴墓築造数と人口に関する目安として参考までに神奈川県でみてみると、澤田による試算を用いれば、人口に占める墳墓の割合を知ることができ、一世代における築造の標準的な値が導き出せる。

人口にかかる古墳時代の判定材料は無いため、戸籍・計帳で一定程度わかっている奈良時代を参考にする。律令制下の相模国は八郡七〇郷である。一郷五〇戸として、一戸の構成員を二五人前後とみなせば、奈良時代の相模国の人口は八七、五〇〇人前後になる。先行する六〜七世紀をその八〇％程度と推計すれば、七〇、〇〇〇人程度となる。おなじく神奈川県全体では九一郷で、奈良時代の人口は一一三、七五〇人、古墳時代は九一、〇〇〇人と試算する。

横穴墓数については、神奈川県下で未発見分も考慮して三、五〇〇基とし[1]、一五〇〇年間で順次築造されたとする。一五〇年間で一つの世代が二五年間機能したとすると、六代にわたって造られたことになる。三、五〇〇基を六代で除すと、一つの世代あたりの築造数は五八三基となる。また、五八三基を九一郷で除すと六・四基となる。一世代では一郷あたり六～七基が築造されたという推計ができる。一郷五〇戸に準えれば七～八戸に一基の横穴墓が築造されたことになる。

このような数値をもとに、荒川南岸の東京都北区（律令期の豊島郡を中心に）と酒匂川流域の神奈川県西部（余綾・足上・足下の各郡）について、地域の様相をみていきたい。

## 三　人数推計と被葬者像

### （一）武蔵国豊島郡の様相

東京都北区の赤羽台横穴墓群は、豊島（駅家）郷の北側、豊島郡衙と目される御殿前遺跡から四・五キロほどの距離に位置する。横穴墓からは総数三五体の人骨が出土し、不明を除いた未成年者の比率は一七／三四体で、およそ五〇％が幼児から青年とされている（図1）。赤羽台横穴墓群にみる埋葬技法には、伸展葬・集積改葬がある。複数体が集積されたものからは、最終的な閉塞の際に玄室内の骨を並べて集積したという行動がみてとれる。人骨の状況からは、他の横穴墓から移された可能性、他の横穴墓に移した可能性、移動がなかった可能性というありかたがある。四基からは人骨の出土がなく、二次的な埋葬もあって一九基が使用された。この横穴墓群は、一主戸と二房戸で形成される一郷戸の四五

| 年齢別 | 乳幼児 幼児 小児 | 青年 成人 | 壮年 熟年 | 不明 | 計 |
|---|---|---|---|---|---|
| 1号墓 | 1 | 1 | 2 | 0 | 4 |
| 2号墓 | 1 | 0 | 1 | 0 | 2 |
| 5号墓 | 1 | 1 | 0 | 0 | 2 |
| 6号墓 | 0 | 0 | 1 | 0 | 1 |
| 8号墓 | 0 | 0 | 1 | 0 | 1 |
| 9号墓 | 1 | 0 | 0 | 0 | 1 |
| 10号墓 | 2 | 0 | 2 | 0 | 4 |
| 11号墓 | 0 | 0 | 1 | 0 | 1 |
| 12号墓 | 0 | 0 | 1 | 0 | 1 |
| 13号墓 | 1 | 1 | 1 | 0 | 3 |
| 15号墓 | 1 | 1 | 1 | 0 | 3 |
| 16号墓 | 0 | 1 | 0 | 0 | 1 |
| 17号墓 | 0 | 1 | 0 | 0 | 1 |
| 18号墓 | 4 | 2 | 2 | 1 | 9 |
| 19号墓 | 0 | 0 | 1 | 0 | 1 |
| 計 | 12 | 8 | 14 | 1 | 35 |

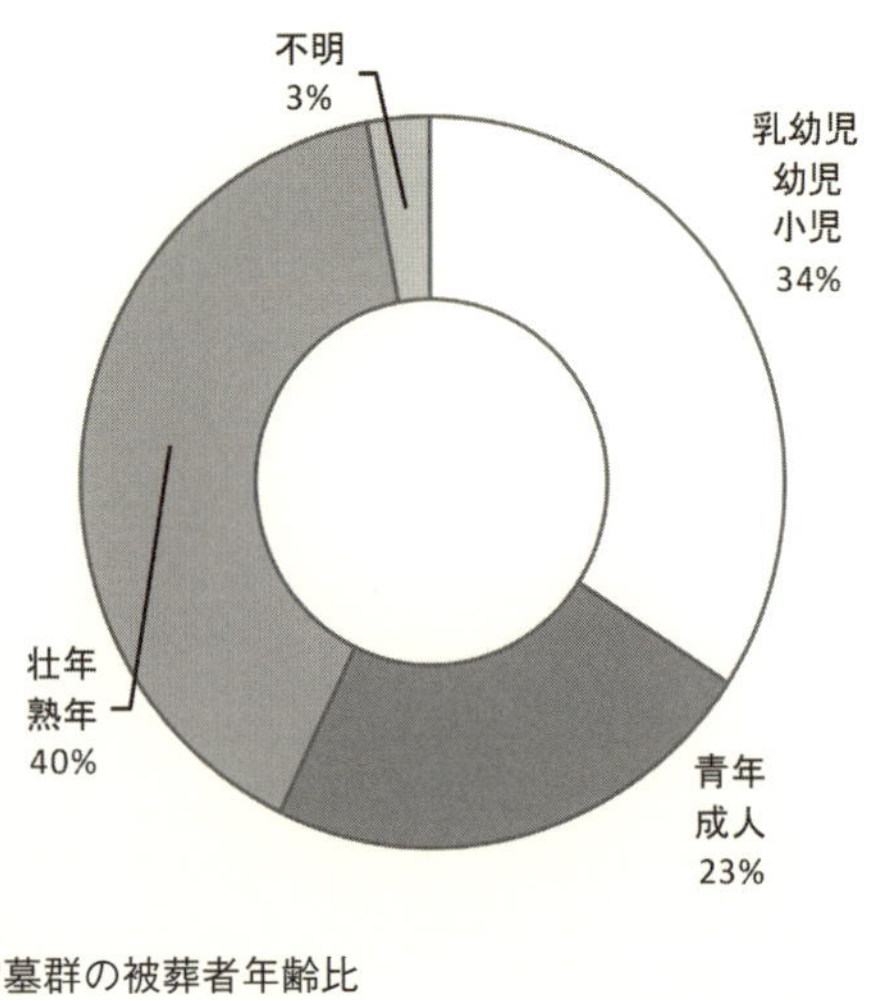


図１　赤羽台横穴墓群の被葬者年齢比

年間余り、二世代にわたる埋葬の歴史を示すという。大島郷（下総国葛飾郡）の房戸は平均九人前後の構成で、郷戸の平均は二・六戸という。

赤羽台横穴墓群の報告書で、被葬者と戸籍について論じられている（鈴木一九八九）。鈴木による分析は被葬者を戸籍の記載に準えて整理が試みられるが、戸籍に記載された年齢と被葬者の死亡年齢を直接対比している。「両者は本質的に持つ意義が異なるもので戸口数が同規模、年齢の構成が近いものを指摘したのみ」としたうえで、横穴墓の構築順が判明するものでは、家族集団の再現に有効とする。

分析のなかで、奈良時代において死亡者の数を記録した資料として「備中国天平一一年大税負死亡人帳」―残簡―『正倉院文書』（『寧樂遺文』上巻所収）をあげる。そこには天平一一年に備中国の九郡で出挙を受けていた一二七人が死亡していると報告され、都宇郡、窪屋郡、賀夜郡は、郷里別に氏名と死亡月日と税が書かれている。この三郡一七郷では死亡者が四六人／一二七人で、一郡の平均死亡数が一五・三人、一郷では二・七人とする。このことから「一二七人は特定の一年間であることに注意の必要があるが、戸主の死亡者数の目安になる」、出挙を受けない課税者と死亡率の高い幼小児を考慮して、「郷内の戸主の実際の平均死亡者数は八～一〇人以上」と参考数値をあげている。一、〇〇〇人換算で、平均値としておよそ一〇‰である。

布村一夫は、戸籍記載年齢により出産の問題を分析し「人口の構成から大宝二年の御野国加毛群半布里で一、〇〇〇人あたりの出生率は四五人と仮定」している（布村一九八二）。一、〇〇〇人での出生率は最も多い場合に四八・六～四五人が記載されているので、およそ一戸で毎年一人程度の出産があったことになり、やや死亡率を上回ることになると鈴木は分析した。一、〇〇〇人換算で、最高値として四五‰となり、先の死亡率は平均値算出であったが、最高値で導いた出生率はやや多い印象を受ける。

一郷の戸主の平均死亡者数は八～一〇人という参考数値であり、一世代の間に一郷（五〇戸）で八～一〇基が築造された。一世代の築造比率は一六～二〇％になる。

## （二）相模国余綾郡・足上郡・足下郡の様相

三市三郡（一〇町）について、古墳・横穴墓の基数を集計した。神奈川県埋蔵文化財遺跡地図などを参考に、これまでに行われた分布調査や、報告書にて補正した。律令期の郡では余綾郡、足上郡、足下郡が該当する。現在の三市三郡は神奈川県の面積二、四一六平方キロに対して七六五平方キロで、比率としては三一・七％、およそ一／三を占める広さである（表3）。地理は、酒匂川が貫流する足柄平野や大磯丘陵、秦野盆地などと変化に富む。

古墳三三七基、横穴墓一、二六〇基、総計では一、五九七基が集計できた（図2）。古墳と横穴墓の築造比率は一対四である。箱根町と開成町には、古墳・横穴墓が無く、三市八町に分布がある。市町別にみると、古墳は小田原市が一二七基、横穴墓は大磯町で六三〇基と最多である。地域内では、西に古墳が多く、東に横穴墓が多い。この地域は、師長国造の領域とほぼ同じであるとみなされる(2)。

この地域の古墳・横穴墓は、六世紀代が塚田二号墳や黄金塚古墳、大磯丘陵にある横穴墓の一部のみであり、大半が六世紀末～七世紀末までに築造されたとみなされる。

律令期の郡域は足上郡（七郷）、足下郡（五郷）、余綾郡（七郷）が該当し、つごう一九郷からなる。一郷一、二五〇人（五〇戸×二五人）とすると、人口推計値は一九、〇〇〇人（一九郷×一、二五〇人×八〇％）になる。古墳・

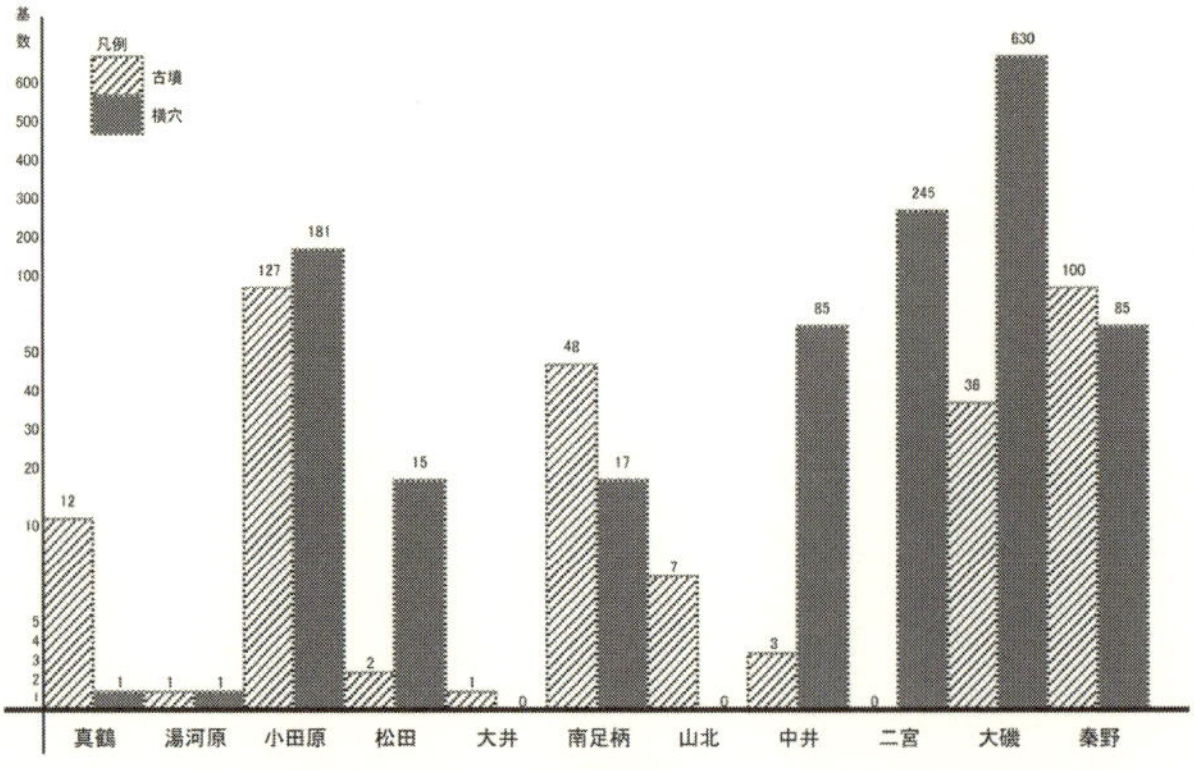


図2　余綾・足上・足下郡の古墳・横穴墓の数量

表3　県面積との対比表

| | |
|---|---|
| 神奈川県 | 2415.84㎢ |
| 小田原市 | 114.09㎢ |
| 秦野市 | 103.61㎢ |
| 南足柄市 | 76.93㎢ |
| 大磯町 | 17.18㎢ |
| 二宮町 | 9.08㎢ |
| 中井町 | 20.02㎢ |
| 大井町 | 14.41㎢ |
| 松田町 | 37.75㎢ |
| 山北町 | 224.7㎢ |
| 開成町 | 6.56㎢ |
| 箱根町 | 92.82㎢ |
| 真鶴町 | 7.02㎢ |
| 湯河原町 | 40.99㎢ |
| | 765.16㎢ |
| 全県比率 | 31.70％ |

横穴墓は一、五九七基で、後期以降の一五〇年間で順次築造されたとする。一五〇年間で一つの世代が二五年間機能したとすると、六代にわたって造られたことになる。一、五九七基を六代で除すと、一つの世代あたりの築造数は約二六六基となる。これを一九郷で除すと、一郷（五〇戸）ではおよそ一世代に一四基が築造されたという推計になる。

古墳と横穴墓の基数からみた一世代の築造数は、一郷で一四基（五〇戸あたり二八％の築造）となるが、現行市町村でみると築造数の多寡がある。市町村別で地域内の面積比率をみると、古墳及び横穴墓が多く作られる市町村は、およそ四四・五％（七六五・一六平方キロのうち三四一・〇九平方キロのみ）であり、その比率を戸数に比せば、一世代に六・二三基となって、一郷（五〇戸）あたり一二・五％の築造となる。豊島郡で死亡者数に見た築造比率より少ない値となった。

## 四　副葬品にみる階層

ここで古墳・横穴墓の基数と副葬品の比率等を、同じく余綾・足上・足下郡を対象にみる。副葬品出土比率を装飾大刀、馬具、直刀、鉄鏃について数値化する（図3）。まず装飾大刀であるが、この地域は次のものがある。足上郡は、河南沢一号墓（圭頭）、塚原山上塚古墳（圭頭）、塚田二号墳（環頭）、黄金塚古墳（環頭）、足下郡は久野二号墳（象嵌・圭頭？）、総世寺裏古墳（鞘尻）から出土している。余綾郡は諏訪脇B五号墓（圭頭）、比奈窪一五号墓（円頭）、雑色（仮）三号墓（圭頭）、桜土手二五号墳（象嵌）があり、装飾大刀は県下では当該地域が最多の出土である（柏木二〇〇八集計時点）。

副葬品と共に、土器も含めて遺物の出土の有無により出土基数／調査基数という計算をして比率を算出する。一〇〇％はいずれも古墳である。横穴墓でも高比率はあるが、五〇％以下も目立ち、平均値は六四・五％である。古墳の方が副葬品の出土する割合は高い。横穴墓は古墳の三・七五倍の基数であるが、古墳の方が装飾大刀の出土数が多い。

また、組成比率について装飾大刀、馬具、直刀、鉄鏃に分けて、遺物が占める比率を出土基数／調査基数という計算をして算出する。遺物の種類により比率を算出したが、その四種の比率を足した指数を比較することにより、三つに類型化できる。例えば久野古墳群は二〇〇、薬師原古墳群は二〇一、諏訪脇横穴墓群は八六という指数になる。指数の数値が高ければ、一基あたりの副葬品数が多いということになる。

この比率から、次のようなことが言える。

A類は指数二〇〇前後の一群で、久野古墳群や薬師原古墳群があり、古墳のみである。

B類は指数一〇〇前後の一群で、桜土手古墳群や比奈窪横穴墓群などがあり、古墳と横穴墓がある。

C類は指数がそれ以下の一群で、横穴墓のみである。

C類は、副葬品が極端に少なくなる、七世紀前半以降に築造された横穴墓が大半であるが、圭頭大刀を出土した、河南沢一号墓のような例もある。A・B・C類は、副葬品に表出した序列といえるが、小さな群に装飾大刀が一振りのみ副葬される例など、葬制から外れたような豪華な品を副葬する現象もみられる。群の全体像が窺える資料は、いずれもB類ながら桜土手古墳群と比奈窪横穴墓群、諏訪脇横穴墓群などがあげられる。

次に鉄鏃保有率についてみる。鉄鏃の出土本数から、一基あたりがもつ出土本数を鉄鏃本数／調査基数という計算で算出した。久野古墳群で二三・二本と最も多く、桜土手古墳群で一一本、比奈窪横穴墓群で七・五本と続き、北中尾横穴墓群では〇本である。これをみても古墳で多く、横穴墓では少ないといえる。大きくは一〇本以上とそれ以下に分けられ、全掘された古墳を対象にすれば、いずれも一〇本以上となる。鉄鏃は束にして喪葬にかかる儀礼等に用いられたとみなせるが、横穴墓の平均値は一・四本と、とても少ないことがわかる。

この地域に限れば、傾向として古墳の副葬品出土率が高くA類には古墳しかないこと、鉄鏃の保有が古墳で多いことなど、古墳と横穴墓の群形成において等質ではない。しかし、横穴墓の一部ではB類のように副葬品組成比が同じになるものもあり、副葬品に装飾大刀がみられるなど入手にあたって優遇された状況も窺える。

| 横穴墓 | ①副葬品出土比率［出土基数／調査基数］ | ②組成比率［出土基数／調査基数］ | | ③鉄鏃保有率［本数／調査基数］ |
|---|---|---|---|---|
| 諏訪脇横穴墓群 | 63% | 装飾大刀 | 5% | 1.1 本 |
| | | 馬具 | 13% | |
| | | 直刀 | 33% | |
| | | 鉄鏃 | 35% | |
| 羽根尾横穴墓群 | 67% | 装飾大刀 | 0% | 0.5 本 |
| | | 馬具 | 0% | |
| | | 直刀 | 19% | |
| | | 鉄鏃 | 5% | |
| 唐沢横穴墓群 | 88% | 装飾大刀 | 0% | 0.9 本 |
| | | 馬具 | 0% | |
| | | 直刀 | 13% | |
| | | 鉄鏃 | 13% | |
| 河南沢横穴墓群 | 72% | 装飾大刀 | 14% | 0.4 本 |
| | | 馬具 | 0% | |
| | | 直刀 | 14% | |
| | | 鉄鏃 | 14% | |
| 大日ヶ窪横穴墓群 | 52% | 装飾大刀 | 0% | 0.4 本 |
| | | 馬具 | 0% | |
| | | 直刀 | 6% | |
| | | 鉄鏃 | 6% | |
| 比奈窪中屋敷横穴墓群 | 93% | 装飾大刀 | 6% | 7.5 本 |
| | | 馬具 | 6% | |
| | | 直刀 | 40% | |
| | | 鉄鏃 | 60% | |
| 北中尾横穴墓群 | 44% | 装飾大刀 | 0% | 0.0 本 |
| | | 馬具 | 0% | |
| | | 直刀 | 0% | |
| | | 鉄鏃 | 0% | |
| 愛宕山下横穴墓群 | 35% | 装飾大刀 | 0% | 0.7 本 |
| | | 馬具 | 0% | |
| | | 直刀 | 5% | |
| | | 鉄鏃 | 18% | |
| 岩井戸横穴墓群 | 67% | 装飾大刀 | 5% | 1.1 本 |
| | | 馬具 | 0% | |
| | | 直刀 | 5% | |
| | | 鉄鏃 | 22% | |

| 古墳 | ①副葬品出土比率［出土基数／調査基数］ | ②組成比率［出土基数／調査基数］ | | ③鉄鏃保有率［本数／調査基数］ |
|---|---|---|---|---|
| 久野古墳群 | 100% | 装飾大刀 | 25% | 23.2 本 |
| | | 馬具 | 0% | |
| | | 直刀 | 75% | |
| | | 鉄鏃 | 100% | |
| 薬師原古墳群 | 62% | 装飾大刀 | 67% | 6.0 本 |
| | | 馬具 | 0% | |
| | | 直刀 | 67% | |
| | | 鉄鏃 | 67% | |
| 桜土手古墳群 | 100% | 装飾大刀 | 9% | 11.1 本 |
| | | 馬具 | 9% | |
| | | 直刀 | 38% | |
| | | 鉄鏃 | 67% | |

①副葬品出土比率のグラフ

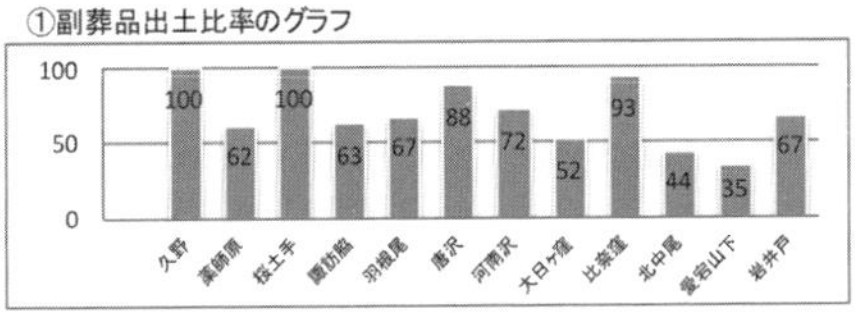


③鉄鏃保有率のグラフ

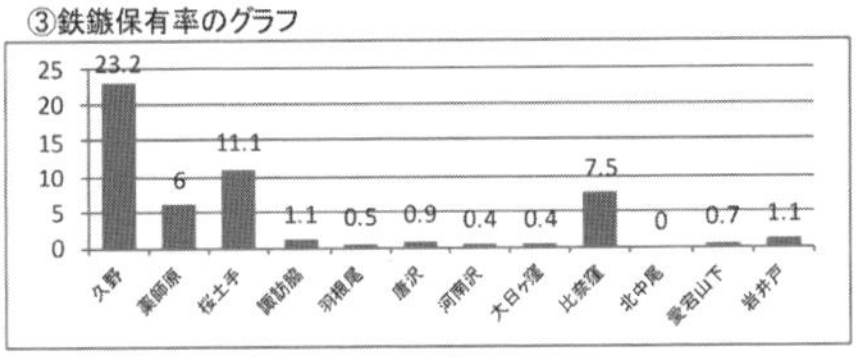


図３　余綾・足上・足下郡の副葬品比率

## まとめ

相模において一世代に一郷あたり約六基の古墳・横穴墓を築造したという数字は、人口比にみればかなり少なく、数量比からも階層性を示すものといえる。副葬品をみても古墳が高位であることに変化はないが、横穴墓は時期により類型として示した指数が変化する。中央と地方／地方のみの関係という視点からは、それら指数の低い一群は地方のみという二次的な政治関係による築造という背景も窺える。それぞれに関与していた限られた人々が被葬者層として把握でき、各類型による階層が営んだ墓制であるとみなせる。

註

（1）上田薫（一九九一『関東横穴墓遺跡検討会資料』）による集計三、二〇〇基に未発見分を考慮して三、五〇〇基とした。

（2）余綾郡の金目川中流域南岸は今回未調査。

## 引用・参考文献


阿部黎子 一九六六「横穴被葬者に関する一考察—神奈川県下の例を中心として—」『考古学雑誌』五二―二、二五〜三二頁

大淵 寛・森岡 仁 一九八一『経済人口学』(株)新評論

柏木善治 二〇〇八「副葬大刀から見た相模の地域像」『神奈川考古』四四、神奈川考古同人会、九六〜一〇八頁

柏木善治 二〇一三「古墳時代後・終末期の喪葬観念」『考古学研究』六〇—一、三四〜四三頁

梶ケ山真理 一九八九「出土人骨からみた武蔵・相模地域の横穴墓の様相」『立正考古』二九、四一〜五二頁

梶ケ山真理・松崎元樹 二〇一九「横穴墓人骨からみた古墳時代終末期の親族関係と埋葬様式(予察)」『研究論集』XXXIII(公財)東京都スポーツ文化事業団、三一〜六〇頁

菊池義次 一九五五「南武地方横穴墓群について—特に久ヶ原台地附近を中心として見たる—」『古代』一四・一五合併号、四一〜六五頁

Koyama Syuzo 1978 “Jomon Subsistence and Population” Senri Ethnological Studies2

佐田 茂 一九七二「出土人骨からみた後半期古墳の被葬者—九州の場合—」『九州考古学』四六、二〜九頁

澤田吾一 一九二七『奈良朝時代民政経済の数的研究』冨山房(一九七二柏書房再版)

社会工学研究所 一九七四『日本列島における人口分布の長期的系列分析—時系列推計と要因分析—』

鈴木敏弘ほか 一九八九『赤羽台遺跡—赤羽台横穴墓群—』東北新幹線赤羽地区遺跡調査会

竹内理三編 一九六五『寧樂遺文』上巻、東京堂出版

近野正幸 一九九六「東国における—石室内多数埋葬について—」『神奈川考古』三二、三〇五〜三二八頁

近野正幸 一九九八「二.遺物の出土状況」古墳時代研究Project編『小田原市総世寺裏古墳』神奈川県埋蔵文化財調査報告四〇

近野正幸 二〇〇六「西湘における横穴系埋葬構造の一様相」『考古学の諸相』Ⅱ、八八九〜八九九頁

布村一夫 一九八二「持統朝における出産の異常」『歴史評論』通巻三八八、校倉書房、三九〜五七頁

埴原和郎 一九八六「骨から古墳人を推理する」森 浩一編『日本の古代』五、中央公論社、一四三〜一八一頁

広瀬和雄 一九七八「群集墳論序説」『古代研究』一五、元興寺考古学研究所研究室、一〜四二頁

# 群集墳の変質と被葬者像
## —南武蔵を中心として—

松崎元樹

### 一　地域特性と課題

本稿において検討対象とする範囲は、武蔵野台地南東部から多摩川および鶴見川支流により開析された多摩丘陵全域を包括する「南武蔵」と呼称される地域のうち、とくに多摩川流域を中心とする。本地域は、すでに指摘されているように前期中葉（『講座』編年（以下略）二～三期）に全長一〇〇メートルクラスの前方後円墳がいち早く築造され、北武蔵に先駆けて倭王権との同盟関係を樹立したが、中期中葉以降は円丘径五〇メートル以下の帆立貝形古墳ないしは円墳に代わり、後期段階でも全長四〇～六〇メートルの前方後円墳が数基築造されるに止まる。また、終末期には地域によっては、高塚古墳を凌ぐ多数の横穴墓が台地や丘陵部に出現し、この地域での普遍的な群集墳形態として認識されている。さらに、多摩川中・上流域では七世紀前葉～中葉にかけて胴張り形複室構造の石室を有する上円下方墳などの有力墳が、あたかも地域を分割するように築造される。この時期の首長墓には、墳丘や石室構造を共有するある種の共通意識が認められる。こうした地域特性を背景に、中期中葉から終末期にかけて各所で群集墳が形成される。本稿では、群集墳の構造や副葬品に着目して、被葬者の性格や群集墳が示す地域編成のあり方に関して私見を述べたい。

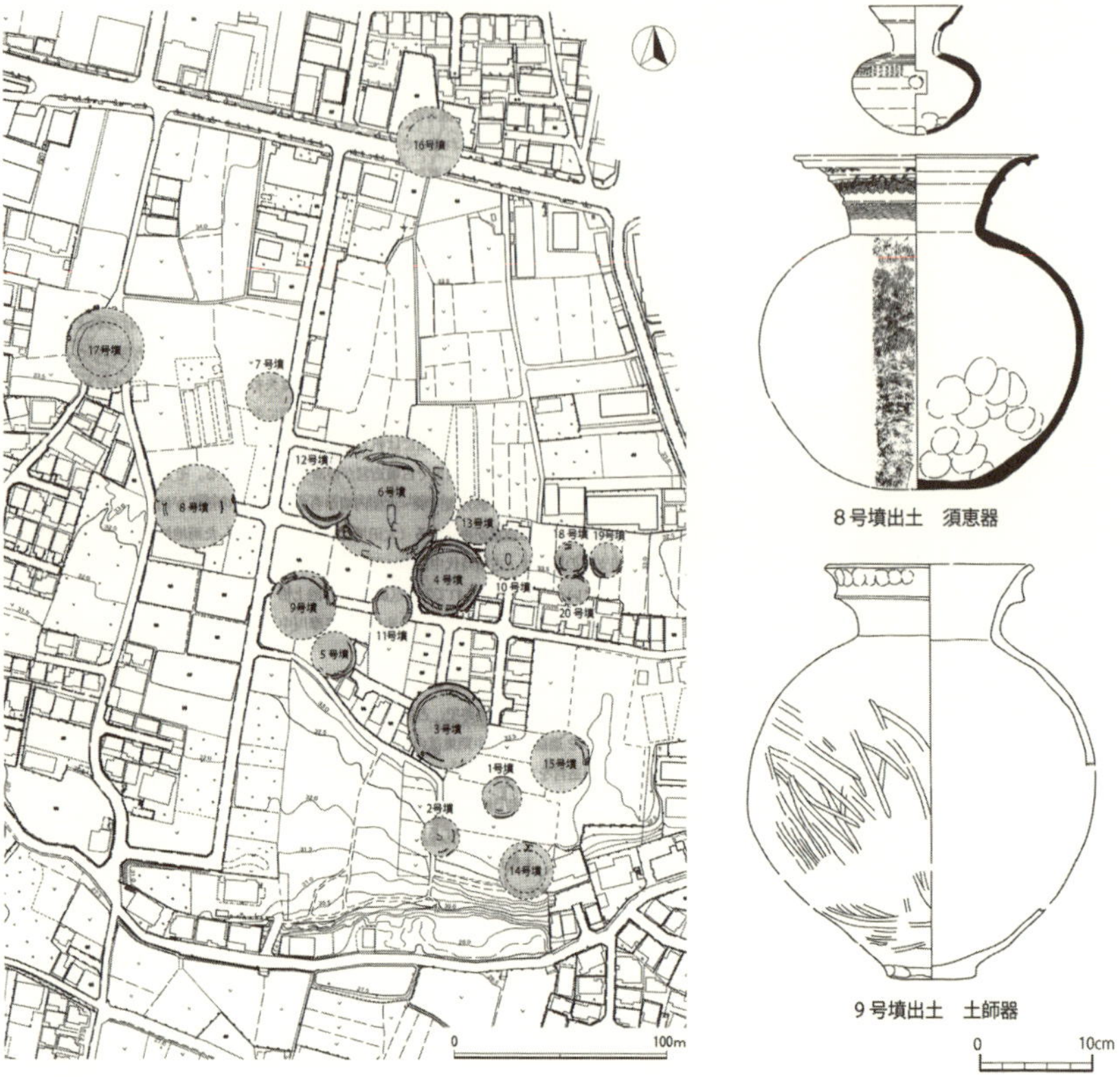


図１　下布田古墳群全体図・出土土器（調布市遺跡調査会2003・2020より作成）

## 二　初期群集墳の出現と展開

多摩川中流域左岸の段丘面には、六〜八期にかけて円墳を主体とし竪穴系埋葬施設を有する群集墳が出現する。主要な古墳群としては、東から狛江市狛江古墳群、調布市下布田古墳群、飛田給古墳群、府中市白糸台古墳群、高倉・御嶽塚古墳群、日野市吹上遺跡古墳群などが挙げられる。これらの群集墳は東西約一三キロの範囲に一定の間隔をもって分布している。この中で、狛江古墳群は一〇〇基以上で構成される古墳群ともいわれ、岩戸・猪方・和泉の三支群に区分される。最も構成基数が多い猪方支群では、五世紀末葉に先進的な金銅製馬具等の豪華な副葬品を有する亀塚古墳（帆立貝形・四一メートル）が出現することから、王権との密接な結びつきが指摘される古墳群でもある。下布田古墳群は現在、一二〇基（二基は後・終末期古墳）で構成される古墳群でその分布状況から、なお多くの古墳が存在する可能性がある（図1）。九号墳や八号墳から出土した土器の特徴から、五世紀前半〜中葉より形成された古墳群である。八号墳出土の須恵器甕は、大阪府陶邑古窯跡群の編年ではＴＫ七三型式期の所産と推定される。近年の調査により、狛江古墳群も下布田古墳群も一度断絶した後、再び終末期に横穴式石室墳を構築していることが明らかとなった（宇佐美ほか二〇一三）。飛田給古墳群、桜塚古墳群、白糸台古墳群は五世紀中葉〜六世紀前葉にかけて形成され、終末期には河原石積みの石室墳も構築される。高倉古墳群や御嶽塚古墳群においても、六世紀前葉〜中葉にかけて竪穴系埋葬施設をもつ円墳が造営され、七世紀前半以降には多くの石室墳が造られている。

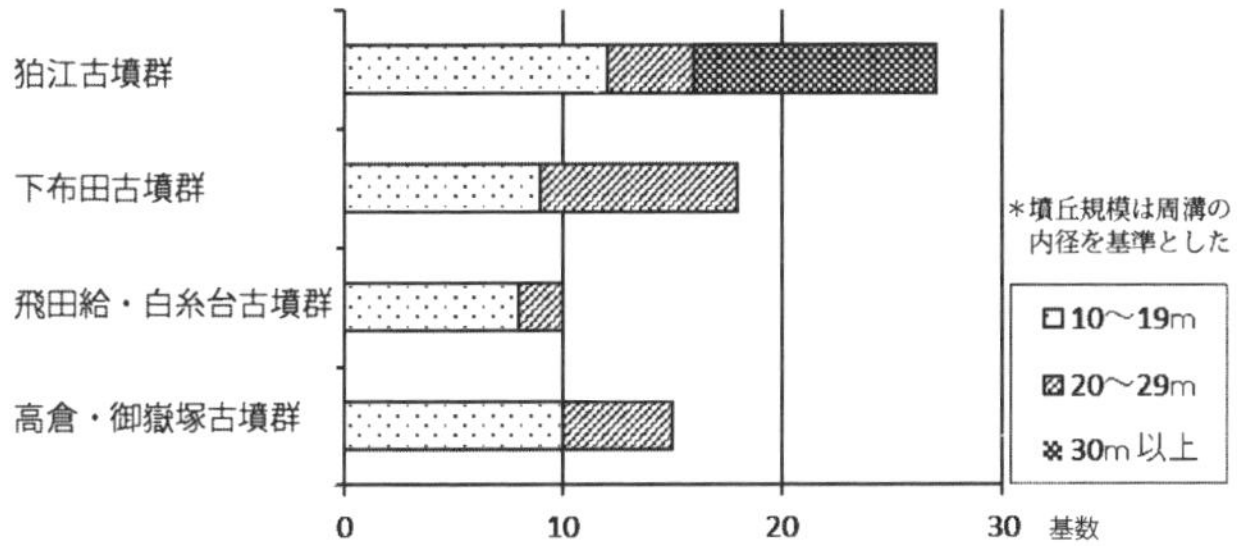


図２　初期群集墳の墳丘規模の比較

　これらの群集墳の墳丘規模を比較すると、狛江古墳群においては墳丘径が三〇メートル以上の古墳が一一基認められ、そのうちの五基が四〇メートル前後の墳丘径をもつことが注目される（図2）。これに対し、ほかの古墳群では三〇メートル級の古墳は皆無で、狛江古墳群の造営集団の優位性が窺える。ただ、終末期に属す下布田六号墳（狐塚古墳）は、墳丘径が四〇メートルを超える大型円墳であることは留意すべきであろう。次いで、墳丘径が二〇メートル以下の古墳は下布田古墳群で九基、高倉・御嶽塚古墳群で五基と多く、狛江古墳群では四基と少ない。ただ、径二〇メートル程度の墳丘を有する古墳はどの古墳群でも一〇基前後がみられ、普遍的に構築される古墳の規模を示しているといえる。

　大和の代表的な初期群集墳である御所市石光山古墳群（五二基を調査）では、主体的な墳形を占める円墳は径一六〜七メートルをはかる。また、桜井市竜谷古墳群および慈恩寺古墳群でも、径一八〜一〇メートルの墳丘規模をもつ。これと狛江古墳群や下布田古墳群と比較すると、いずれも畿内の群集墳をやや凌ぐ墳丘規模であることが確認でき、多摩川中流域における初期群集墳の性格を考えるうえで重要な要素といえる。

出土遺物については、古墳の多くが木棺直葬などの埋葬施設と推定され、主体部が検出されない事例が大半を占めているため、周溝などから検出された埴輪や供献土器の様相から古墳群の特性を知ることができる。狛江古墳群では円筒埴輪を有する古墳が十数例みられ、五世紀中葉以降、窖窯焼成の円筒埴輪が供給された。いっぽう、土師器の甕や壺・椀などを用いた周溝内の祭祀行為は多くの古墳にみられ、方形周溝墓に見られる弥生時代以来の伝統的な土器供献による祭祀が継続されていたことが指摘されている（小野本二〇〇八）。つまり、畿内的な埴輪祭祀と伝統的な土器祭祀が共存していたことが指摘できる。また、下布田古墳群においては伝統的な土器供献を志向しながらも、下布田八号墳にみるように、初期須恵器が受容されている点で畿内との交流が想定される。

こうした初期群集墳の形成過程に関しては、五世紀前葉の地域首長墓である世田谷区野毛大塚古墳（帆立貝形・八二メートル）の出現を契機とする寺田良喜の見解がある（寺田二〇一二）。寺田によれば、五世紀中葉〜末葉にかけて、初期馬具の鑣轡を出土した喜多見中通遺跡のような集落遺跡や、狛江古墳群を形成した集団は先進的な馬具を受容していることから、河内地方から移住してきた馬飼集団が定着したものと結論づけた。確かに、南武蔵では稀有な馬具のセットを保有することには大きな意味がある。これとよく似た事例としては、近年調査された大田区池上堤方権現台古墳（円墳・二二メートル）の主体部（木棺直葬）から出土した六世紀前葉の楕円形鏡板と剣菱形杏葉の金銅装馬具が挙げられ、その希少性から判断してさきの「馬飼集団」を含む、畿内系職能集団の移住ないしは移入が行われた蓋然性が高い（松原ほか二〇一三）。

これらの事実関係から、当地における初期群集墳の出現・展開が在地系集団によるものと、外来系集団によるものに二分され、それぞれ一部墓域を共有するかたちで群形成を行っていたと推察される。また、墳丘規模に格差が見られることから、造営集団には明確な階層差を内包していた。

## 三　後・終末期群集墳の特性

南武蔵では、一〇期に地域首長墓と目される全長四〇メートル程の前方後円墳や径二〇メートル前後の円墳の主体部に、一斉に横穴式石室が導入される（池上二〇一〇）。初期の石室墳は多摩川・鶴見川下流域に出現するが、その基本構造は泥岩等の軟質石材を主体とする切石積石室である。ほどなく、多摩川中・上流域にも石室墳が出現するが、おもに河原石積みで半地下構造を有する点に特徴があり志向性に大きな差異がある（松崎二〇〇七）。

七世紀以降、これら石室墳の周辺には終末期群集墳が形成されはじめると同時に、横穴墓群も普及しはじめ、荏原郡や橘樹郡をはじめとして、多磨郡や都筑郡・久良郡域においても数基から数十基規模で群集して掘削される。また、石室群集墳内には小石室、横穴墓群内では小型横穴墓と呼ばれる極小規模の埋葬施設や、特定地域では古墳の周溝壁に地下式横穴墓やＬ字状土壙が掘削されるなど被葬者集団の多様性が窺える。

### （一）石室墳を主体とする群集墳

多摩川中・上流域では、約二〇群の石室群集墳が展開する。主な古墳群では府中市高倉古墳群、多摩市塚原古墳群、国立市青柳（四軒在家）古墳群、昭島市浄土古墳群、あきる野市瀬戸岡古墳群等が挙げられ、一〇～五〇基程度の円墳を主体とする群集墳である。古墳群の分布範囲は半径五〇～一五〇メートルほどで、各群内における古墳配置は近接する。これら古墳の墳丘規模を周溝から復元すると径一〇～二〇メートルを有するが、大部分が径一〇メートル前後の小規模な円墳が主体を占める。ここで、群構成のあり方を比較するために、主体部である石室の形態・規模を図3に整理した。石室の規模は相互比較の便宜上、古墳構築に際しての使用尺度の可能性が高いとされる唐尺（一尺＝約三〇センチ）相当で換算したため、必ずしも各石室の適合尺度を示す数値ではない。

これによれば、当該地域の石室形態は概ねⅠ類～Ⅳ類に分類でき、胴張り形を呈するⅢ類の石室は三つのタイ

唐尺≒約 30 ㎝

| 規模 | 唐尺 | 玄室幅 | | | | | |
|---|---|---|---|---|---|---|---|
| | | 2~3尺 | 4~5尺 | | 6~7尺 | 8~9尺 | 10~11尺 |
| | | | (多摩川左岸) | (多摩川右岸) | | | |
| 石室長 | 23尺以上 | | | | ▲ 狐塚古墳<br>●C 天文台構内 | ●C 熊野神社古墳⑦ | ●C 北大谷古墳<br>●C 稲荷塚古墳 |
| | 22~21尺 | | | | | | |
| | 20~19尺 | | ●B 四軒在家8<br>●B 四軒在家4 | ▲ 鹿島古墳 | ▲喜多見稲荷塚 ③ | | |
| | 18~17尺 | ●A 大神古墳<br>●B 桜塚3号 | ●B 四軒在家2 | | ●C 臼井塚古墳 | ●C 四軒在家5号 | |
| | 16~15尺 | ●B 桜塚2号<br>●A 瀬戸岡32号<br>●B 白糸台5号 | ▲ 猪方小川塚<br>●A 四軒在家3号<br>●A 四軒在家9号④ | ●B 小宮古墳<br>●B 万蔵院台1号⑥ | ●B 下谷保1号<br>●B 塚原6号 | ▲ 殿山1号 | |
| | 14~13尺 | ●A 道場2号<br>■ 平山2号①<br>■ 瀬戸岡17号<br>■ 万蔵院台3号 | ●B 御嶽塚SZ02<br>▲ 御嶽塚SZ01<br>▲ 片多摩川台4号<br>▲ 多摩川台8号⑤<br>▲ 高倉6号<br>●B 高倉10号<br>■ 浅間様古墳<br>●A 四軒在家7号<br>●B 四軒在家1号<br>●B 下谷保7号 | ■ 塚原5号 ②<br>▲片 万蔵院台2号<br>■ 瀬戸岡7号<br>●A 瀬戸岡34号<br>■ 鶉山古墳 | ▲ 殿山2号 | ●C 四軒在家6号 | |
| | 12尺~11尺 | ▲ 船田古墳<br>●A 浄土1号 | ■ 御嶽塚SZ04<br>●A 御嶽塚L-43<br>●B下谷保10号<br>■ 下布田10号<br>▲ 高倉9号 | | | | |
| | 10~9尺 | ●A 瀬戸岡30号<br>■ 瀬戸岡16号<br>●A 瀬戸岡22号<br>■ 下谷保9号<br>■ 草花古墳 | | | | | |
| | 8~7尺 | ▲片 塚原9号<br>●A 御嶽塚SZ03<br>●A 瀬戸岡23号<br>◇ 御嶽塚SZ10 | | | | | |
| | 6尺以下 | ◇ 瀬戸岡51号<br>◇ 浄土2号<br>◇ 浄土3号<br>◇ 浄土4号⑧<br>◇ 浄土5号 | | | | | |

(凡例)
■ Ⅰ類 無袖短冊形石室
▲ Ⅱ類 有袖矩形石室 片-片袖
● Ⅲ類 胴張り形石室
●A 玄室主軸長:幅=1:3以上
●B 玄室主軸長:幅=1:2前後
●C 玄室主軸長:幅=1:1前後
◇ Ⅳ類 小型石室

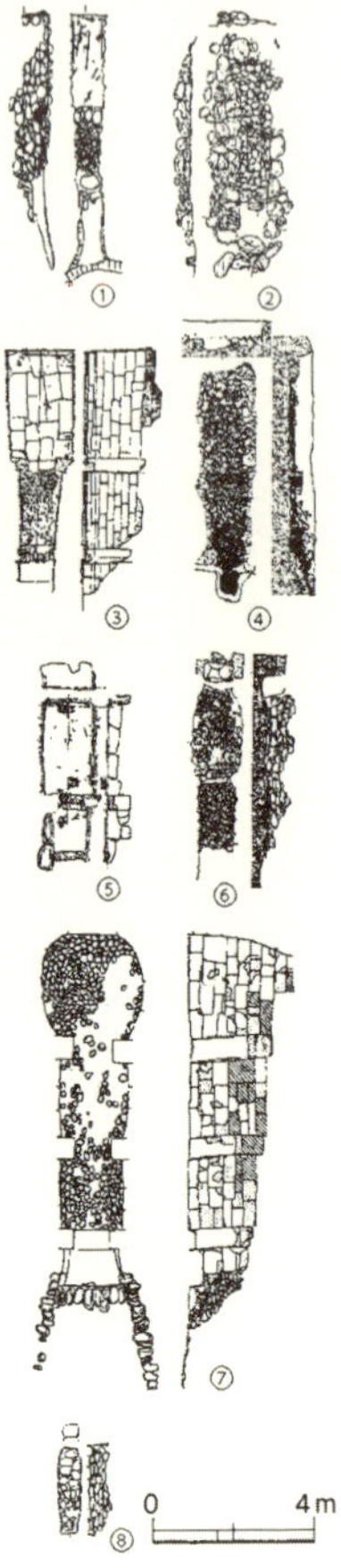


＊一部に高麗尺（1 尺：約 35 ㎝）使用の可能性がある石室を含むが、比較のため一律に唐尺を適応した。

図３　多摩川流域の石室形態・規模の比較

プに細分される。これらを一瞥すると、当地の石室の規模は全長が二三尺を上限とし、六尺以下まで大きな幅がある。石室規模のまとまりから、二三尺以上、一七～二〇尺、一三尺～一六尺、九尺～一二尺、八尺以下の五グループに区分され、同一群内においても規模の格差が認められる。古墳の時期差を考慮しても、等質的といわれる終末期群集墳にも一定の階層差が指摘でき、集団内における石室構築秩序の存在が想定される（松崎二〇二二）。

　群集墳における政治的な性格を示す事例として、大栗川下流右岸に位置する塚原古墳群が挙げられる（図4）。本古

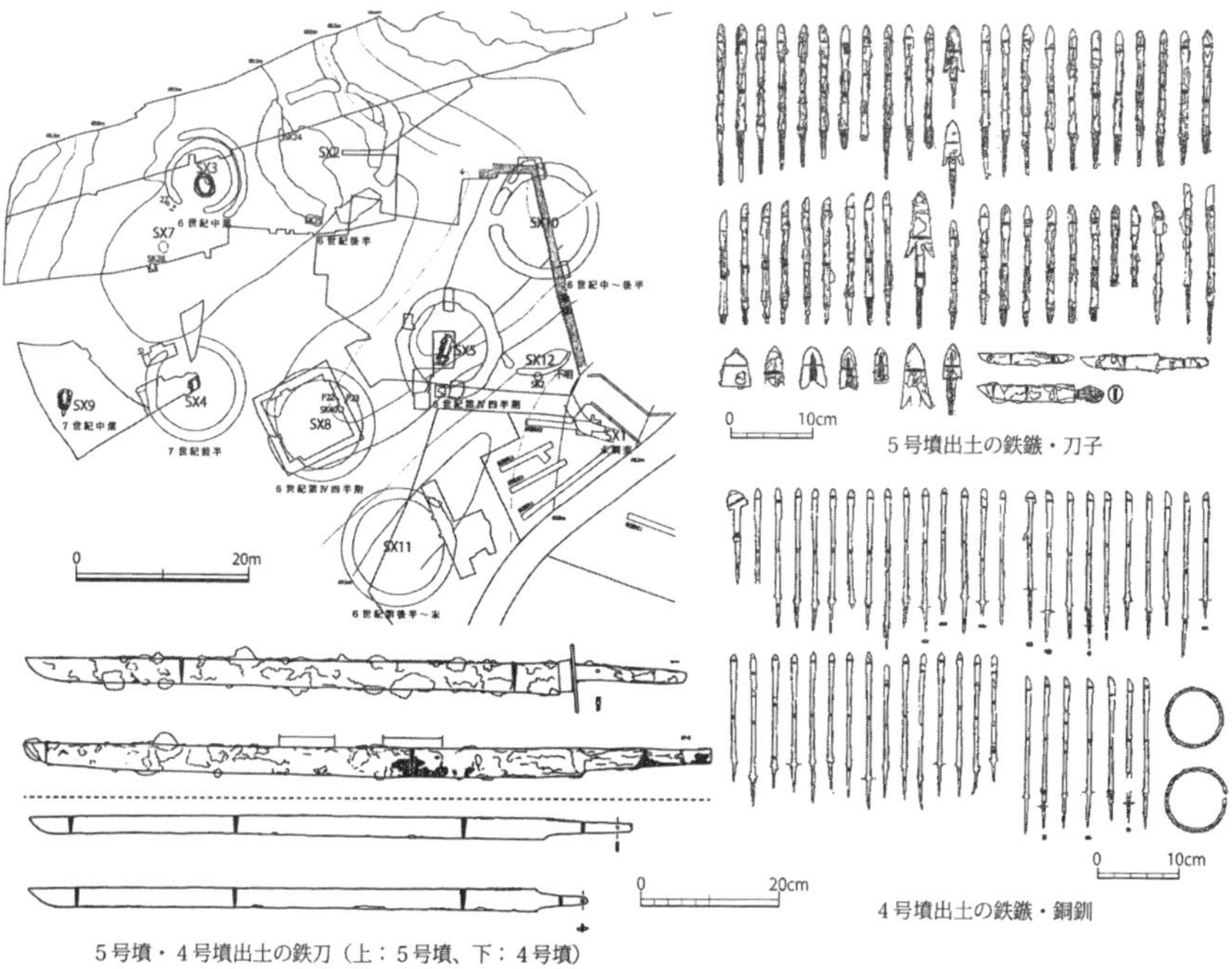


図4　塚原古墳群と出土遺物

（多摩市教育委員会 1988、大成エンジニアリングほか 2011、東京都教育委員会 2013 より作成）

墳群は墳丘径一〇～一九メートルの円墳一二基により構成され、主体部は木棺直葬のほか河原石積石室が四基検出され、短冊形から胴張り形を経て無袖の長方形石室に移行する。対岸の台地上には日野市万蔵院台古墳群（三基）や多摩市中和田横穴墓群（一四基）が、同台地の南東部には胴張り形複室構造の石室を内蔵する稲荷塚古墳（多角形墳・三八メートル）や臼井塚古墳が立地しており、和田古墳群内における消長過程は目まぐるしい状況を呈する。

　そうした中、塚原古墳群で注目されるのは五号墳と四号墳の副葬品である。両者からは複数の鉄刀や五〇本以上の鉄鏃などの豊富な武器類が検出されており、六世紀後葉～七世紀初めにかけて副葬品の組成に共通性が見られ、群集墳を造営した被葬者層の継続的な性格をものがたる（池上ほか二〇一二）。万蔵院台二号墳・三号墳においても同様の傾向が窺え、その後、出現する中和田横穴墓群八号墓や一一号墓からも同様に鉄刀・鉄鏃などが多く検出されたことからも、和田古墳群を構成する群集墳被葬者層が軍事的な性格を共有するものであった可能性が高い[1]。

このような武器副葬の傾向は、相模の群集墳にもしばしばみられる。秦野市桜土手古墳群は河原石積石室墳四〇基で構成される群集墳で、墳丘径は一〇〜二〇メートルを有する密集型群集墳であり、第一一号墳・一三号墳・一四号墳・二四号墳・二五号墳・三八号墳には鉄刀や鉄鏃をはじめ、実用馬具なども副葬されており、いずれも七世紀前葉頃に比定される。さらに、相模原市谷原遺跡一号墳・二号墳・四号墳においても、鉄刀や鉄鏃の副葬が顕著であり、三基が継起的に構築されることからも多磨郡内の群集墳とほぼ共通する性格をもつものと認識できる。これらの現象は、七世紀前葉における推古朝による国制改革や「ミヤケ」の再編をはじめとする東国経営に伴い、新たに抬頭してきた新興勢力の存在を示すものであり、武器類の需給関係において畿内や地方豪族層との交流が活発化したことがその背景にあったものと考えられる。

### （二）横穴墓を主体とする群集墳

横穴墓は、南武蔵における終末期群集墳の普遍的な形態といっても過言ではない。当該地域での横穴墓の数は約二四〇群一〇〇〇〇基以上にも及び、分布地域には偏在性が窺える。横穴墓は横穴式石室とほぼ同時期に当地に導入されており、川崎市津田山西前田横穴墓群ではいち早く、造付石棺を内蔵する「河内型横穴墓」が構築され注目される。石棺を内蔵する横穴墓は橘樹郡を中心に分布するが、対岸の荏原郡域にも数基見られる（松崎二〇〇七）。横穴墓群は七世紀以降爆発的に掘削されるが、墓室構造や変遷については地域や集団を超えて共通する特徴を有している。

横穴墓の形態は様々であるが、荏原郡や都筑郡などにおける普遍的な墓室形態である無袖のB型墓室の変遷を比較してみると、初期段階には全長が六メートルを超える大形の横穴墓が掘削され、内部の石棺や有段屍床および界石等により墓室の区分が明確なものがみられる（図5）。また、横浜市熊ヶ谷二一・二一号墓や世田谷区岡本谷戸一

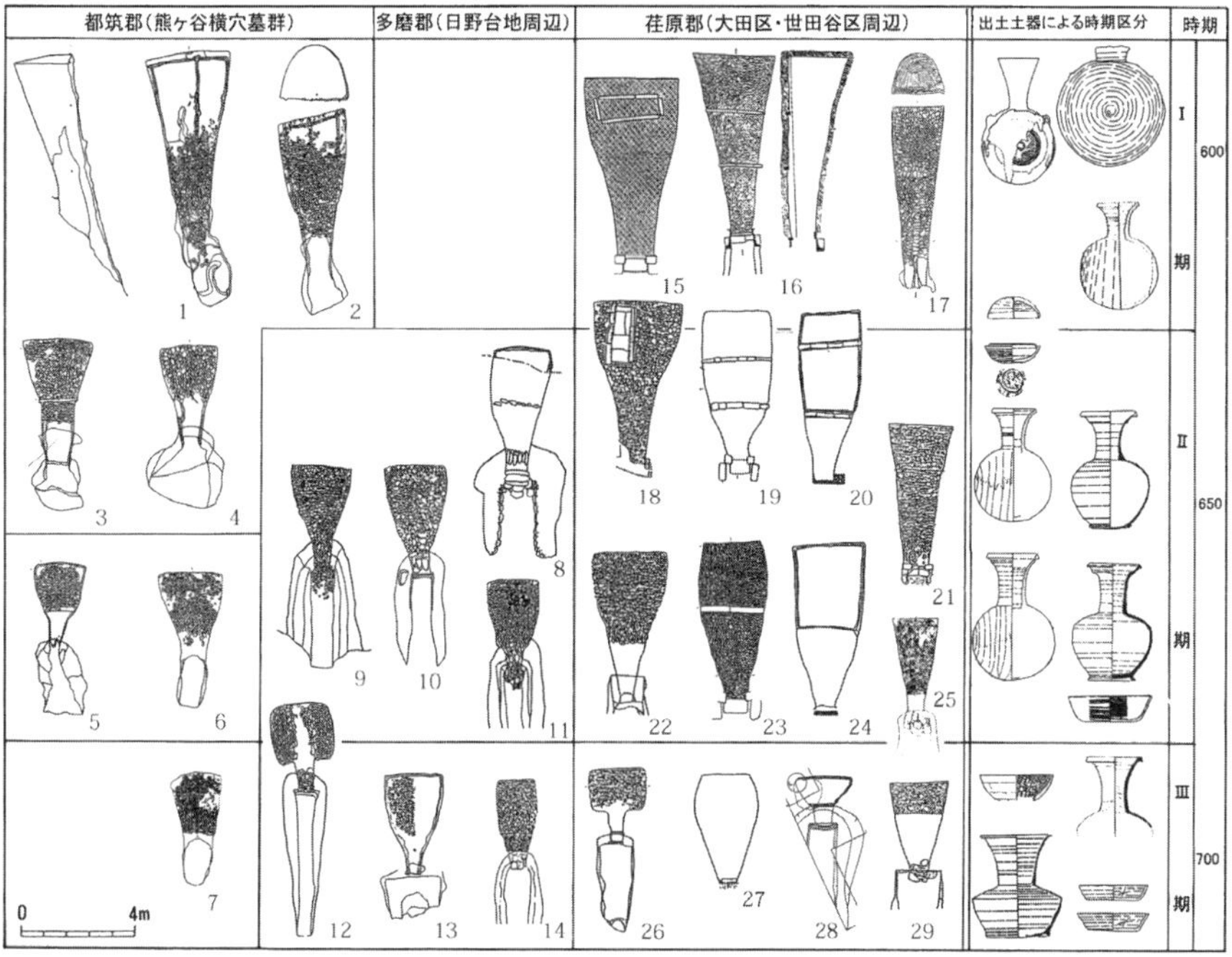


1：熊ヶ谷2号墓　2：熊ヶ谷21号墓　3：熊ヶ谷9号墓　4：熊ヶ谷25号墓　5：熊ヶ谷東6号墓
6：熊ヶ谷11号墓　7：熊ヶ谷16号墓　8：谷の上1号墓　9：神明上K区2号墓　10：坂西7号墓
11：神明上L区3号墓　12：神明上I区1号墓　13：坂西3号墓　14：神明上62次3号墓
15：久ヶ原・根岸11号墓　16：岡本谷戸1号墓　17：殿山1号墓　18：等々力渓谷2号墓
19：山王・新井宿13号墓　20：山王・新井宿33号墓　21：等々力渓谷3号墓
22：久ヶ原・根岸70号墓　23：塚越35号墓　24：山王・新井宿34

図5　南武蔵のB型墓室等の展開

号墓は無袖の撥形を呈するもので、いずれも主軸に対して奥壁が斜交するタイプの墓室を有し、当地での初現期横穴墓の特徴を示している（池上一九八四）。その後、しだいに墓室の区分原理が消失するなかで、明らかに規模が縮小していく傾向が窺がえ、終末段階では全長三メートル以下の小規模な横穴墓や小型の改葬墓なども出現し、集団内における埋葬様式や埋葬観念に大きな変化があったことが想定される。

いっぽう、こうした横穴墓独自の変遷過程とは別に、石室墳の構造を模倣した横穴墓も多々見られる。例えば、荏原郡域に盛行する切石組みの二重羨門構造や、多磨郡に多く見られる石積施設や胴張り形複室構造などが挙げられ、横穴墓と石室墳が密接な関係性を有して構築されてい

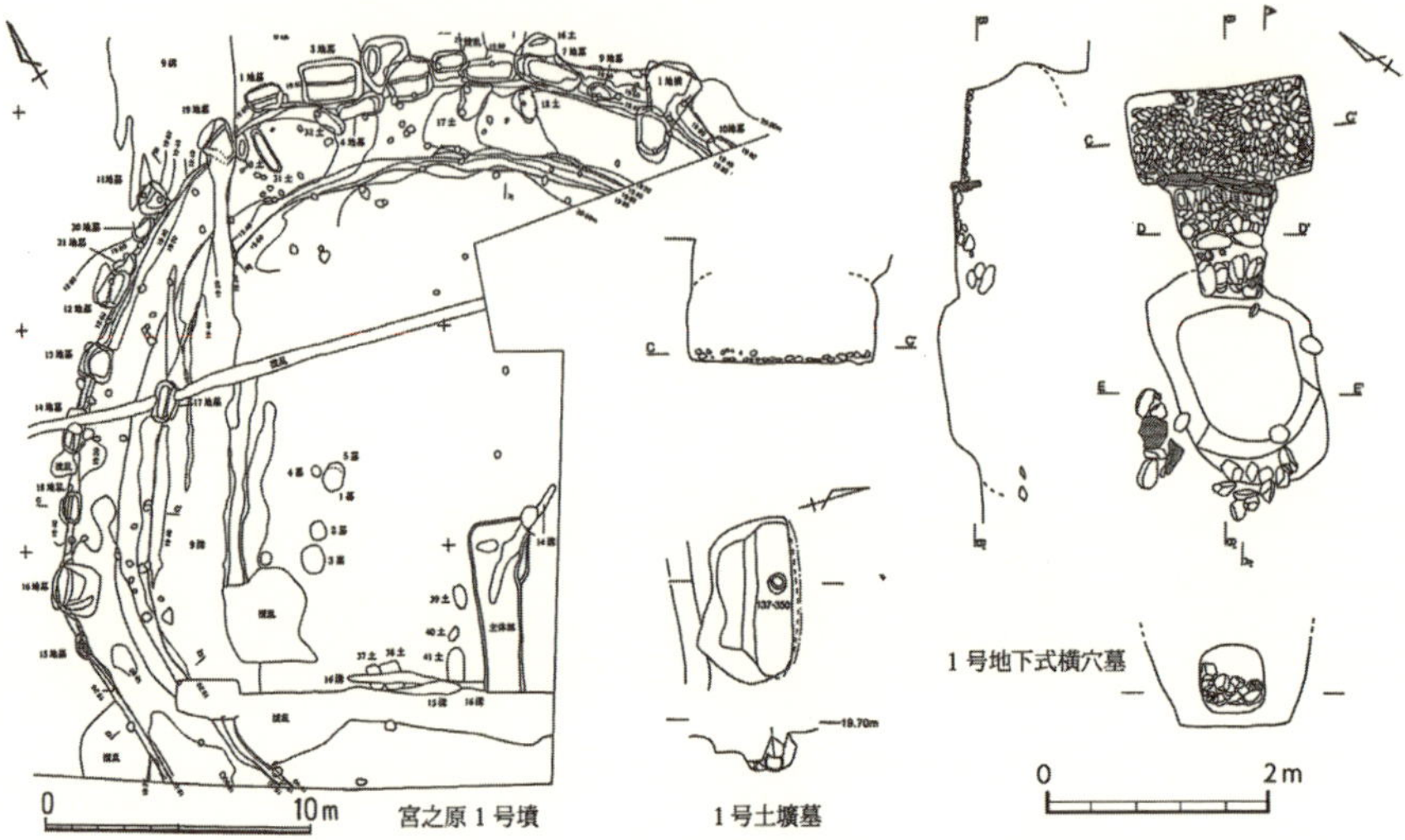


図６　宮之原遺跡１号墳・その他の墓制（寺田ほか2001より作成）

たことを示している。横穴墓群の群集性と類似性からみて、その造墓集団はきわめて強固な紐帯により結ばれ、一定の墓域を占有し定着した氏族集団であり、一定の階層構造を内包することが予想される。

さらに、多摩丘陵南西部の一角から単独で検出された町田市多摩ニュータウン№.三一三遺跡一号横穴墓は、長大な墓道の奥に石積施設があり、堅固な羨門構造に加えて全長七メートルの墓室を有するもので、尾根頂部に近い場所に選地している。明らかに石室墳を意識した立地や構造特性を示し、周辺の横穴墓とは隔絶した規模・内容を有することから、その被葬者は丘陵開発集団のリーダーと目される。これまで横穴墓の被葬者に関しては、高塚古墳との対比関係において従属的な位置づけが一般的であったが、本横穴墓は新興の地域首長墓の可能性を示唆している（松崎二〇一一、広瀬二〇二〇）。

### （三）土壙等を主体とする群集墓

石室墳や横穴墓を主体とした群集墳の二形態に加え、もう一つの群集墓が存在する。それは、下布田古墳群や世田谷区宮之原一号墳（図６）、野毛九号墳などから検出された「L字状土壙（側壁抉り込み土坑）」や「地下式横穴墓」である。L字状土壙は古墳の周溝壁の側面や平地面を掘り込んで造る地下式系土壙墓で、短軸方向の断面がＬ字状を呈する。下布田三号墳ではＬ字状土壙二一基と礫敷きの地下式横穴墓一基、同四号墳ではＬ字状土壙一四基、宮之原遺跡一号墳でも二二基のＬ字状土壙と礫敷きの地下式横穴墓一基、野毛九号墳からは地下式横穴墓二基が検出された。

これらは周溝が完全に埋没する前に形成されており、宮之原一号墳から検出された土師器甕などから七世紀後半～八・九世紀にかけて掘削されたものとされている（寺田ほか二〇〇一）。土壙墓が円墳の周溝外壁に沿って掘り込まれていることから、当該古墳被葬者に連なる同族意識を強く有する群集墓であり、独立して墳墓を営むことを許されなかった特定の階層により形成されたものと推測される。いっぽう、本墓制の分布には偏在性がみられ、多摩川流域においては世田谷区西部から調布市を経て日野市域にかけての中流域左岸に集中する傾向がある。これらの群集墓は武蔵国府周辺にも分布することから、その一部は律令期に導入された官人層とその家族墓ではないかと考えられ、中には火葬骨蔵器を埋納する事例もみられる。

ところで、宮之原一号墳の地下式横穴墓に関して南九州地方の同墓制との関連性を指摘する見解もあるが、墓室の平面形態や内部の石障、礫床、閉塞施設等の構造的な特徴などからみて、むしろ当該地域に盛行する横穴墓制の簡略形とも捉えられる。これら地下式系墳墓の造墓時期は必ずしも明確ではないものの、当地における終末期群集墓の一類型として留意すべきであり、ひいては群集墳造営集団の変質過程を物語る資料といえる。少なくとも、石室群集墳や横穴墓群造営階層のほかに土壙墓階層が存在しており、石室墳や横穴墓にみられる小型改葬墓も含めた地域墓制に表徴される集団の階層分化が進行していたことを示している。

## 四　群集墳の造墓集団と地域構造

南武蔵における初期群集墳や後・終末期群集墳の様相に関して述べてきたが、群集墳の形成が地域社会における政治的な変革や再編との関係の中で形成されたことが推察される。多摩川下流域左岸、荏原郡域での群集墳の

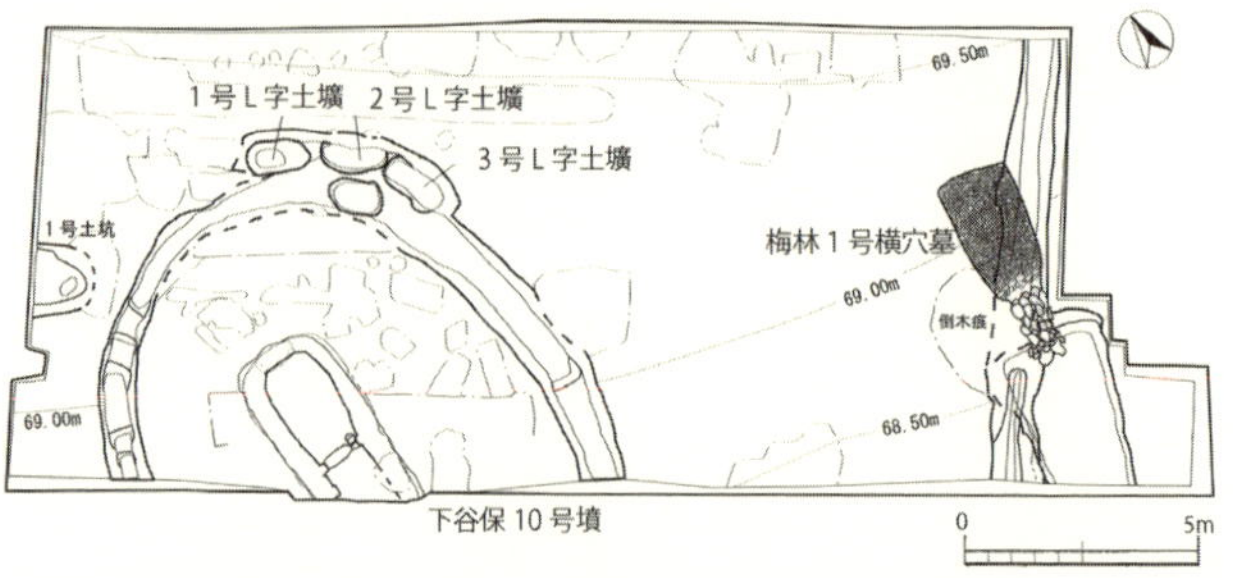


**図7　梅林遺跡第14地点全体図**（国立市教育委員会2014を転載）

発達は終末期群集墳としての横穴墓群の盛行に象徴され、それは橘樹郡や都筑郡域においても共通する流れでもあった。七世紀中葉前後には、多摩川中・上流域に武蔵型の胴張り形複室構造の横穴式石室を内蔵する上円下方墳などの特異な墳丘をもつ地域首長墓が継起的に出現するいっぽう、下流域では、矩形・方形の複室構造の石室を内蔵する小型の円墳が少数造営されるのみという、きわめて対称的な状況が生み出される。例えば、下流域左岸の終末期古墳である浅間様古墳の切石積石室は、全長四・〇《メートル》、石室幅一・四《メートル》未満の中・小規模の石室であり、ほぼ同時期に構築された中流域の天文台構内古墳の全長七・〇《メートル》、石室幅二・三《メートル》の三室構造の石室と比較すれば、内容・規模の違いは明らかであり、この時期での荏原郡と多磨郡における地域構造の相違を如実に示している。

この点に関して広瀬和雄は、多摩川流域においては七世紀中葉頃には北武蔵首長層主導により切石積胴張り複室構造の横穴式石室の一元化がはかられ、上流域に政治センターを設置することで、南武蔵地域との政治的一体化を実現したと捉えている（広瀬二〇一二）。すなわち、七世紀中葉を境に流域の政治的環境が一変し、地域統合が加速度的に進む要因として北武蔵勢力の南下が想定されている。

こうした上位階層の動向と群集墳造営階層がどのような関係性を有していたのかが問題であり、同時に群集墳被葬者の性格に直結する課題でもある。終末期に胴張り形複室構造の石室墳が出現する地域は川口郷、小野郷、小揚郷、小嶋郷であるが、こうした地域首長墓の近辺には石室群集墳もしくは横穴墓群が形成されている。管見では、小野郷や小揚郷のように在地勢力を統合するかたちで編成された地域と、小嶋郷北部の三鷹市域に見るような横穴墓群に象徴される新興勢力を中心に編成された地域に区分できる。荏原郡東部も豊富な副葬品を有する横穴墓の存在から後者に該当する地域である。なお、小野郷において稲荷塚古墳の出現を契機とする新興勢力の抬頭が見られる点は留意される。

終末期群集墳の被葬者層に関しても、初期群集墳同様、旧来の在地勢力と新興勢力との差異が指摘できる。しかしながら、石室墳と横穴墓造営集団の属性的な相違に関しては、終末期の段階ではあまり顕在化しないようである。近年実施された国立市下谷保古墳群の調査により、泥岩による全長四メートル程の切石積胴張り形石室墳（一〇号墳）が横穴墓と主軸を揃えわずか一〇メートルの間隔で検出された（図7）。これまで、多磨郡域ではこの種の石室は大型の石室に限られていたが、今般、多摩川上流域において東松山市田木山一号墳に酷似する石室墳の存在が確認されたことで、北武蔵との関係性が中間層以下にまで及んでいたことになる。さらに、横穴墓と墓域を共有する点から、両者が七世紀中葉以後の地域編成過程の中で、同等の位置づけが与えられていたものと推測される。墓制の相違はあくまで集団の出自を含む属性の違いによるものであり、それを相克したところに、律令的なイデオロギーによる地域統合のあり方が窺える。

以上、南武蔵地域の群集墳に関しては地域社会の変容期において、おそらくは入植や軍事的編成等を契機として出現したものと考えられる。とくに後・終末期群集墳の造墓集団の一部は、当地における特殊な歴史的事象といえるミヤケ（屯倉）の設置に関わる伴造的集団と推定され、その統率者については半ば官人化した性格が垣間見えるのである。

## 註

（1）多摩市中和田横穴墓群からは八窓鍔の鉄刀一口のほか、円孔鍔（鍔上部に二小孔を穿つタイプ）をもつ鉄刀三口が検出されており、これらが東国地域で生産された可能性があることから、地方における豪族間の武器類の需給関係を示す可能性がある。

## 引用・参考文献

池上　悟　一九八四「横穴墓掘削企画と群構成」『武蔵・熊ヶ谷横穴墓群』立正大学考古学研究室
池上　悟　二〇一〇「東京都」『前方子円墳の終焉』雄山閣
池上　悟ほか　二〇一二「東京の終末期古墳」『文化財の保護』四五、東京都教育委員会
宇佐美哲也ほか　二〇一三『猪方小川塚古墳発掘調査報告書』狛江市教育委員会
小野本　敦　二〇〇八「土器から見た南武蔵の古墳時代中期群集墓」『早稲田大学大学院文学研究科紀要』五四
国立市教育委員会　二〇一四『梅林遺跡第一四地点発掘調査報告書　下谷保一〇号墳・梅林一号横穴墓』
大成エンジニアリング株式会社ほか　二〇一一『塚原古墳群―和田八六番外における宅地造成に伴う発掘調査報告書―』
多摩市教育委員会　一九八八『塚原古墳群―五号古墳の調査（昭和六二年度）―』
調布市遺跡調査会　二〇〇三『下布田遺跡―第五四地点（布田六丁目土地区画整理事業）の調査―　古代編』
調布市遺跡調査会　二〇二〇『下布田遺跡―第一四一地点（宅地造成工事に伴う埋蔵文化財発掘調査）―』
寺田良喜ほか　二〇〇一『宮之原遺跡Ⅱ』世田谷区教育委員会・宮之原遺跡第四～六次整理調査会
寺田良喜　二〇一〇「南武蔵における五世紀の変革―多摩川左岸地域を中心として―」『比較考古学の新地平』同成社
東京都教育委員会　二〇一三「東京の終末期古墳」『文化財の保護』四五
広瀬和雄　二〇一二「多摩川流域の後・終末期古墳―七世紀における東国地域の一動態―」『国立歴史博物館研究報告』一七〇
広瀬和雄　二〇二〇「横穴墓と首長墓―古墳時代政治構造への一つの接近法―」『芙蓉峰の考古学Ⅱ』池上悟先生古稀記念論文集
松崎元樹　二〇〇六「古墳時代終末期の地域構造―多摩川流域の石室墳および横穴墓の検討―」『考古学論叢』一一
松崎元樹　二〇〇七「多摩川流域および周辺における後・終末期古墳群の特性と地域構造」『関東の後期古墳群』六一書房
松崎元樹　二〇一一「武蔵の横穴墓―その構造と特質―」『考古学ジャーナル』六二〇、ニューサイエンス社
松崎元樹　二〇二二『東京の古墳を探る』　歴史文化ライブラリー五五一、吉川弘文館
松原典明ほか　二〇一三『武蔵池上堤方権現台遺跡』不変山永寿院

# 関東西部地域における中期群集墳の被葬者

太田博之

## 一　序文

群集墳を構成する『講座』編年（以下略）七・八期の小型古墳の副葬品には武器・武具類が優越することから、この時期、群集墳被葬者層を対象とした軍事動員体制の整備が進行したことが窺えるが、その一方で武器・武具類をまったく副葬されない被葬者も一定の割合で存在する。中央政権や地域の上位有力者が、軍事的要員だけではなく、広く多様な成員を、やがて群集墳被葬者となるような階層として編成していたことが窺える。

これまでの研究では、群集墳の被葬者像に関して、地域の軍事基盤形成と結びつけて説明されることが多い。今井堯・近藤義郎は、古墳時代後期後半以降の横穴式石室墳を埋葬施設にもつ盛行期の群集墳被葬者を、地域に形成された軍事組織に連なる存在として想定し、当該期の群集墳で大・中規模墳を含むほとんどの古墳の副葬品に鉄刀、鉄鏃などの武器が含まれる点に階層差の一段の拡大を認めつつ、このことが「身分秩序の形成が軍事を軸に進行したことを示しているかのよう」であり、「一定地域の共同体的結合を基盤とした軍事組織の存在を推定しうる」（今井・近藤一九七〇：二〇〇頁）ことを指摘している。

中期後半の群集墳形成の理由についても、列島各地で、「中小首長層」を対象とした軍事動員のための体制整備が進行したことに原因を求める意見があり、さらにその背景について、朝鮮半島をめぐる国際情勢の不安定化と関連づけて説明されることがある。「古式群集墳」を提唱した石部正志は、「近畿政権」や吉備、筑紫そのほか各地「首長」らが、朝鮮半島での軍事行動に際し、戦士を供給した配下の各世帯に対し、「王民」身分の保証、武器・農工具・須恵器等の分与とともに、古墳造営の認可がおこなわれたとし、このことを「古式群集墳」が展開する理由に考えている（石部一九八〇：三九一・三九二頁）。川西宏幸も、群集墳の形成が、中期後葉段階に、汎列島規模で急速に拡大したことの要因として、東アジアにおける国際情勢の不安定化を背景に、「中小首長層」を対象とした軍事面での動員体制の整備されたとする見解を示している（川西二〇〇四：三〇五―三〇七頁）。

ただ、関東西部地域について見ると、群集墳の多くは早くから開発の進んだ沖積平野の自然堤防や低位の台地上に立地する事例が多く、とくに墳丘内に比較的簡易な竪穴系の中心埋葬施設を採用する八期段階までの群集墳は、墳丘を消失している場合がほとんどで、中心埋葬施設の検出例は調査対象となった当該期の古墳数に比べるとごく少数にとどまる。このことにも原因して、中期の群集墳を対象とし、副葬品全般の分析から、築造者の性格を議論することは、これまであまり試みられたことがなかった。

ここでは、墳丘規模二五メートル以下の古墳[1]を「小型古墳」、七・八期に築造された「小型古墳」が主体を占める群集墳を「中期群集墳」、群馬県、埼玉県および栃木県西部の範囲を「関東西部地域」として設定し、同地域における中期群集墳出土の副葬品を集成したうえで、その被葬者について考えてみたい。

## 二　中期群集墳の副葬品

関東西部地域の中期群集墳を構成する小型古墳のなかで、副葬品の内容が判明する三八基、四六施設について、その組成を表1に示した。[2] 確認される品目は次のとおりである。

武　器　鉄鏃、鉄刀、鉄剣、鉄矛

武　具　鉄製短甲、弓（鉄製弓金具）、胡籙（鉄製胡籙吊金具）
馬　具　鉄製轡
農工具　鉄鎌、鉄鍬鋤先、鉄斧、鉄鑿、鉄刀子
装飾品　銀製空玉、硬玉製勾玉、碧玉製勾玉、同管玉、ガラス製丸玉、同小玉、漆玉竪、櫛
石製模造品　剣、有孔円板、管玉、勾玉、臼玉
その他　銅製鏡、銅製鈴付釧、銅製小環、鉄製鑷子、石製提砥

主な品目についてみると、武器・武具類は、副葬された施設の多い順に、鏃二一、刀一八、剣七、矛三、短甲三となる。ほかに弓金具が三施設、胡籙金具が一施設で出土している。武器の副葬例は、鏃が最も多く、次いで刀、剣、矛の順で副葬例が少なくなる。鏃は栃木県通岡一号墳の四〇本を筆頭に、一〇本以上の副葬例が八施設、五本以上になると一四施設にのぼる。刀または剣の副葬が見られる事例は二一施設を数え、刀、剣双方をもつ例も四施設ある。鏃五本以上か刀または剣の一振以上のいずれかが副葬される例は、二三古墳二六施設を数え、六割近くの被葬者に一定量の鏃または一振以上の刀、剣の副葬が認められる。

　武具の副葬例は群馬県本関町二号墳、同五号墳、埼玉県東耕地三号墳で、各一領が確認される。いずれも横矧板鋲留短甲で冑は伴わない。弓、胡籙は、鉄製の弓金具および胡籙金具として検出されるが、鏃に比べ確認例は少ない。馬具が副葬されるのは、栃木県磯岡北二号墳、埼玉県諏訪山一号墳二号槨の二施設である。前者では鑣轡、後者では楕円形鏡板付轡が出土している。双方とも金銅装を施さない簡素な鉄製の轡で、鞍、鐙、胸繋、尻繋などを伴わず、面繋だけが副葬されている。

　農工具は、鎌四、鍬鋤先一、斧七、鑿一で、武器類に比べて副葬の機会が少ない。品目も農具は鍬鋤先と鎌、工具は斧と鑿に限られる。群馬県本関町二号墳と同古海松塚五三号墳では、斧が二点ずつが出土しているが、ほかはいずれも単体の副葬である。多目的の利器と考えられる刀子は、一七古墳一八施設に見られ、鉄製品の中では

| 短甲 | 馬具 | 鉄鎌 | 鍬先 | 鉄斧 | 鉄鑿 | 刀子 | 竪櫛 | 玉類 | 玉類の組成 | その他遺物・備考 | 埴輪 | 時期 | 文　献 |
|---|---|---|---|---|---|---|---|---|---|---|---|---|---|
| | | | | | | 1 | | — | | | ● | 8期 | 大賀 1983 |
| | | | | | | 1 | | — | | | — | 7期 | 蓮田市 1999 |
| | | | | 1 | | 2 | | — | | 石製提砥 1 | — | 8期 | 杉山ほか 2014 |
| | | 1 | | 1 | | | | — | | | — | 7期 | 蓮田市 1999 |
| | | | | | | | | ● | 瑪瑙製勾玉 1、碧玉製管玉 3、ガラス製小玉 289 | | ● | 7期 | 今平 1996 |
| | | | | | | | | ● | 碧玉製管玉 9、ガラス製小玉 19 | FA 下 | — | 8期 | 谷中ほか 2001 |
| | | | | | | 3 | | — | | FA 下 | — | 8期 | 右島 1981 |
| | | | | | | 1 | | ● | 碧玉製管玉 11、ガラス製丸玉 41+、同小玉 83+ | 石製臼玉 2 | — | 8期 | 立木ほか 1985 |
| 1 | | | 1 | 2 | | 1 | | — | | 鉄製鑷子 1 | — | 8期 | 吉澤 2011 |
| | | | | | | | | — | | | — | 8期 | 岩崎ほか 1995 |
| | | | | | | | | — | | | — | 8期 | 立木ほか 1985 |
| | | 1 | | | | | | — | | | — | 7期 | 今平 1996 |
| | | | | | | 1 | | — | | 銅製乳文鏡 1 | — | 7期 | 今平 1996 |
| | | | | | | | | — | | | — | 8期 | 岩崎ほか 1995 |
| | | | | | | | | ● | 漆玉 7 | | — | 8期 | 小島 1989 |
| | | | | | | | | ● | 硬玉製勾玉2、碧玉製勾玉1、同管玉4、銀製空玉1、ガラス製丸玉5、同小玉4 | | ● | 8期 | 小島 1989 |
| | | | | | | | | ● | 碧玉製管玉2、ガラス製丸玉1、同小玉1 | | ● | 8期 | 小島 1989 |
| | | | | | | 1 | | — | | | ● | 8期 | 松村 1975 |
| | | | | | | | | — | | | — | 8期 | 杉山ほか 2014 |
| | | | | | | | | ● | ガラス製勾玉 1、ガラス製小玉 59 | | — | 8期 | 杉山ほか 2014 |
| | | | | | | | | ● | 管玉 3 | | ● | 8期 | 松本 1981 |
| | | | | | | | | ● | 勾玉 1 | | ● | 8期 | 松本 1981 |
| | | | | | | | | — | | 銅製小環 1 | ● | 8期 | 松本 1981 |
| | | | | | | | | — | | FA 下 | ● | 8期 | 坂爪 1988 |
| | | | | | | | | ● | ガラス小玉 14 | FA 下 | — | 8期 | 坂爪 1988 |
| | | | | | | | | — | | 被攪乱 | — | 8期 | 松村 1975 |
| | | | | | | | | — | | | — | 8期 | 栃木県教委 1972 |
| | | | | | | | | — | | | ● | 8期 | 金子 1999 |
| | 1 | | | 1 | | 3 | | — | | 鉄製鑣轡 | — | 7期 | 内山 2006 |
| | | | | | | | | — | | 鉄製弓金具 1 | ● | 8期 | 関口ほか 2008 |
| | | | | | | 1 | | ● | ガラス製小玉 52 | | ● | 8期 | 吉澤 2011 |
| | | | | | | 1 | | — | 胡籙吊手金具 1 対、提砥 1、石製剣形模造品 3 | | ● | 7期 | 小島 1989 |
| 1 | | 1 | | | | 1 | | — | | | — | 7期 | 蓮田市 1999 |
| | | | | | | | | — | | | ● | 8期 | 関口ほか 2008 |
| | | | | | | | | — | | | ● | 7期 | 江原ほか 2005 |
| | | | | | | | | — | | | ● | 8期 | 坂戸市 1992 |
| | | 1 | | 2 | 1 | | | — | | 鉄製釘 3+ | — | 8期 | 関本 2002 |
| | | | | | | 1 | 1 | ● | 珠文鏡 1、碧玉製管玉 1、ガラス製管玉 1、同小玉 4 | 石製有孔円盤 1、同勾玉 4、同臼玉 4 | ● | 8期 | 松本 1981 |
| | | | | | | | | ● | 碧玉製管玉 8、ガラス製小玉 12 | | — | 8期 | 金井塚ほか 1970 |
| | 1 | | | | | | | — | | 鉄製楕円形鏡板付轡 1、銅製鈴付釧 1 | — | 8期 | 金井塚ほか 1970 |
| | | | | | | | | ● | 碧玉製管玉 5 | 石製管玉 1 | ● | 8期 | 関口ほか 2008 |
| | | | | | | 1 | | — | | 鉄製弓金具 6 | ● | 8期 | 関口ほか 2008 |
| 1 | | | | | | 1 | | — | | 被攪乱 | ● | 8期 | 吉澤 2011 |
| | | | | | | 2 | | — | | | ● | 8期 | 栗原ほか 1978 |
| | | | | | | 2 | | — | | 鉄製弓金具 2 | ● | 8期 | 栗原ほか 1978 |
| | | | | | | 1 | 1 | — | | | ● | 8期 | 吉澤 2011 |

## 表1　中期群集墳の副葬品組成

| No. | 古　墳　名 | 所　在　地 | 墳形 | 規模 | 埋葬施設 | 鉄鏃 | 鉄刀 | 鉄剣 | 鉄矛 |
|---|---|---|---|---|---|---|---|---|---|
| 1 | 倉賀野万福寺Ⅰ遺跡2号墳 | 群馬県高崎市倉賀野万福寺 | 方 | 7.2 | 塊石上式石槨 | | | | |
| 2 | 椿山2号墳 | 埼玉県蓮田市黒浜 | 円 | 7.2 | 木棺・粘土使用 | | | | |
| 3 | 金井東裏2号墳 | 群馬県渋川市金井 | 円 | 8.3 | 直葬・塊石使用 | | | | |
| 4 | 椿山1号墳 | 埼玉県蓮田市黒浜 | 円 | 8.4 | 直葬 | | 1 | | |
| 5 | 塚山5号墳 | 栃木県宇都宮市西川田町 | 円 | 9 | 組合式木棺・粘土使用 | | | | |
| 6 | 権現山B区SZ－065 | 栃木県宇都宮市東谷町 | 円 | 10 | 板石組合式石槨 | | | | |
| 7 | 街道東1号墳2号石槨 | 群馬県高崎市金敷平 | 円 | 10.2 | 板石組合式石槨 | | | | |
| 8 | 植水3号墳 | 埼玉県さいたま市水判 | 円 | 10.2 | 組合式木棺・粘土使用 | | | | |
| 9 | 本関町2号墳 | 群馬県伊勢崎市本関町 | 円 | 12 | 組合式木棺・粘土槨・礫使用 | 32 | 1 | | |
| 10 | 乙畑・大久保2号墳 | 栃木県矢板市乙畑 | 円 | 12.5 | 組合式木棺 | 10 | | | |
| 11 | 植水2号墳 | 埼玉県さいたま市水判 | 円 | 12.8 | 組合式木棺・粘土使用 | 19 | 1 | | |
| 12 | 城南3丁目1号墳1号主体 | 栃木県宇都宮市城南 | 円 | 12.9 | 組合式木棺・粘土使用 | 7 | | | |
| 13 | 城南3丁目1号墳2号主体 | 栃木県宇都宮市城南 | 円 | 12.9 | 組合式木棺・粘土使用 | | 1 | | |
| 14 | 乙畑・大久保3号墳 | 栃木県矢板市乙畑 | 円 | 14 | 直葬 | 2 | 1 | | |
| 15 | 白藤Ⅴ-8号墳 | 群馬県前橋市膳 | 円 | 14 | 乱石積式石槨 | 1 | | | |
| 16 | 白藤A-1号墳1号石槨 | 群馬県前橋市膳 | 円 | 14.2 | 乱石積式石槨 | | | | |
| 17 | 白藤A-1号墳2号石槨 | 群馬県前橋市膳 | 円 | 14.2 | 乱石積式石槨 | | | | |
| 18 | 総覧赤堀村299号墳2号石槨 | 群馬県伊勢崎市西野 | 円 | 14.5 | 板石組合式石槨 | | | | |
| 19 | 金井東裏1号墳第1主体 | 群馬県渋川市金井 | 円 | 15 | 組合式木棺・川原石、粘土使用 | 5 | 1 | 1 | |
| 20 | 金井東裏1号墳第2主体 | 群馬県渋川市金井 | 円 | 15 | 板石組合式石槨 | | | | |
| 21 | 総覧大胡町5号墳1号石槨 | 群馬県前橋市茂木 | 円 | 15± | 板石組合式石槨 | 1 | | | |
| 22 | 総覧大胡町5号墳2号石槨 | 群馬県前橋市茂木 | 円 | 15± | 板石組合式石槨 | | | | |
| 23 | 総覧大胡町5号墳3号石槨 | 群馬県前橋市茂木 | 円 | 15± | 板石組合式石槨 | | | 1 | 1 |
| 24 | 三箪1号墳 | 群馬県伊勢崎市上淵名 | 円 | 16 | 板石組合式石槨 | 11 | 1 | | |
| 25 | 三箪2号墳 | 群馬県伊勢崎市上淵名 | 円 | 17 | 板石組合式石槨 | | | | |
| 26 | 総覧赤堀村300号墳 | 群馬県伊勢崎市西野 | 円 | 17.8 | 板石組合式石槨 | | 1 | | |
| 27 | 通岡1号墳 | 栃木県矢板市片岡 | 円 | 18 | 板石組合式石槨 | 40 | | | |
| 28 | 女塚4号墳 | 埼玉県熊谷市今井 | 円 | 18 | 乱石積式石槨 | | 1 | | |
| 29 | 磯岡北2号墳 | 栃木県宇都宮市砂田町 | 円 | 18.4 | 不詳 | 18 | 2 | 2 | 1 |
| 30 | 月輪54号墳 | 埼玉県比企郡滑川町月輪 | 円 | 18.6 | 組合式木棺・粘土使用 | | | | |
| 31 | 本関町4号墳第1主体 | 群馬県伊勢崎市本関町 | 円 | 19 | 板石組合式石槨 | | | | |
| 32 | 白藤Ⅴ-2号墳 | 群馬県前橋市膳 | 円 | 19 | 木棺？・粘土使用 | 20+ | | 1 | |
| 33 | 東耕地3号墳 | 埼玉県東松山市加美町 | 円 | 19 | 木棺？ | 6+ | 1 | 1 | 1 |
| 34 | 月輪14号墳 | 埼玉県比企郡滑川町月輪 | 円 | 19.8 | 組合式木棺 | 3 | 1 | | |
| 35 | 柏崎17号墳 | 埼玉県東松山市柏崎 | 円 | 20 | 木棺？ | 2 | | | |
| 36 | 善能寺5号墳 | 埼玉県坂戸市善能寺 | 円 | 20 | 木棺？・粘土使用 | | 1 | 1 | |
| 37 | 古海松塚53号墳 | 群馬県邑楽郡大泉町古海 | 円 | 20+ | 木棺？ | | | 1 | |
| 38 | 総覧大胡町6号墳2号石槨 | 群馬県前橋市茂木 | 円 | 20+ | 板石組合式石槨 | | | | |
| 39 | 諏訪山1号墳1号槨 | 埼玉県東松山市西本宿 | 円 | 20+ | 組合式木棺・粘土床 | 3 | 2 | | |
| 40 | 諏訪山1号墳2号槨 | 埼玉県東松山市西本宿 | 円 | 20+ | 組合式木棺・粘土使用 | 7 | 1 | | |
| 41 | 月輪15号墳上層主体部 | 埼玉県比企郡滑川町月輪 | 帆立 | 21 | 礫床 | | 1 | | |
| 42 | 月輪15号墳下層主体部 | 埼玉県比企郡滑川町月輪 | 帆立 | 21 | 組合式木棺 | 1 | 1 | | |
| 43 | 本関町5号墳 | 群馬県伊勢崎市本関町 | 円 | 22 | 板石組合式石槨 | 7 | | | |
| 44 | 大日塚古墳第1粘土槨 | 埼玉県行田市佐間 | 円 | 22 | 組合式木棺・粘土床 | 6 | 1 | | |
| 45 | 大日塚古墳第2粘土槨 | 埼玉県行田市佐間 | 円 | 22 | 組合式木棺・粘土床 | 10+ | | | |
| 46 | 本関町8号墳 | 群馬県伊勢崎市本関町 | 円 | 24.5 | 板石組合式石槨 | | | | |

鏃に次いで多い。

装飾品類では、竪櫛が群馬県綜覧大胡町六号墳第二号石槨、同本関町八号墳で一点ずつ出土している。硬玉・碧玉・ガラスなどを材料とする各種玉類は、一二古墳一四施設で確認される。石製模造品は、石製・ガラス製玉類と共伴することが多い。ほかに小型銅製鏡二、銅製鈴付釧一、銅製小環一、鉄製鑷子一、漆玉七、石製提砥二が認められる。以下では、右の品目のうち、武器から装飾品までを取り上げて検討する。

## 三　副葬品の組成

表1を通覧すると、中期群集墳を構成する小型古墳の副葬品には、埋葬施設ごとに顕著な偏りが認められることが理解される。まず、武器・武具・農工具・馬具などの鉄製品を副葬するの施設の中に、玉類などの装飾品を一切伴わない例が、全体の六割近い二七施設で認められる。そして、これとは反対に、竪櫛や各種の玉類といった装飾品を選択する一方で、刀子を除く鉄製品をまったく副葬しない例が、一〇施設を数え、全体の四分の一に達する。また、その他の組み合わせとして、鉄刀と玉類が伴う例が、埼玉県諏訪山一号墳一号槨と同月輪一五号墳下層主体部の二施設(3)、鉄鏃一点と若干の玉類の共伴する例が、群馬県白藤V-八号墳と同綜覧大胡町五号墳第一号石槨の二施設、ほかに刀子のみを出土する例が四施設、鏃を伴わず鉄製弓金具一点を出土する例が一施設で確認される。

いま右で「その他の組み合わせ」とした九施設を除くと、表1に挙げた四七施設中、八割に当たる三八施設の副葬品が、武器類をはじめとする鉄製品を主体とする組み合せか、刀子以外の鉄製品をもたない装飾品を主体とする組み合わせのいずれかとなる。以上から、関東西部地域の中期群集墳では、副葬行為に伴う品目の選択に際し、鉄製品が主体で、装飾品類を含まない組み合せ（以下、A類という）か、装飾品を主体として、刀子以外の鉄製品を含まない組み合わせ（以下B類という）かのいずれかであることが多く、この副葬品選択の相違が、地域のなかで広く共有されている事実を知ることができる。

このように、副葬品の組成において明確に分離可能なＡ・Ｂふたつの類型が認められることの背景には、副葬品の選択に際して何らかの規定が存在していたことを窺わせる。同時にまた、この副葬品組成の差異は、当該被葬者の社会的性格の違いを反映しているとも考えられる。武器を中心とするＡ類を副葬される被葬者が、確認した事例の過半を占めるという点は、冒頭で触れたような、中期群集墳の造営の背景に軍事基盤の形成を見ようとする従来の見解に合致するかのようである。しかし他方で、装飾品類を主体とするＢ類の副葬品をもつ被葬者も、全体の約四分の一を占める。こうし副葬品の組み合わせが存在する理由については、「軍事基盤の形成」とは別の説明が用意される必要があろう。

## 四　副葬品組成の検討

### (一)　集落出土資料との比較

右のように、鉄製品を主体とする副葬品組成Ａ類のなかで、出土の機会が多いのは武器と農工具である。農工具の中には多目的の利器である刀子が含まれているので、いったんこれを除き、あらためて鏃をはじめとする武器と鎌などの純粋な農工具の組み合せをみると、武器と農工具または武器のみが副葬される場合が多く、これに対して農工具のみを副葬する例はきわめて少ない。このことの意味をより明らかにするため、試みに同時期の集落遺跡出土の武器、農工具との対比をおこなってみる。比較対象として、埼玉県北西部の小山川流域に展開する古墳時代中期後葉の集落遺跡から出土した鉄器資料を取り上げる(図1)。この地域を選択したのは、当該期にかかる集落遺跡の調査例が多く、資料が比較的豊富なことが理由である。

図1に示すとおり、集落出土の鉄器には、農具として鎌、摘鎌、方形・Ｕ字形の鍬鋤先、工具として斧、鋸、鑿、鉇、武器として鉄鏃があり、そのほかに鋳造鉄斧が見られる。中期群集墳の副葬品と比べると、集落出土鉄器は

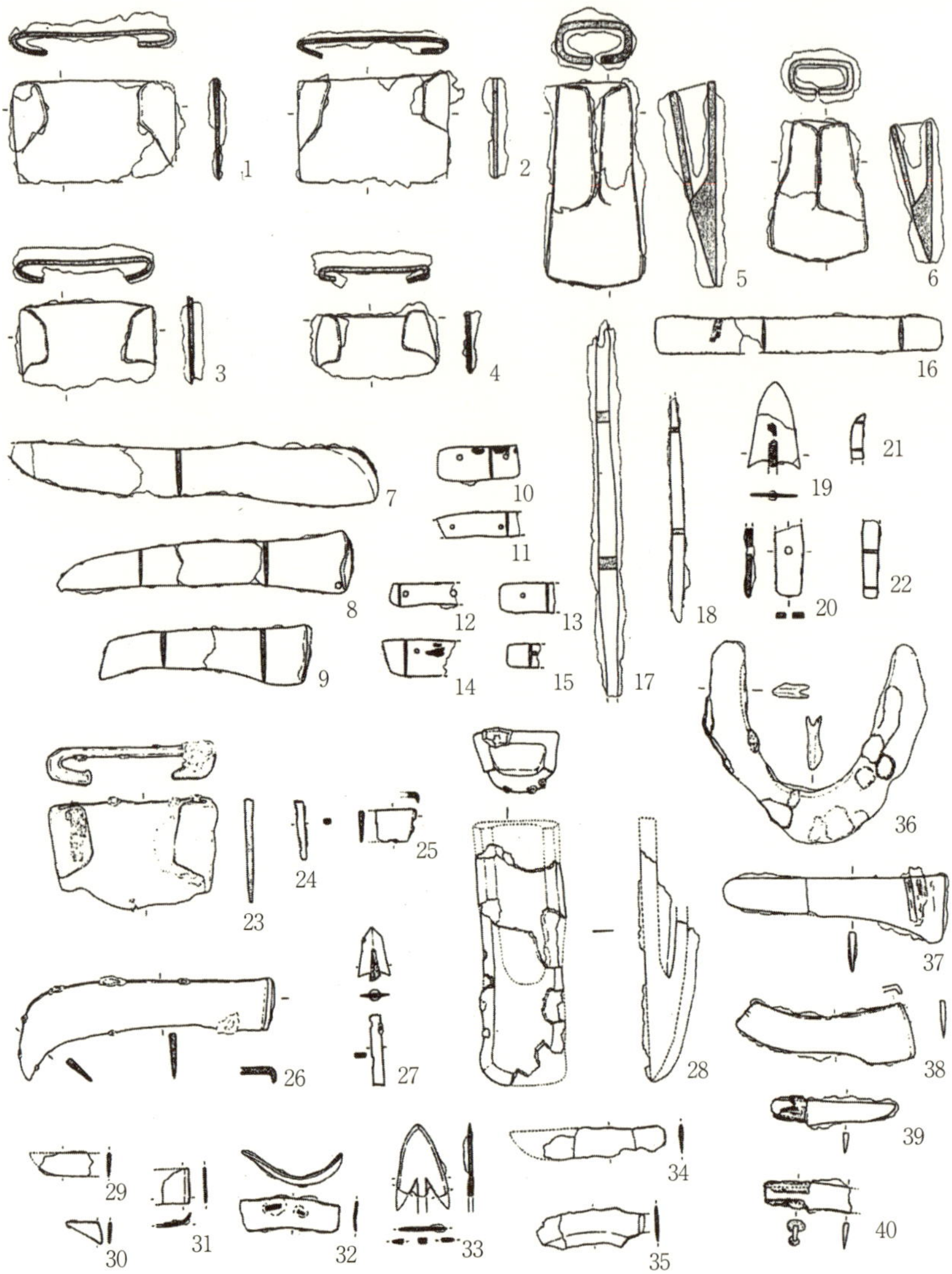

図1　小山川流域の集落遺跡出土鉄器

1～22：東五十子城跡10号住居　23・24：後張95号住居　25：同181号住居
26・27：同184号住居　28：同162号住居　29～31：同192号住居　32：同203号住居
33：同206号住居　34・35：同217号住居　36：下田6号住居　37：社具路9号住居
38：上敷免31号住居　39：同252号住居　40：同80号住居（1/6）

農工具の種類が豊富であるのに対し、専用の武器といえる資料はきわめて少ない。また、副葬品と共通するのは、農具では鎌、鍬先、工具では斧、鑿に限られる。用法が明確ではない鋳造鉄斧を除いても、集落において通常使用されていたと考えられる摘鎌、鋸、鉇といった農工具が、中期群集墳の副葬品として選択された事例はいまのところ確認できない。

一方、集落出土の武器は、本庄市東五十子城跡遺跡一〇号住居、同後張遺跡一八四号住居、同二〇六号住居の鏃に限られる。しかも、この三点の鏃は、古墳の副葬品において多くを占める細根系の長頸鏃ではなく、いずれも平根系の腸抉式鏃である。一般集落においては、長頸鏃が保有されることが少なかったか、もしくは農工具や平根系鏃とは異なる管理方法が取られていたと推測される(4)。

中期群集墳の副葬品として選択された武器・農耕具について、集落出土の同種資料と比較すると、副葬品の側は武器が優越していることが明らかである。そして、農工具のなかから副葬品として選択された器種は、同時期の集落で保有していた実用品目のすべてではないことにも留意する必要がある。仮に中期群集墳の被葬者層が、一般集落に生活の基盤を置いていたのだとすれば、副葬された鉄器の組成は、被葬者の日常的な生業の実態をあまり反映していないということになる(5)。

### (二) 武具・馬具の副葬

関東西部地域では、中期群集墳の調査例が比較的豊富であるにもかかわらず、これまで短甲の副葬例にめぐまれてこなかった。このことは当地域の中期群集墳が、後代の開発が早かった自然堤防や低台地上に立地するため、墳丘ともども埋葬施設を消失している事例が多いことと関係しよう。しかし、二〇〇七年の埼玉県東耕地三号墳、二〇一〇年の群馬県本関町二号墳、同五号墳など、近年の調査によって、当地域でも短甲を副葬する小型古墳の存在が明らかになってきている（図2）。いずれも直径一〇～二〇メートル台の円墳で、中期群集墳の主体をなす

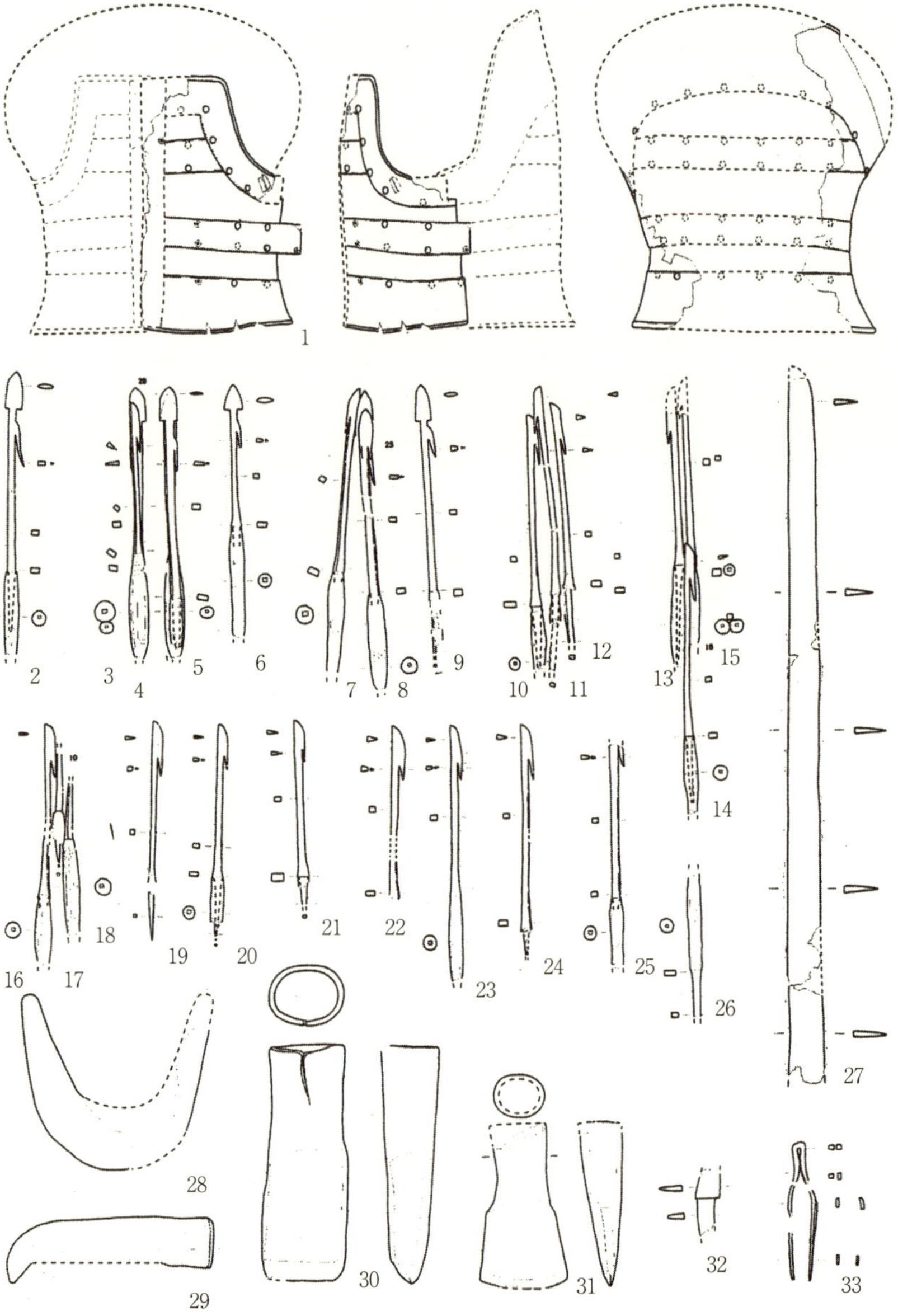

図２　本関町２号墳埋葬施設出土遺物

1：短甲（1/12）　2〜26：鉄鏃（1/4）　27：鉄刀（1/8）　28：鉄先　29：鉄鎌
30・31：鉄　32：鉄刀子 33：鑷子（以上 1/4）

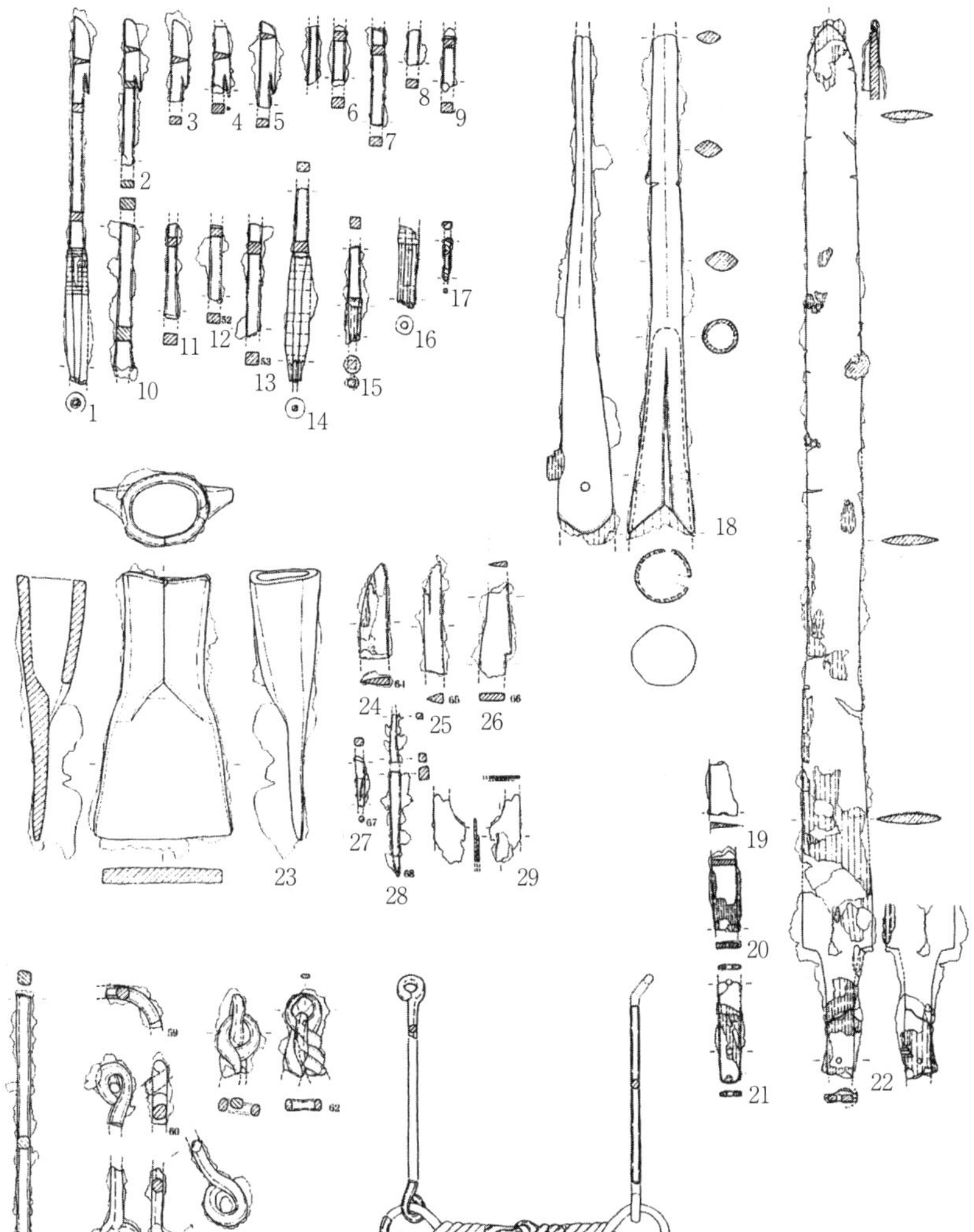

図３　磯岡北２号墳埋葬施設出土遺物

1 ～ 17：鉄鏃　18：鉄矛（以上 1/4）　19・20：鉄刀　21・22：鉄剣（以上 1/8）　23：鉄斧
24 ～ 26：鉄刀子　27・28：棒状鉄製品　29：板状鉄製品（以上 1/4）　30：轡（1/4）　31：轡の復原模式図（1/6）

古墳と規模はかわらない。

　甲冑出土古墳の検討から古墳時代前・中期の軍事編成を分析した滝沢誠は、中期後葉の変化として、関東を含む九州、中部などの地域において、地域首長よりも下位に位置づけられた一〇～二〇メートル台の円・方墳の被葬者層に短甲を保有する者が飛躍的に増加する事実を指摘する。そのうえで、この変化は中小古墳被葬者を直接の対象とした中央直属の軍事組織が広域的に実現されたことを示すもので、中期後葉段階を軍事編成上の画期であったと評価する（滝沢一九九四：二一〇頁）。これまで比較的希薄であった中期後葉の小規模古墳における短甲確認例の増加により、関東西部地域に関しても汎列島的な軍事編成の一角を成すに至っていたことを窺い得る。

　轡を出土した栃木県磯岡北二号墳では、鞍、鐙、胸繋、尻繋を伴わず、面繋のみを副葬している（図3）。内山敏行は、鐙、鞍、尻繋が組み合わされて副葬される際は、甲冑を伴うことが多いのに対し、鑣轡や楕円形鏡板付轡といった比較的簡素な面繋のみが副葬される場合には、甲冑を伴わない傾向がある点を指摘したうえで、鐙、鞍、尻繋の有無は、被葬者の階層差に対応すると見ている。また、栃木県矢板市十三塚遺跡六号住居、東京都世田谷区喜多見中通南遺跡二一号住居のような通常の竪穴建物でも鑣轡が出土していることから、同型式の轡の副葬が、騎乗ばかりではなく、馬匹の飼育・調教を表象する場合を含むと推測する（内山二〇〇六：二一八～二一九頁）。

　栃木県十三塚遺跡では、別の建物で古墳時代中期後葉の土師器高杯脚転用羽口が出土していることから、集落内において、馬匹の管理とともに、鍛冶生産をおこなっていたことが窺える。鑣轡を伴うような簡易な面繋の部品は、地域での製作や修理が可能であったと思われる。同種の轡の副葬行為には、内山が指摘するとおり、飼育・調教といった馬匹の管理を表象する点に埋葬行為者の意識が置かれていたと考えたい。加えて、磯岡北二号墳と楕円形鏡板付轡が副葬された埼玉県諏訪山一号墳二号槨では、一定量の武器も共伴している。平時に馬匹を管理・使役していた人々が、戦時には馬とともに軍事組織の内部に編成される場合のあったことが想定される。

　なお、表1で取り上げた小型古墳には、短甲と馬具の共伴例がない。房総地域における短甲出土古墳の分析をおこなった田中新史は、短甲を出土する中期後葉の小型古墳に、馬具が伴わないことを早くに指摘しているが（田中一九七五：二二八頁）、関東西部地域においても同様の状況を確認できる。中期群集墳被葬者層にあっては、短甲保有者と馬匹管理者が同一ではないことを示している。

### （三）装飾品をもつ被葬者

関東西部地域の中期群集墳では、武器・武具類を副葬される被葬者が多数を占める一方で、組成Ｂ類とした装飾品類主体の副葬品を有する被葬者も、施設全体のほぼ四分の一を占め、地域的にも偏在することがない（図4）。Ｂ類の副葬品を有する施設のうち、群馬県綜覧大胡町六号墳と同本関町八号墳では、蓋石と粘土で厳封された石槨内部から竪櫛一点が出土している。竪櫛の出土事例を分析した亀田博は、古墳被葬者が男女ともに竪櫛を装着した状態で埋葬されることがある点を述べたうえで、頭髪への櫛の差し方には、性差が存在することを指摘している（亀田一九八五）。亀田によれば、男性は各一個ないし各二個を頭部の左右の対称となる位置に差すのに対し、女性は一個を前頭部中央に差すことを基本とし、そのほか大型の一個を前頭部中央に、小型の二個を別の位置に差す場合があるとする。また、人物埴輪の検討から、竪櫛を付すのが女性に限られ、その表現がいずれも一枚を前頭部中央に差し、女性頭骸骨に伴う竪櫛の出土状態と同様であることを明らかにしている。綜覧大胡町六号墳第二号石槨と本関町八号墳では、ともに人骨が検出されていないが、亀田のこの見解に従えば、組成Ｂ類の副葬品を有する当該施設の被葬者は、少なくとも社会文化的には女性であった可能性を否定できないことになる。

## 五　中期群集墳の被葬者像

関東西部地域での中期群集墳の立地条件や同時期の集落遺跡との関係を見ると、被葬者の多くが日常は農業経

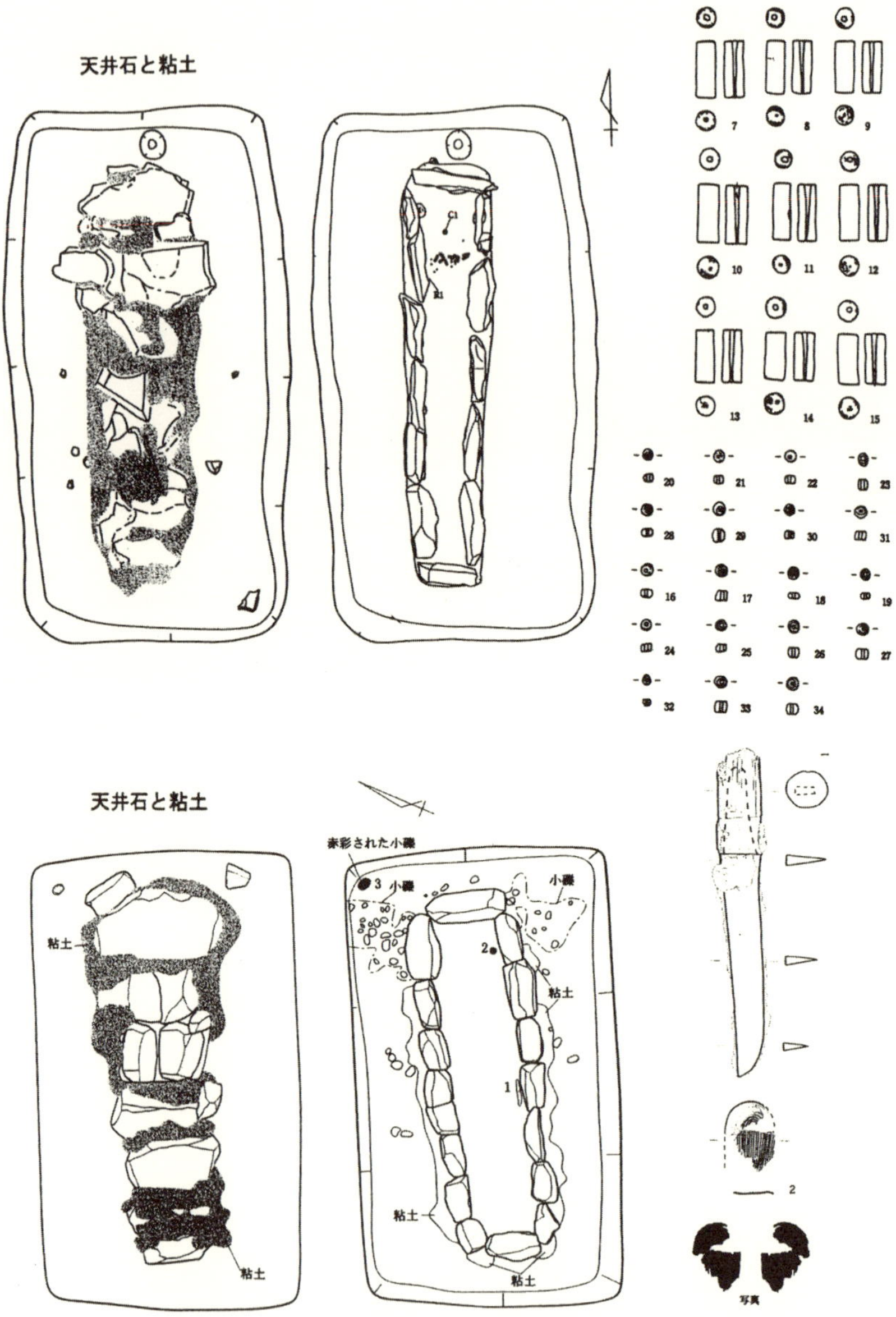


図４　武器を副葬しない埋葬施設と出土遺物

上段：権現山Ｂ区 SZ-065　下段：本関町８号墳
遺構（1/50）　玉類・刀子（1/4）　竪櫛（1/2）

営を主な生業とする人々であったと推測される。そうした一方で、彼らは当該期の政治社会にも関係し、小型古墳を造営しうるだけの余力をもつ存在であった。ただ、確認された副葬品の組み合わせは、取り立てて有力な農業経営者としての性格を強調するような内容ではなかったことは先に見たとおりである。副葬品組成から見る限り、中期群集墳の盛行の要因について、築造者の生産力の向上を主因とする内的な社会の変化にのみ求めることは困難であろう。

一方、集落出土鉄器との対比から、あらためて確認できたことは、中期群集墳の副葬品には、武威を表象する品目が意図的に選択されているという事実である。表1に挙げた事例では、五割を超える施設の被葬者に、刀剣または五本以上の鏃が伴う。また、この中には少数ながら関東西部地域でも確認できるようになった短甲や馬具をもつ古墳も含まれる。中期群集墳の副葬品組成からは、同地域においても一定の「軍事組織」を編成しうるだけの基盤が存在したことをあらためて確認できたといえるだろう。

しかし、そうしたことの一方で、副葬品に武器、武具の類を伴わない事例が各地に散見し、中期群集墳全体のなかで無視し得ない割合を占めている。副葬品に戎具を伴わないという点において、そこに武威を表象しようとする副葬行為者の心性を読みとることはできない。中期群集墳の被葬者の中には、本来的に非軍事的な社会的役割を占める人々が含まれている事実を確認しておきたい。

仮に副葬品目の差異が、中央政権や地域の上位有力者との関係における被葬者の社会的立場の相違を表しているとすれば、地域の中期群集墳被葬者の個々人が担った職能は、すべてが軍事に関係したものではないといえるだろう。中期群集墳の一様ではない副葬品からは、各被葬者が個別には比較的単純な役割を果たしつつ、群集墳被葬者層全体として多様な活動を担っていた姿が想定される。中央の政権や地域の上位有力者は、各地の群集墳被葬者層に対して、多様な労役と必要な諸物資の供出元としての立場を期待し、また実際に広範な人材を編成していたとする評価が妥当である。

なお、一〇期から一一期にかけて再び盛行する後・終末期群集墳の副葬品組成は、刀、鏃、刀子、耳環、玉類を基本とする組み合せに変化し、農具や武具の脱落する傾向が顕著である。また、被葬者単位での副葬品の差異は明確ではなく、中期群集墳において確認された組成の二大別は見出せない（小久保二〇〇二）。群集墳被葬者層に対する政治社会的な編成方針やその目的が、一〇期段階までに大きく転換していることを示している。

**註**

（1）円墳の場合は直径、方墳の場合は一辺、帆立貝形古墳の場合は主軸長の計測値である。

（2）墳形は、方墳、帆立貝形古墳が各一基で、ほかはすべて円墳である。埋葬施設は板石や塊石を用いた竪穴式石槨、粘土を添えた箱形木棺などのほか、土坑内に棺槨の痕跡をとどめない直葬と推定される事例も認められる。

（3）諏訪山一号墳は墳丘規模が明確ではなく、現状の直径二〇メートルを上回ることが考えられる。一方の月輪一五号墳は、軸長二〇メートル超の帆立貝形古墳であり、この二施設の場合、中規模以上の古墳の副葬品に近い組成といえるだろう。

（4）集落土の鉄鏃には、対人用の武器以外に、小型鳥獣の狩猟を目的としたものが含まれる可能性を考えておく必要がある。

（5）群集墳の副葬品として出土する農工具類については、律令期において、軍防令に定められた兵士の私備品目として、鎌・斧・刀子が見えることから、武器・武具を共伴する場合、これらの農工具を、単純に生産用具と理解すべきではないかもしれない（川西二〇〇四：二九四頁）。それでも、工具類のみを副葬される群馬県金井東裏二号墳などの例があり、副葬農工具のすべてを兵士の装備品とすることはできない。

## 引用・参考文献

石部正志　一九八〇「群集墳の発生と古墳文化の変質」『東アジア世界における日本古代史講座』四、学生社、三七〇～四〇二頁
今井　堯・近藤義郎　一九七〇「群集墳の盛行」『古代の日本』四　中国・四国、角川書店、一九三～二一一頁
内山敏行　二〇〇六『東谷・中島地区遺跡群七　磯岡北古墳群』栃木県埋蔵文化財調査報告第二九九、栃木県教育委員会・とちぎ生涯学習文化財団埋蔵文化財センター

亀田　博　一九八五「竪櫛」『末永先生米壽記念獻呈論文集』末永先生米寿記念会、四六五～五〇四頁
川西宏幸　二〇〇四『同型鏡とワカタケル』同成社
小久保　徹　二〇〇一「終末期古墳の副葬品組成について」『調査研究報告』一四、埼玉県立埼玉資料館、一～六頁
滝沢　誠　一九九四「甲冑出土古墳から見た古墳時代前・中期の軍事編成」『日本と世界の考古学－現代考古学の展開』岩崎卓也先生退官記念論文集、雄山閣出版、一九八～二一五頁
田中新史　一九七五「五世紀における短甲出土古墳の一様相」『史館』五、史館同人、八〇～一〇三頁
都出比呂志　一九七〇「横穴式石室と群集墳の発生」『古代の日本』五　近畿、角川書店、一三一～一四四頁
広瀬和雄　一九九二「前方後円墳の畿内編年」『前方後円墳集成　畿内編』山川出版社
和田晴吾　一九九二「群集墳と終末期古墳」『新版古代の日本』五　近畿Ⅰ、角川書店

## おわりに

東国古墳研究会の成果を出版するのは、二〇一〇年の『前方後円墳の終焉』に続いて本書が二冊目となる。今回の主題については、本書の編者である広瀬和雄・日高慎・田中裕・太田の四名で協議のうえ「群集墳」を取り上げることが決まった。研究会の会場は、それまでに引き続いて池上悟先生にお世話になり、立正大学大崎校舎をお借りすることができた。

今回の作業では、まず日高慎が「群集墳論研究史」と「群集墳論関係論文一覧」をまとめるとともに、田中裕が群集墳を捉えるうえでの理論的指標として「多数高密度型」群集墳を定義し、これに該当する群集墳を中心に地域別に分析が進められた。また、前期小方墳、後・終末期の横穴墓については、古墳とは異質な存在であるとの認識を共有しつつ、これらも議論の対象とした。なお、とくに分析の対象としなかったが、終末期の小方墳も、研究会の議論のなかでは触れられる機会があった。

本書にまとめた東国における群集墳造営の諸画期からは、群集墳の出現とその変遷が、広域的同軌的な過程を辿ることがわかる。群集墳が地域の意図や被葬者個人の恣意性に基づいて造営されたものでないことを示すものであろう。

個別被葬者と副葬品との対比が可能な七・八期の小規模円墳の竪穴系埋葬施設に注目すると、鉄製刀剣・鉄製矢鏃が優越し、集落出土の鉄器類が農工具を主体とする点において大きく様相を異にする。巻頭の論考において、広瀬和雄が強調した群集墳の被葬者に対応する政治的に創出された中間層に対して期待された役割を示唆する資料である。

同一群を構成する古墳でも、より墳丘規模が大きく、階層的に上位の被葬者が想定される場合の様相は複雑である。群馬県古海10番古墳は全長三五～四〇メートルの帆立貝形古墳だが、密封された初葬の板石組合式箱形石槨の内部からは、護拳付装飾大刀、鉄製矢鏃、竪櫛、玉類などの副葬品とともに人骨が検出され、鑑定の結果、当該人骨の性別は女性とされた。護拳の付く大刀を佩き、多数の矢鏃をもつ中間層としての彼女の役割とはいかなるものであったのだろうか。

研究会を終え、群集墳とは異質な存在ではあるとはいえ、前期と終末期に築かれた小方墳は、群集墳と同一群を形成することがあるという点で、別途検討を加えるべき必要があると考える。古墳前期についていえば、周溝を接し主軸を揃えて整列的な配置を見せる弥生方形周溝墓から、古墳前期初頭に前方後方形小墳が加わり、溝を接する整列密集型の配置は残るものの、小方墳相互の規格差が目立つようになる。さらに、前期後半には本来の密集性を喪失し、その間隙に古墳中期の古式群集墳を構成する小型円墳が築造され、両者が混在して一群を形成するような事例が見られるようになる。筆者にはこのような変化も、群集墳被葬者としての中間層創出に向けた社会的変動を反映しているように思われる。

終末期後半の小方墳と、これに系譜的に連続する方形周溝遺構（方形区画墓）は、地域をまたいで議論の対象とする機会はこれまでほとんどなかった。茨城南西部、思川以東の栃木南部、千葉中部以北で確認され、現在の県境をまたいで比較的まとまった分布圏を形成する。墳丘規模は二〇メートル以下が多くを占めるが、大小の格差も明らかに認められる。埋葬施設は木棺直葬、箱形石槨、横穴式石室に加え火葬骨を収容する石槨が含まれる。築造時期は七世紀中葉以降で八世紀まで継続する。墳丘規模や埋葬施設構造などの諸要素の差異に着目した変遷過程や地域性を見出す作業はこれからの課題である。

太田博之

2021年11月　古代学研究会編『群集墳研究の新視角』六一書房
2021年11月　太田宏明「古墳時代の家族・集団と群集墳」『群集墳研究の新視角』pp.9-39　六一書房
2021年11月　鈴木一議「集落遺跡と群集墳—大和地域を中心に—」『群集墳研究の新視角』pp.195-204　六一書房
2021年11月　荒井啓汰「横穴式石室の利用期間と追葬行為」『史境』81　pp.72-89　歴史人類学会
2021年11月　後藤建一「湖西窯跡群と三方原台地東縁古墳群」『地域と考古学Ⅱ』pp.177-193　向坂鋼二先生米寿記念論集刊行会
2021年11月　田村隆太郎「駿河西部における小型円墳のはじまり」『地域と考古学Ⅱ』pp.413-422　向坂鋼二先生米寿記念論集刊行会
2021年12月　太田宏明「「家父長制世帯共同体」概念の研究史的検討」『星空の考古学』pp.23-34　ナベの会
2021年12月　奥田智子「畿内周縁部の群集墳—南・中丹波地域を中心に—」『星空の考古学』pp.35-44　ナベの会
2022年2月　中井正幸「群集墳における墓地構造—岐阜県本巣市船来山古墳群が提起するもの—」『岐阜聖徳学園大学紀要　教育学部編』61　pp.19-36
2022年3月　神澤秀明「人骨とゲノム分析からみた三鷹の古墳時代」『三鷹市文化財年報・研究紀要』4　pp.86-92
2022年3月　八木光則「いわゆる末期古墳の系譜と変容」『国立歴史民俗博物館研究報告』232　pp.147-178
2022年7月　太田宏明ほか『季刊考古学』160　特集・横穴式石室からみた古墳時代社会　雄山閣
2022年9月　九州前方後円墳研究会『集落と古墳の動態Ⅲ—古墳時代中期末～古墳時代後期—』(第23回九州前方後円墳研究会福岡大会)
2022年9月　太田宏明「横穴系埋葬施設から見た古墳時代の地位・器物継承の背景」『考古学研究』69-2　pp.42-55
2022年12月　歴史科学協議会『歴史評論』872　特集／日本古代戸籍研究の新たな可能性
2022年12月　横田真吾「群集墳の特性—塚原古墳群を中心として—」『季刊考古学』別冊39　淀川流域の古墳時代　pp.126-135　雄山閣
2023年2月　中井正幸「群集墳における墓地構造Ⅱ—木曽川中流域の古墳群が提起する問題—」『岐阜聖徳学園大学紀要　教育学部編』62　pp.17-36
2023年3月　森本徹「高槻市梶原古墳群の調査が提起する問題」『大阪府立近つ飛鳥博物館館報』26　pp.37-56
2023年3月　堀真人「群集墳の築造と被葬者像—太鼓塚古墳群を素材として—」『研究紀要』36　pp.24-39　滋賀県文化財保護協会
2023年6月　平井洸史「多量出土鉄製品の分析にもとづく群集墳の実相究明」『研究紀要』27　pp.77-108　由良大和古代文化研究協会
2023年6月　松崎元樹「趣旨説明・問題提起」『東京考古』41　pp.1-5　東京考古談話会
2023年6月　安武由利子「東京北東部の後・終末期古墳」『東京考古』41　pp.5-11　東京考古談話会
2023年6月　大西雅也「多摩川下流域の後・終末期古墳と横穴墓の様相」『東京考古』41　pp.11-17　東京考古談話会
2023年6月　紺野英二「多摩川中・上流域における後・終末期古墳の様相」『東京考古』41　pp.17-29　東京考古談話会
2023年6月　日高慎「東国における南武蔵の後・終末期古墳の位置付け」『東京考古』41　pp.30-33　東京考古談話会
2023年9月　九州前方後円墳研究会『集落と古墳の動態Ⅳ—飛鳥時代—』(第24回九州前方後円墳研究会大分大会)
2024年11月　和歌山県立紀伊風土記の丘2024『畿内と紀伊の群集墳からよむ古墳時代社会 予稿集』

2015年12月　田中禎昭『日本古代の年齢集団と地域社会』吉川弘文館
2016年1月　清家章「古墳時代中期後葉・後期の親族構造再論」『史林』99－1　pp.81-100
2016年2月　東北・関東前方後円墳研究会『群集墳展開の共通性と地域性』（第21回東北・関東前方後円墳研究会大会）
2016年3月　森本徹「地域首長墓と初期群集墳」『大阪府立近つ飛鳥博物館館報』19　pp.37-46
2016年5月　岩永省三「古墳時代親族構造論と古代史研究」『考古学は科学か　下　田中良之先生追悼論文集』pp.843-861　中国書店
2016年6月　吉田野乃「生駒西麓における群集墳の比較検討」『古代学研究』209　pp.1-22
2016年11月　広瀬和雄「総論　古墳時代の集落」『月刊考古学ジャーナル』691　pp.3-4
2017年1月　魚津知克「「海の古墳」研究の意義、限界、展望」『史林』100－1　pp.178-211
2017年3月　海の古墳を考える会『海の古墳を考えるⅥ　三河と伊勢の海―古墳時代の海道を往還する―』
2017年5月　土生田純之編『積石塚大全』雄山閣
2017年5月　加部二生「群馬県における古墳被葬者の職掌に関する試論」『利根川』39　pp.104-110　利根川同人
2017年6月　田中良之『骨からみた古代日本の親族・儀礼・社会―もう一人の田中良之Ⅱ―』すいれん舎
2017年11月　神奈川県教育委員会『群集する古墳　かながわの古墳時代終末期を考える』
2017年12月　森本徹「一須賀古墳群の被葬者像」『大阪府立近つ飛鳥博物館館報』21　pp.23-34
2018年3月　松木武彦「倭王権の地域構造　小古墳と集落を中心とした分析より」『国立歴史民俗博物館研究報告』211　pp.271-306
2018年3月　青木弘「後・終末期群集墳と集落の展開について」『研究紀要』32　pp.61-78　埼玉県埋蔵文化財調査事業団
2018年5月　三浦茂三郎「群馬県における初期群集墳の主体部と副葬品」『考古学集刊』14　pp.41-62　明治大学文学部考古学研究室
2018年6月　九州前方後円墳研究会『集落と古墳の動態Ⅰ―弥生時代終末期～古墳時代前期―』（第21回九州前方後円墳研究会鹿児島大会）
2018年6月　杉井健「集落と古墳―その関係についての理論的整理と1つの事例―」『集落と古墳の動態Ⅰ―弥生時代終末期～古墳時代前期―』pp.1-30
2019年2月　杉井健「集落と古墳の関係についての理論的整理」『先史学・考古学論究Ⅶ』pp.201-217　龍田考古会
2019年3月　梶ケ山真里・松崎元樹「横穴墓人骨からみた古墳時代終末期の親族関係と埋葬様式（予察）」『研究論集』XXXⅢ　pp.31-60　東京都埋蔵文化財センター
2019年6月　金澤雄太ほか「葛城山東麓における群集墳の展開と多様性の意義」『研究紀要』23　pp.155-202　由良大和古代文化研究協会
2019年7月　渡邊邦雄「畿内とその周辺部における群集墳の終焉過程」『和の考古学』pp.315-326　ナベの会
2019年7月　九州前方後円墳研究会『集落と古墳の動態Ⅱ―古墳時代前期末～古墳時代中期―』（第22回九州前方後円墳研究会宮崎大会）
2019年10月　今津勝紀『戸籍が語る古代の家族』吉川弘文館
2019年12月　広瀬和雄「第6章　中間層の統治」『前方後円墳とはなにか』pp.308-328　中央公論新社
2020年2月　土生田純之編『横穴式石室の研究』同成社
2020年3月　内堀団編『下河原崎高山古墳群2』（茨城県教育財団文化財調査報告第446集）
2020年12月　広瀬和雄「横穴墓と首長墓」『芙蓉峰の考古学Ⅱ―池上悟先生古稀記念論文集』pp.93-112　六一書房
2021年10月　清家章ほか「古墳時代前期首長墳被葬者の親族関係」『国立歴史民俗博物館研究報告』229　pp.113-126

2009年2月　右島和夫「群集墳研究の現状と課題」『季刊考古学』106　pp.37-41　雄山閣
2009年3月　八尾市教育委員会「高安千塚シンポジウム記録集」『八尾市文化財紀要』14
2009年3月　白石太一郎「群集墳としての高安千塚古墳群」『八尾市文化財紀要』14　pp.47-85　八尾市教育委員会
2009年3月　堀真人「渡来人の墓―志賀古墳群と一須賀古墳群―」『紀要』22　pp.13-22　滋賀県文化財保護協会
2009年6月　九州前方後円墳研究会『終末期古墳の再検討』（第12回九州前方後円墳研究会長崎大会）
2009年7月　京都府埋蔵文化財研究会『京都府の群集墳』（第16回京都府埋蔵文化財研究集会）
2010年1月　清家章『古墳時代の埋葬原理と親族構造』大阪大学出版会
2010年3月　八尾市教育委員会「高安千塚シンポジウム記録集2」『八尾市文化財紀要』15
2010年6月　大賀克彦「群集墳築造の二つの契機」『遠古登攀』pp.289-304　『遠古登攀』刊行会
2010年12月　小林修「群集墳における従属的埋葬の実態―榛名山噴火災害地域の検討から―」『考古学論究』13　pp.401-410　立正大学考古学会
2011年3月　八尾市教育委員会「高安千塚シンポジウム記録集3」『八尾市文化財紀要』16
2011年5月　土生田純之『古墳』吉川弘文館
2011年5月　小林千夏「美濃における後期群集墳の展開について」『美濃の考古学』12　pp.15-26　美濃の考古学刊行会
2011年10月　海の古墳を考える会『海の古墳を考えるⅠ―群集墳と海人集団―』
2012年2月　葛飾区郷土と天文の博物館編『東京低地と古代大嶋郷』名著出版
2012年3月　八尾市教育委員会『高安千塚古墳群　基礎調査総括報告書』
2012年5月　一瀬和夫「古墳群と群集墳」『古墳時代の考古学　2』pp.32-46　同成社
2012年7月　吉田野乃「高安千塚と中河内の集落についての基礎的考察」『龍谷大学考古学論集Ⅱ』pp.199-215　龍谷大学考古学論集刊行会
2012年9月　右島和夫「群集墳」『古墳時代研究の現状と課題　下』pp.331-353　同成社
2012年10月　海の古墳を考える会『海の古墳を考えるⅡ―西部瀬戸内、灘と瀬戸から見た古墳とその景観―』
2012年12月　鈴千夏「横穴式石室と群集墳の構成について」『大阪府立近つ飛鳥博物館館報』16　pp.89-98
2013年2月　田中禎昭「古代戸籍にみる人口変動と災害・飢饉・疫病」『環境の日本史二』pp.130-159　吉川弘文館
2013年10月　清家章「中小古墳の被葬者像」『古墳時代の考古学　6』pp.11-21　同成社
2013年11月　菱田哲郎「7世紀における地域社会の変容」『国立歴史民俗博物館研究報告』179　pp.115-135
2013年11月　海の古墳を考える会『海の古墳を考えるⅢ―紀伊の古代氏族と紀淡海峡周辺地域の古墳―』
2014年11月　海の古墳を考える会『海の古墳を考えるⅣ―列島東北部太平洋沿岸の横穴と遠隔地交流―』
2014年12月　中久保辰夫「古墳時代原初的官僚層形成に関するノート」『待兼山論叢』48　pp.25-49　大阪大学大学院文学研究科
2015年3月　飯田浩光「石室の開口方向からみた一須賀古墳群の群構成」『大阪府立近つ飛鳥博物館館報』18　pp.67-74
2015年4月　林正之「東北北部「末期古墳」の再検討」『古代』137　pp.53-87　早稲田大学考古学会
2015年5月　太田宏明「古墳時代における親族的紐帯関係と集団組織原理：畿内地域における古墳被葬者の構成と群集墳形成過程の分析によって」『日本考古学』39　pp.69-90
2015年5月　上林史郎「寛弘寺古墳群の変遷」『河上邦彦先生古稀記念献呈論文集』pp.205-221
2015年5月　西森忠幸「高安千塚古墳群と造墓集団」『河上邦彦先生古稀記念献呈論文集』pp.383-398
2015年5月　坂靖「6世紀の大王と有力氏族」『河上邦彦先生古稀記念献呈論文集』pp.399-414
2015年8月　谷畑美帆編『古墳に埋葬された被葬者像を探る―ヒトとモノからの考察』
2015年11月　海の古墳を考える会『海の古墳を考えるⅤ―北陸からの視点―』

2005年3月　新納泉・今津勝紀・松本直子『シミュレーションによる人口変動と集落形成過程の研究』岡山大学文学部
2005年3月　菊地芳朗「群小墳の成立・展開とその意義」『待兼山考古学論集』pp.557-582　大阪大学考古学研究室
2005年3月　新納泉・今津勝紀・松本直子『シミュレーションによる人口変動と集落形成過程の研究』岡山大学文学部
2005年3月　伊与部倫夫「新潟県における群集墳について―頸城地方を中心に―」『新潟県立歴史博物館研究紀要』6　pp.1-23
2005年4月　杉山晋作ほか「関東における古墳時代中期群集墓の形成」『月刊考古学ジャーナル』528　pp.3-21
2005年4月　安村俊史「群集墳の終焉」『古代を考える　終末期古墳と古代国家』pp.89-111　吉川弘文館
2005年5月　青木敬「後・終末期古墳の土木技術と横穴式石室」『東国史論』20　pp.1-35　群馬考古学研究会
2005年5月　豊田祥三「伊勢の古墳時代中期における小型墳のケーススタディ」『Mie history』16　pp.13-24　三重歴史文化研究会
2006年3月　松崎元樹「古墳時代終末期の地域構造」『考古学論究』11　pp.117-135　立正大学考古学会
2006年12月　高松雅文「群集墳からみた地域支配（上）」『古代学研究』175　pp.1-20
2007年1月　山本彰『終末期古墳と横口式石槨』吉川弘文館
2007年3月　高松雅文「群集墳からみた地域支配（下）」『古代学研究』176　pp.21-31
2007年6月　小浜成「南河内における群集墳の形成とその特質」『大阪府立近つ飛鳥博物館館報』11　pp.23-32
2007年7月　坂靖「古墳時代の額田部―集落構造と渡来人―」『考古学に学ぶⅢ』　のち坂靖2009年1月『古墳時代の遺跡学』pp.45-52　雄山閣
2007年7月　用田正晴「河川開発と群集墳」『琵琶湖をめぐる古墳と古墳群』pp.272-292　サンライズ出版
2007年8月　入江文敏「北陸西部地域における後期群集墳の検討―若狭地方における群集墳研究（序説）―」『古文化談叢』57　pp.137-169
2007年12月　佐々木憲一編『関東の後期古墳群』（考古学リーダー12）　六一書房
2007年12月　太田博之「北武蔵における後期古墳の動向」『関東の後期古墳群』（考古学リーダー12）pp.88-102　六一書房
2007年12月　池上悟・太田博之「武蔵の横穴墓と群集墳」『季刊考古学』別冊15　武蔵と相模の古墳　pp.49-56　雄山閣
2007年12月　立花実「相模の後期古墳と横穴墓」『季刊考古学』別冊15　武蔵と相模の古墳　pp.57-67　雄山閣
2008年3月　広瀬和雄「六・七世紀の「民衆」支配」『支配の古代史』pp.10-37　学生社
2008年3月　三浦茂三郎「群馬県における古墳終末の一様相」『群馬県立歴史博物館紀要』29　pp.43-58
2008年5月　横幕大祐「群集墳の偏在とその背景」『季刊考古学』別冊16　東海の古墳風景　pp.117-126　雄山閣
2009年2月　小林修「古墳時代後期における古墳属性の分析と史的意義」『考古学雑誌』93－2　pp.1-29
2009年3月　三浦茂三郎「群馬県における7世紀型群集墳の一考察」『群馬県立歴史博物館紀要』30　pp.25-40
2008年3月　八尾市教育委員会「高安古墳群の基礎的研究」『八尾市文化財紀要』13
2008年4月　田中良之『骨が語る古代の家族』吉川弘文館
2008年5月　九州前方後円墳研究会『後期古墳の再検討』（第11回九州前方後円墳研究会佐賀大会）
2008年11月　木許守「畿内政権と周辺地域の群集墳」『日本考古学』26　pp.23-39
2008年11月　安村俊史『群集墳と終末期古墳の研究』清文堂

1999年11・12月　古代学協会「特輯　日本における古墳の終焉から古代の墳墓へ（1）・（2）」『古代文化』51－11・12
1999年11月　森本徹「群集墳の変質からみた古代墳墓の成立過程」『古代文化』51－11　pp.20-28
1999年11月　安村俊史「火葬墓を内包する終末期群集墳」『古代文化』51－11　pp.29-38
1999年11月　田村悟「終末期群集墳の展開―北部九州を中心に―」『古文化談叢』43　pp.41-79
1999年12月　林部均「群集墳とヤマト政権」『古代を考える　継体・欽明朝と仏教伝来』pp.211-239　吉川弘文館
2000年4月　田村悟「北部九州における群集墳の終焉」『古文化談叢』44　pp.210-211
2000年6月　三河古墳研究会『プレフォーラムⅠ　古墳の終末』
2000年9月　三河古墳研究会『プレフォーラムⅡ　東海地方における群集墳の築造モデル』
2000年12月　大谷宏治「遠江・駿河における古墳時代後期の階層構造」『静岡県埋蔵文化財調査研究所研究紀要』7　pp.31-55
2001年2月　東海考古学フォーラム実行委員会『東海の後期古墳を考える』（第8回東海考古学フォーラム　三河大会）
2001年3月　関口裕子「日本古代における夫婦合葬の一般的不在」『清泉女子大学人文科学研究所紀要』22　pp.147-190
2001年3月　山田俊輔「東北・関東における古式群集墳の展開」『溯航』19　pp.1-16　早稲田大学大学院文研考古談話会
2001年3月　進藤敏雄「栃木県の初現期の群集墳―その動向について―」『研究紀要』9　pp.111-128　とちぎ生涯学習文化財団埋蔵文化財センター
2002年3月　高田康成「後期群集墳における「造墓集団の検討（1）」『美濃の考古学』5　pp.32-41　美濃の考古学刊行会
2002年6月　多摩地域史研究会『多摩川流域の古墳時代―国府以前の様相―』
2002年8月　上林史郎「群集墳における単葬墓」『大阪府立近つ飛鳥博物館館報』7　pp.39-52
2002年9月　森本徹「群集墳と地域社会」『究班Ⅱ』pp.365-374　埋蔵文化財研究会
2002年11月　田中一廣「葛城山地東麓群集墳研究史抄（前篇）」『大阪文化財論集Ⅱ』pp.181-199　財団法人大阪府文化財センター
2002年12月　東海考古学フォーラム・静岡県考古学会『古墳時代中期の大型墳と小型墳』（第10回東海考古学フォーラム浜北大会・静岡県考古学会シンポジウム）
2003年3月　高田康成「後期群集墳における造墓集団の検討（2）」『美濃の考古学』6　pp.84-92　美濃の考古学刊行会
2003年3月　渡邊邦雄「終末期古墳の墳形―方墳の導入をめぐる古墳の動向―」『考古学雑誌』87－4　pp.32-64
2003年9月　細川修平「近江における後期群集墳造営の契機」『近江地方史研究』35　pp.11-22　近江地方史研究会
2004年3月　広瀬和雄「紀伊岩橋千塚古墳群の諸問題」『地域と古文化』pp.119-129　『地域と古文化』刊行会
2004年3月　右島和夫「群集墳の築造背景」『福岡大学考古学論集』pp.363-377　小田富士雄先生退職記念事業会
2004年3月　細川修平「後期群集墳の造営に関する補遺」『紀要』17　pp.29-37　滋賀県文化財保護協会
2004年5月　広瀬和雄ほか『古墳時代の政治構造』青木書店
2004年12月　林部均「初期群集墳と大型群集墳―とくに大和を中心として―」『季刊考古学』別冊14　畿内の巨大古墳とその時代　pp.38-47　雄山閣
2005年1月　小林孝秀「上野における横穴式石室葬送儀礼の変化―群集墳の事例を中心として―」『古文化談叢』52　pp.77-96

1992年11月　鹿田雄三「赤城山南麓における群集墳成立過程の分析」『研究紀要』10　pp.107-130　財団法人群馬県埋蔵文化財調査事業団
1993年3月　佐田茂「群集墳の断絶」『古代学評論』3　pp.1-19　古代を考える会
1993年3月　田畑基「後期群集墳への画期」『但馬考古学』7　pp.12-28　但馬考古学研究会
1993年3月　花田勝広「渡来人の集落と墓域」『考古学研究』39－4　pp.69-96
1993年6月　黒澤彰哉「常総地域における群集墳の一考察」『婆良岐考古』15　pp.95-158　婆良岐考古同人会
1993年11月　木下保明「"7世紀型古墳群"再論」『平安京歴史研究』pp.428-434　杉山信三先生米寿記念論集刊行会
1994年1月　利根川章彦「東国の群集墳」『古代を考える　東国と大和政権』pp.183-226　吉川弘文館
1994年1月　花田勝広「河内一須賀古墳群の検討」『滋賀考古』11　pp.1-27　滋賀考古学研究会
1994年3月　渡辺康弘「群集墳の「単位群」構成について」『地域と考古学』pp.249-261　向坂鋼二先生還暦記念論集刊行会
1994年3月　松井一明「遠江･駿河における初期群集墳の成立と展開について」『地域と考古学』pp.343-386　向坂鋼二先生還暦記念論集刊行会
1995年2月　渡辺邦雄「畿内における終末期群集墳の外部構造」『古代文化』47－2　pp.22-41
1995年3月　大橋信弥「近江における渡来系氏族の研究」『青丘学術論集』6　pp.7-74　韓国文化研究振興財団
1995年3月　鹿田雄三「前庭をともなう古墳の編年―赤城山南麓における後期群集墳の動向―」『研究紀要』12　pp.71-94　群馬県埋蔵文化財調査事業団
1995年4月　河上邦彦『後・終末期古墳の研究』雄山閣
1995年6月　土井基司「横穴式石室と群集墳」『展望考古学』pp.125-131　考古学研究会
1995年5月　田中良之『古墳時代親族構造の研究』柏書房
1995年11月　古代学研究会「特集　大阪の終末期古墳」『古代学研究』132
1995年11月　山本彰「大阪における終末期古墳(横口式石槨)の調査史・研究史」『古代学研究』132　pp.1-11
1995年11月　森本徹「大阪の終末期群集墳」『古代学研究』132　pp.12-21
1995年11月　安村俊史「群集墳と横口式石槨」『古代学研究』132　pp.22-28
1996年3月　都出比呂志「国家形成の諸段階」『歴史評論』551　pp.3-16
1996年3月　鈴木靖民「日本古代の首長性社会と対外関係」『歴史評論』551　pp.17-32
1996年5月　近野正幸「東国における一石室多数埋葬について」『神奈川考古』32　pp.305-328　神奈川考古同人会
1996年5月　須川勝以「豊川右岸後期群集墳の諸類型」『三河考古』9　pp.23-37　三河考古学談話会
1997年3月　橿原考古学研究所編『古墳が消えるとき』学生社
1997年8月　佐田茂「新しい群集墳」『古代学評論』5　pp.39-59　古代を考える会
1997年10月　大森円「豊前における群集墳造墓単位の分節過程」『古文化談叢』39　pp.153-199
1997年12月　京嶋覚「初期群集墳の形成過程」『立命館大学考古学論集Ⅰ』pp.213-226
1998年3月　丸川義広「松尾山の群集墳」『研究紀要』4　pp.1-30　京都市埋蔵文化財研究所
1998年5月　青木幸一「古墳時代の政治社会組織」『史館』30　pp.96-134　史館同人
1998年5月　岩原剛「東海の積石塚古墳」『三河考古』11　pp.15-34　三河考古学談話会
1998年11月　藤本貴仁「宮崎平野部の群集墳」『宮崎考古』16　pp.27-54　宮崎考古学会
1998年12月　羽曳野市教育委員会編『河内飛鳥と終末期古墳』吉川弘文館
1999年4月　三重歴史文化研究会「特集三重の群集墳を考える」『Mie history』10
1999年6月　三河古墳研究会『三河の後期古墳を考えるⅡ』
1999年8月　石野博信ほか『季刊考古学』68　特集・後・終末期古墳の被葬者像　雄山閣

域文化』pp.331-344
1987年9月　森下浩行ほか「湖西地域南部における群集墳の構造と系譜(下)」『古代学研究』114　pp.33-39
1987年11月　田中一廣「大和・巨勢山古墳群の群構造と性格（1)」『花園史学』8　pp.161-185　花園大学史学会
1988年1月　長山雅一「長原古墳群の性格について」『古代史論集　上』pp.9-44　塙書房
1988年3月　三浦茂三郎「群馬県における古墳の終末」『研究紀要』5　pp.73-94　財団法人群馬県埋蔵文化財調査事業団
1988年3月　日野宏「群集墳と集落に関する一考察」『天理大学学報』157　pp.249-266
1988年4月　花田勝広「律令制の確立にみる葬地の変革」『信濃』40－4　pp.67-90
1988年4月　水野敏典「群集墳についての一視点」『溯航』6　pp.45-77　早稲田大学大学院文研考古談話会
1988年4月　渡辺康弘「古墳時代の終わり」『溯航』6　pp.79-85　早稲田大学大学院文研考古談話会
1988年9月　白神典之「泉北地域の後期群集墳」『網干善教先生華甲記念考古学論集』pp.481-489　網干善教先生華甲記念会
1988年9月　丸山竜平「群集墳の性格論争」『論争・学説 日本の考古学5』pp.59-84　雄山閣
1988年3月　田中勝弘「終末期古墳群の問題」『横尾山古墳群発掘調査報告書』pp.99-115　滋賀県教育委員会・(財) 滋賀県文化財保護協会
1988年10月　野上丈助「群集墳研究の一分析視角について」『考古学叢考　中巻』pp.601-656　吉川弘文館
1988年10月　伊藤雅文「初期群集墳論再考」『橿原考古学研究所論集　第八』pp.231-280　吉川弘文館
1988年10月　服部伊久男「終末期群集墳の諸相」『橿原考古学研究所論集　第九』pp.241-281　吉川弘文館
1989年3・6月　吉村健「小古墳による奈良盆地の政治史的研究（上・下)」『考古学研究』35－4・36－1　pp.97-113・pp.49-66
1989年3月　木許守「群集墳形成期の地域社会と集団関係」『龍谷史壇』93・94　pp.207-239
1989年3月　森岡秀人「群集墳の形成」『古代を考える　古墳』pp.207-245　吉川弘文館
1989年3月　杉崎茂樹「北武蔵の大規模群集墳の消長に関する一考察」『古代』87　pp.189-200　早稲田大学考古学会
1989年5月　大村直「考古学における家族論の方向」『史館』21　pp.1-33　史館同人
1990年1月　水野敏典「群集墳内における散開する古墳」『早稲田大学大学院文学研究科紀要別冊』16　pp.193-201
1990年3月　安村俊史「終末期群集墳の一形態」『柏原市立歴史資料館館報』創刊号　のち安村俊史2008年11月『群集墳と終末期古墳の研究』pp.261-275　清文堂
1990年3月　進藤敏雄「栃木県の群集墳の一様相―足利地域と壬生・国分寺・小山地域の群集墳について―」『古代』89　pp.187-207　早稲田大学考古学会
1990年3月　石野博信『古墳時代史』雄山閣
1991年3月　都出比呂志「日本古代の国家形成論序説―前方後円墳体制の提唱―」『日本史研究』343　pp.5-39
1991年4月　古谷毅「後期古墳の問題点」『原始・古代日本の墓制』pp.268-293　同成社
1991年4月　岸本道昭「西日本の後期古墳」『原始・古代日本の墓制』pp.294-315　同成社
1991年11月　白石太一郎「常陸の後期・終末期古墳と風土記建評記事」『国立歴史民俗博物館研究報告』35　pp.131-159
1992年3月　国立歴史民俗博物館『国立歴史民俗博物館研究報告』44（東国における古墳の終末《本編》)
1992年3月　水野敏典「群集墳の一形態としての横穴墓」『古代』93　pp.60-89　早稲田大学考古学会
1992年3月　田中良之「一石室多数埋葬の被葬者」『九州文化史研究所紀要』37　pp.35-65
1992年3月　和田晴吾「群集墳と終末期古墳」『新版古代の日本5』pp.325-350　角川書店
1992年10月　石部正志「群集墳論」『古墳時代の研究12』pp.55-69　雄山閣

pp.370-402　学生社
1980年12月　水野正好「池尻古墳群の群構造とその性格」『奈良大学紀要』9　pp.149-160
1981年2月　白石太一郎「群集墳の諸問題」『歴史公論』7－2　pp.79-86　雄山閣
1982年6月　杉山晋作「古墳群形成にみる東国の地方組織と構成集団の一例」『国立歴史民俗博物館研究報告』1　pp.49-78
1982年6月　白石太一郎「畿内における古墳の終末」『国立歴史民俗博物館研究報告』1　pp.79-120
1982年10月　寺沢知子「初期群集墳の被葬者集団について」『同志社大学考古学シリーズⅠ　考古学と古代史』pp.255-264
1983年3月　森岡秀人「追葬と棺体位置」『関西大学考古学研究室開設参拾周年記念考古学論叢』pp.595-673　関西大学
1983年6月　辻村純代「東中国地方における箱式石棺の同棺複数埋葬」『季刊人類学』14－2　pp.52-80
1983年7月　辰巳和弘「密集型群集墳の特質とその背景」『古代学研究』100　pp.10-18
1983年7月　堀江門也「河内における大型群集墳論展望」『藤澤一夫先生古稀記念　古文化論叢』pp.351-379　藤澤一夫先生古稀記念論集刊行会
1983年10月　花積哲夫「北西関東における群集墳展開の諸段階」『新潟史学』16　pp.95-122
1983年12月　新納泉「装飾付大刀と古墳時代後期の兵制」『考古学研究』30－3　pp.50-70
1983年12月　白井久美子「小規模古墳の一類型について―ブリッジ付円墳の検討―」『古代』75・76合併号　pp.29-69　早稲田大学考古学会
1984年1月　松浦利和「ミニチュア炊飯具形土器論」『史想』20　pp.51-73　京都教育大学考古学研究会
1984年1月　京都教育大学考古学研究会「湖西南部の古墳時代後期について」『史想』20　pp.74-125　京都教育大学考古学研究会
1984年1月（1969年2月講演）　水野正好「群集墳の諸問題」『帝塚山考古学』4　pp.23-41
1984年2月　伊藤雅文「葛城山東北麓における初期群集墳の展開」『史泉』59　pp.27-46　関西大学史学・地理学会
1984年3月　広瀬和雄「群集墳研究の課題と方法」『歴史科学』96　pp.14-24・36　大阪歴史科学協議会
1984年10月　岩崎卓也「後期古墳が築かれるころ」『土曜考古』9　pp.1-16　土曜考古学研究会
1984年12月　服部聡志「群集墳の成立過程に関する一考察」『ヒストリア』105　pp.76-90　大阪歴史学会
1985年3月　鹿田雄三「群集墳研究の現状をめぐって」『研究紀要』2　pp.1-18　財団法人群馬県埋蔵文化財調査事業団
1985年10月　三浦茂三郎「用水支配から見た群集墳の一考察」『駿台史学』65　pp.25-54　駿台史学会
1985年10月　木下保明「『七世紀型古墳群』について」『考古学論集Ⅰ』pp.157-166　考古学を学ぶ会
1985年12月　三浦茂三郎「古墳の終末をめぐる研究抄史」『史館』18　pp.45-60　史館同人
1986年1月　山中敏史「律令国家の成立」『岩波講座日本考古学6』pp.228-294　岩波書店
1986年2月　都出比呂志「墳墓」『岩波講座日本考古学4』pp.218-267　岩波書店
1986年3月　田中和弘「古市古墳群における小古墳の検討」『考古学研究』32－4　pp.67-95
1986年3月　岸本道昭「河内平野の埋没小古墳研究予察」『山賀（その5・6）』pp.212-221　財団法人大阪文化財センター
1986年3月　白井久美子「東国後期古墳分析の一視点」『千葉県文化財センター研究紀要』10　pp.187-215
1986年8月　利根川章彦「群集墳をのこした人々」『季刊考古学』16　pp.30-33　雄山閣
1987年3月　楠本哲夫「古墳終末への一状況」『能峠遺跡群Ⅱ』（奈良県史跡名勝天然記念物調査報告第51冊）pp.156-185　奈良県立橿原考古学研究所
1987年3月　花田勝広『田辺古墳群・墳墓群発掘調査概要』柏原市教育委員会
1987年3月　森下浩行ほか「湖西地域南部における群集墳の構造と系譜（上）」『古代学研究』113　pp.19-33
1987年6月　寺沢知子「新沢古墳群の被葬者集団について」『同志社大学考古学シリーズⅢ　考古学と地

書房新社
1967年2月　関根孝夫「古墳における多葬の問題」『史潮』98　pp.51-57　大塚史学会
1968年3月　水野正好ほか『甲賀郡甲西町狐栗古墳群調査概要』（滋賀県文化財調査概要第6集）
1968年10月　藤森栄一「信濃上代文化の考古学的試論」『信濃』20－10　のち藤森栄一 1974年1月『古墳の地域的研究』pp.279-296　永井出版企画
1970年1月　野上丈助「摂河泉における古墳群の形成とその特質」『考古学研究』16－3　pp.43-72
1970年1月　小野山節「5世紀における古墳の規制」『考古学研究』16－3　pp.73-83
1970(a)年1月　水野正好「群集墳と古墳の終焉」『古代の日本5　近畿』pp.195-212　角川書店
1970(b)年3月　水野正好「滋賀郡所在の漢人系帰化氏族とその墓制」『滋賀県文化財調査報告書第4冊』pp.77-93　滋賀県教育委員会
1970年5月　森浩一「古墳時代の後期以降の埋葬地と葬地」『古代学研究』57　pp.19-32
1970年10月　岩崎卓也「古墳時代の遺跡・遺物と郷土社会の変貌」『郷土史研究講座1　郷土史研究と考古学』pp.167-215　朝倉書店
1971年4月　石野博信「兵庫県宝塚市長尾山古墳群」『兵庫県埋蔵文化財集報』1　のち森浩一編 1973年4月『論集終末期古墳』pp.9-34　塙書房
1971年12月　清水真一「奈良県天理市龍王山古墳群の問題Ⅰ」『古代学研究』62　pp.19-35
1972年3月　清水真一「奈良県天理市龍王山古墳群の問題Ⅱ」『古代学研究』63　pp.20-37
1972(a)年9月　佐田茂「群集墳の形成とその被葬者について」『考古学雑誌』58－2　pp.1-29
1972(b)年12月　佐田茂「出土人骨からみた後半期古墳の被葬者」『九州考古学』46　pp.2-9
1973年4月　森浩一編『論集終末期古墳』塙書房
1973年10月　白石太一郎「大型古墳と群集墳」『考古学論攷』2　pp.93-118
1974年11月　岡田務「畿内における終末期の群集墳の一形態」『古代研究』4　pp.1-20
1974年11月　水野正好「雲雀山東尾根中古墳群の群構造とその性格」『古代研究』4　pp.21-64
1975年5月　水野正好「群集墳の構造と性格」『古代史発掘6 古墳と国家の成立ち』pp.143-158　講談社
1975年8月　石部正志「古墳文化論」『日本史を学ぶ1』pp.46-62　有斐閣
1975年10月　森浩一「群集墳と古墳の終末」『岩波講座日本歴史2』pp.90-128　岩波書店
1975年11月　広瀬和雄「群集墳研究の一情況」『古代研究』7　pp.1-26
1975年12月　伊達宗泰「古墳群設定への一試案」『橿原考古学研究所創立35周年記念論集』pp.99-118　吉川弘文館
1976年3月　丸山竜平「近江における後期群集墳の研究動向」『昭和49年度滋賀県文化財調査年報』pp.23-41　滋賀県教育委員会
1976年3月　河上邦彦「石光山古墳群の築造過程」『葛城・石光山古墳群』（奈良県史跡名勝天然記念物調査報告第31冊）pp.451-457　奈良県教育委員会
1976年3月　白石太一郎「石光山古墳群の提起する問題」『葛城・石光山古墳群』（奈良県史跡名勝天然記念物調査報告第31冊）pp.457-464　奈良県教育委員会
1976年9月　菅谷文則「6世紀の墓地と村落と水源」『ヒストリア』72　pp.1-11　大阪歴史学会
1978年3月　関川尚功「群集墳をめぐる諸問題」『桜井市外鎌山北麓古墳群』pp.311-357　奈良県橿原考古学研究所
1978年5月（1974年）　近藤正「群集古墳発生論」『山陰古代文化の研究』pp.263-395　近藤正遺稿集刊行会
1978年9月　広瀬和雄「群集墳論序説」『古代研究』15　pp.1-42
1978年11月　辰巳和弘「静岡県中部における群集墳分析の一視点」『静岡県考古学研究』4　pp.7-10
1980年3月　黒崎直「近畿における8・9世紀の墳墓」『研究論集Ⅵ』pp.89-126　奈良国立文化財研究所
1980年6月　河村好光「後期古墳の編成秩序とその展開」『考古学研究』27－1　pp.22-47
1980年9月　石部正志「群集墳の発生と古墳文化の変質」『東アジア世界における日本古代史講座　4』

# 群集墳論関係論文一覧（年代順）

日高　慎 編

本一覧は群集墳に深くかかわる横穴式石室の編年研究や横穴墓研究等については割愛しているので、重要論文のほとんどが含まれていないことをお断りしておく。雑誌特集号やシンポジウム資料等については、その雑誌の号数や本の題名のみを記載したものもある。掲載は発行年月順とし、執筆者名、論文題名、掲載誌・書名、号数、ページ数、出版社を記載したが、原著論文にあたっていないものは発行年のみを示した。著作集等に再録されているものを参照した場合、発行年は原著論文として、その後ろに発行年月、書名、掲載頁等を記載した。論文集等の編集者名は割愛した。取り上げた論文は日高の管見に触れたもののみなので、重要論文が抜け落ちている可能性がある。御容赦頂きたい。


1934年　栗山一夫（赤松啓介）「播磨加古川流域に築造されたる古墳及び遺物調査報告（1～3）」『人類学雑誌』49－7～9　のち赤松啓介1990年12月『古代聚落の形成と発展過程』pp.5-45　明石書店

1935年　栗山一夫（赤松啓介）「播磨加古川流域に築造されたる古墳及び遺物調査報告（続篇1～4）」『人類学雑誌』50－1・2・5・6　のち赤松啓介1990年12月『古代聚落の形成と発展過程』pp.46-118　明石書店

1937年　赤松啓介「古代聚落の形成と発展過程」『経済評論』4－2　のち赤松啓介1990年12月『古代聚落の形成と発展過程』pp.46-118　明石書店

1938年4月　三友國五郎「古墳群と平野」『考古学雑誌』28－4　pp.23-37

1939年1月　藤森榮一「考古学上よりしたる古墳墓立地の観方」『考古学』10－1　pp.1-55　東京考古学会

1940年6月　藤森榮一「古墳群の特性に就いて」『考古学』11－6　pp.338-365　東京考古学会

1952年3月　近藤義郎「問題の所在」『佐良山古墳群の研究』第1冊　pp.41-53　津山市教育委員会

1955年7月　門脇俊彦「群集古墳試論」『島根史学』5　のち門脇俊彦2002年3月『山陰地方における古墳群と地域社会』pp.3-33　島根県古代文化センター

1958年3月　関晃「大化のいわゆる薄葬制について」『古墳とその時代（1）』pp.239-257　朝倉書店

1959年2月　山本清「山陰地方村落古墳の様相」『島根大学論集（人文科学）』9　pp.65-79

1959年3月　楢崎彰一「後期古墳時代の諸段階」『名古屋大学文学部十周年記念論集』pp.499-534

1961年12月　西嶋定生「古墳と大和政権」『岡山史学』10　pp.154-207

1962年3月　「特集　後期古墳の研究」『古代学研究』30

1962年3月　森浩一・石部正志「後期古墳の討論の回顧」『古代学研究』30　pp.1-5

1962年9月　向坂鋼二「古墳群構成に関する一試論」『遠江考古学研究会会報』3　pp.2-5

1964年1月　向坂鋼二「古墳群の群別に関する概念規定」『考古学手帖』21　pp.7-8

1964年3月　大塚考古学研究会「長野県における古墳の地域的把握」『日本歴史論究』pp.57-83　文雅堂銀行研究社

1964年6月　甘粕健「前方後円墳の性格に関する一考察」『日本考古学の諸問題』pp.173-202　考古学研究会

1964年6月　喜谷美宣「後期古墳時代研究抄史」『日本考古学の諸問題』pp.299-309　考古学研究会

1964年9月　中村恵次「千葉県における後期古墳―とくに群集墳の分析、内部施設被葬者について―」『金鈴』18　pp.1-9　早稲田大学考古学研究会

1965年5月　石部正志「後期古墳盛行年代の検討」『先史学研究』5　pp.23-38　同志社大学先史学会

1966年3月　白石太一郎「畿内の後期大型群集墳に関する一試考」『古代学研究』42・43合併号　pp.33-64

1966年6月　藤森栄一「中部高地の古墳」『日本の考古学　1』河出書房　のち藤森栄一1974年1月『古墳の地域的研究』pp.297-322　永井出版企画

1966年12月　甘粕健「古墳時代の展開とその終末」『日本の考古学Ⅴ　古墳時代　下』pp.389-455　河出

## 執筆者一覧（掲載順、編者は編者紹介参照）

賀来孝代（かく・たかよ）　日本考古学協会会員
足立佳代（あだち・かよ）　日本考古学協会会員・日本女子大学非常勤講師
加部二生（かべ・にたか）　桐生市教育委員会
小沢　洋（おざわ・ひろし）　富津市文化財審議会委員・木更津市史編集委員
紺野英二（こんの・えいじ）　立正大学文学部専任講師
柏木善治（かしわぎ・ぜんじ）　（公財）かながわ考古学財団事務局長
小森哲也（こもり・てつや）　栃木県考古学会理事
池上　悟（いけがみ・さとる）　立正大学名誉教授
秋元陽光（あきもと・はるみつ）　日本考古学協会会員
松崎元樹（まつざき・もとき）　（公財）東京都教育支援機構　東京都埋蔵文化財センター調査研究員・桜美林大学非常勤講師

■編者紹介

**広瀬和雄**（ひろせ　かずお）
1947年京都市生まれ
現在、総合研究大学院大学・国立歴史民俗博物館 名誉教授
〈主な著書〉『前方後円墳国家』（角川選書、2003年、中公文庫、2017年）、『古墳時代政治構造の研究』（塙書房、2007年）、『前方後円墳の世界』（岩波新書、2010年）、『カミ観念と古代国家』（角川叢書、2010年）、『古墳時代像を再考する』（同成社、2013年）、『前方後円墳とはなにか』（中公叢書、2019年）

**太田博之**（おおた　ひろゆき）
1959年埼玉県生まれ
現在、本庄早稲田の杜ミュージアム 学芸員
〈主な著書〉『関東の後期古墳群』（共著、六一書房、2007年）、『前方後円墳の終焉』（共編著、雄山閣、2010年）、『古墳出現と展開の地域相』（共著、同成社、2012年）

**田中　裕**（たなか　ゆたか）
1968年長野県生まれ
現在、茨城大学学術研究院人文社会科学野 教授
〈主な著書〉『シナノの王墓の考古学』（共著、雄山閣、2006年）、『常陸の古墳群』（共編著、六一書房、2010年）、『続　常陸の古墳群』（共編著、六一書房、2020年）、『古代国家形成期の社会と交通』（同成社、2023年）

**日高　慎**（ひだか　しん）
1968年東京都生まれ
現在、東京学芸大学教育学部 教授
〈主な著書〉『東国古墳時代埴輪生産組織の研究』（雄山閣、2013年）、『東国古墳時代の文化と交流』（雄山閣、2015年）、『古墳時代の交通と流通』（編著、ニューサイエンス社、2024年）

2025年 1 月 25 日　初版発行　《検印省略》

# 東国《とうごく》の群集墳《ぐんしゅうふん》

編　者　広瀬和雄・太田博之・田中　裕・日高　慎
発行者　宮田哲男
発行所　株式会社 雄山閣
〒 102-0071　東京都千代田区富士見 2-6-9
TEL　03-3262-3231 / FAX　03-3262-6938
URL　https://www.yuzankaku.co.jp
e-mail　contact@yuzankaku.co.jp
振　替：00130-5-1685
印刷・製本　株式会社ティーケー出版印刷


ISBN978-4-639-03022-5 C3021
N.D.C.210　236p　22cm